Russian Grammar in Context

SECOND EDITION

OLGA KAGAN
University of California, Los Angeles

FRANK MILLER
Columbia University, New York

GANNA KUDYMA
University of California, Los Angeles

Upper Saddle River, New Jersey 07458

Acquisitions Editor: Rachel McCoy
Publishing Coordinator: Claudia Fernandes
Executive Director of Market Development: Kristine Suárez
Director of Editorial Development: Julia Caballero
Production Supervision: Claudia Dukeshire
Project Manager: Jennifer Crotteau
Asst. Director of Production: Mary Rottino
Supplements Editor: Meriel Martínez Moctezuma
Media Editor: Samantha Alducin
Media Production Manager: Roberto Fernández
Prepress and Manufacturing Buyer: Christina Helder
Prepress and Manufacturing Assistant Manager: Mary Ann Gloriande
Interior Design: Interactive Composition Corporation
Cover Art Director: Jayne Conte
Director, Image Resource Center: Melinda Reo
Manager, Rights and Permissions IRC: Zina Arabia
Manager, Visual Research: Beth Boyd Brenzel
Manager, Cover Visual Research & Permissions: Karen Sanatar
Image Permissions Coordinator: Richard Rodrigues
Cover art or image: Vladimir Paperny
Sr. Marketing Manager: Jacquelyn Zautner
Marketing Assistant: William J. Bliss
Publisher: Phil Miller

PEARSON
Prentice Hall

This book was set in 11/14 Minion by Interactive Composition Corporation and was printed and bound by Bradford & Bigelow, Inc. The cover was printed by Bradford & Bigelow, Inc.

Printed in the United States of America
10 9 8 7

ISBN: 0-13-191760-9

Pearson Education LTD., London
Pearson Education Australia PTY, Limited, Sydney
Pearson Education Singapore, Pte. Ltd.
Pearson Education North Asia Ltd., Hong Kong
Pearson Education Canada, Ltd., Toronto
Pearson Educación de México, S.A. de C.V.
Pearson Educación – Japan, Tokyo
Pearson Education Malaysia, Pte. Ltd.
Pearson Education Upper Saddle River, New Jersey

СОДЕРЖАНИЕ

ВВЕДЕНИЕ

The Student Activities Manual (SAM) is an integral part of the *В пути́* program. It is mainly a source of homework exercises, but the reading selections and some exercises can be used for classroom work. While working on the second edition of *В пути́* we paid special attention to the close correlation between the textbook and the SAM, and you will find references to the SAM exercises throughout the textbook.

Phonetics and intonation

Only those areas of phonetics and intonation that are a source of difficulty for the English-speaking learner of Russian are reviewed. Phonetics exercises may be found at www.prenhall.com/vputi.

Listening comprehension

This section offers a variety of exercises for listening: dictations, overheard conversations, commercials, radio programs, and lectures on Russian speech conventions and Russian culture. Listening comprehension exercises and corresponding audio may be found at www.prenhall.com/vputi.

Translations

The ability to interpret ideas from one language to another is one goal of language learning. When faced with translation in a real-life situation or a translation exercise in this SAM, one should always be creative. Interpret ideas instead of giving mechanical word-for-word translations; don't substitute a Russian word for an English word, but try to find an equivalent of the whole sentence instead. Furthermore, translations reinforce vocabulary and grammar.

Readings

The SAM offers newspaper and internet texts (reading for information) as well as shortened literary texts (reading for pleasure). You can use a number of strategies when reading. There are top-down strategies where the reader uses all kinds of keys to approach the text. Your background knowledge and understanding of text structure is helpful when you start reading the text. However, you also need to use bottom-up strategies, such as paying attention to the word order, case endings, tense, and aspect in the texts. Texts are accompanied by exercises to help you concentrate on the most important facts or to follow the story line.

Learning vocabulary

This exercise at the end of each chapter is intended to provide strategies and ideas on how to learn and retain the vocabulary of the chapter. Although these exercises are designed for independent work, they can be done in class as a group activity. See 1–43 in Chapter 1 for an example.

Crossword puzzles

This is a new feature of the second edition. We hope you will enjoy solving them. This activity helps with vocabulary memorization.

The **Audio CDs** include listening activities for the textbook and the SAM. We are grateful to the following people whose voices made the book 'alive':

Andrej Bunenko, Elvira Cardinal, Nelya Dubrovich, Alena Klimava, Olga Lavrova, Liza Mirkovskaja, Vladimir Paperny, Sasha Samoilova, Stas Shvabrin who recorded the new texts in the second edition of the textbook.

Mara and Arik Kashper, Peter Khazov, Evgenia and Anatoly Shatskov, and Masha Volfovich are the voices in the Student Activities Manual and in the conversations in the textbook.

O.K., F.M., G.K.

Имя и фами́лия: ______________________ Число́: ______________________

Дава́йте познако́мимся!

Те́ма 1. www.Ли́чные страни́цы

Упражне́ния для слу́шания

See Web site www.prenhall.com/vputi for exercises 1–1 through 1–7.

Лекси́ческие упражне́ния

1–8. О себе́. Отве́тьте на вопро́сы.

1. В како́м университе́те вы у́читесь?

....

2. На како́м вы факульте́те?

....

3. На како́м вы ку́рсе?

....

4. Что вы изуча́ете?

....

5. Где вы родили́сь?

....

6. Где вы вы́росли?

....

7. Вы живёте на восто́ке и́ли на за́паде США? На се́вере и́ли на ю́ге?

....

1–9. В како́м году́? Spell out the numbers.

1. В како́м году́ вы родили́сь?

....

2. В како́м году́ вы пошли́ в шко́лу?

....

3. В како́м году́ вы око́нчили шко́лу?

....

4. В како́м году́ вы поступи́ли в университе́т?

....

5. В како́м году́ вы око́нчите/око́нчили университе́т?

....

1–10. Вопро́сы. On a separate sheet of paper, write down eight questions you would ask a new Russian friend. Use the following words:

интересова́ть, подава́ть/пода́ть заявле́ние, получа́ть/получи́ть стипе́ндию, расти́/вы́расти, факульте́т, выбира́ть/вы́брать факульте́т, госуда́рственный, ча́стный, ока́нчивать/око́нчить.

1–11. Ники́та и я. (See 1–7 in the Textbook.) List eight items that make Nikita's background and experience different from yours. The first five items about Nikita are done for you. Use either the conjunction **"а"** or **«и ... то́же.»**

1. Ники́те 21 год, а мне/и мне то́же ....

2. Ники́та у́чится на пе́рвом ку́рсе, на экономи́ческом факульте́те, ...

....

3. Когда́ Ники́та око́нчит университе́т, то полу́чит дипло́м экономи́ста, ...

....

4. Ники́та роди́лся и вы́рос во Владивосто́ке на Ти́хом океа́не, ...

....

5. В шко́ле Ники́та мно́го занима́лся спо́ртом, ...

....

6. ....

....

7. ....

....

8. ....

....

Имя и фами́лия: ________________________ Число́: ____________________

1–12. Ли́за и Ники́та. (See 1–7 in the Textbook.) List eight items that make Lisa's background and experience different from Nikita's.

1. Ли́зе 19 лет, а Ники́те ....
2. Ли́за у́чится на второ́м ку́рсе, ...
3. Ли́зу интересу́ет ру́сский язы́к, исто́рия Росси́и и други́х стра́н Восто́чной Евро́пы, ...
   ....
4. Ли́за хо́чет поступи́ть в аспиранту́ру и получи́ть до́кторскую сте́пень, ...
   ....
5. Ли́за родила́сь на Сре́днем За́паде в шта́те Индиа́на, ...
   ....
6. ....
   ....
7. ....
   ....
8. ....
   ....

1–13. Анке́та. Вы хоти́те поступи́ть в Институ́т ру́сского языка́ в Санкт-Петербу́рге. Запо́лните сле́дующую анке́ту.

Поле́зные слова́

гражда́нство — *citizenship*
действи́тельный — *valid*
жена́т/за́мужем — *married*
и́ндекс — *zip code*
код — *country code*
образова́ние — *education*
пол — *gender*
посо́льство/ко́нсульство — *embassy/consulate*
семе́йное положе́ние — *marital status*
у́ровень — *level*

ИНСТИТУТ РУССКОГО ЯЗЫКА, Санкт-Петербург

Пожалуйста, внимательно прочтите и заполните данную форму. Приложите копии первых страниц паспорта и документа об образовании и пошлите их по факсу 7 (812) 328-94-78; 7 (812) 328-17-19.

1. **ФАМИЛИЯ:** ____________________ **ИМЯ (ИМЕНА):** ____________________
2. **ПОЛ:** ☐ мужской ☐ женский
3. **ДАТА РОЖДЕНИЯ:** число __________ месяц __________ год __________
4. **МЕСТО РОЖДЕНИЯ:** ____
5. **ГРАЖДАНСТВО:** ____
6. **ПАСПОРТ НОМЕР:** ____
7. **ДЕЙСТВИТЕЛЕН ДО:** ____
8. **СЕМЕЙНОЕ ПОЛОЖЕНИЕ:** ☐ не женат (не замужем) ☐ женат (замужем)
9. **ТЕЛЕФОН:** ____________________ код страны/города ____________________
10. **ФАКС:** ____________________ код страны/города ____________________
11. **E-MAIL:** ____
12. **ПОЧТОВЫЙ АДРЕС:**

    Индекс: ____________________ **Страна:** ____________________

    Город: ____________________ **Улица:** ____________________

    Дом: ____________________ **Офис/Квартира:** ____________________
13. **АДРЕС РОДИТЕЛЕЙ:** ____

    ____
14. **В КАКОМ ПОСОЛЬСТВЕ/КОНСУЛЬСТВЕ РОССИИ ВЫ БУДЕТЕ ПОЛУЧАТЬ ВИЗУ?**

    страна ____________________ **город** ____________________
15. **ОБРАЗОВАНИЕ:** ____
16. **НА КАКИХ ЯЗЫКАХ ВЫ ГОВОРИТЕ?:** ____
17. **УРОВЕНЬ ЗНАНИЯ РУССКОГО ЯЗЫКА:**

    Высокий ☐ Выше среднего ☐ Средний ☐ Низкий ☐ Начальный («нулевой») ☐
18. **СВЕДЕНИЯ ОБ УЧЕБНОЙ ПРОГРАММЕ:**

    18.1. Бакалавриат ☐
    18.2. Годовая студенческая программа ☐
    18.3. Семестровая студенческая программа ☐
    18.4. Курсы русского языка ☐
    18.5. Летняя школа ☐

Если вы желаете обучаться на бакалавриате, а также по годовой или семестровой студенческой программе, то укажите специальность: ____

____

____

____

19. **ПРЕДПОЛАГАЕМАЯ ДАТА ПРИБЫТИЯ:** число __________ год __________
20. **НУЖНО ЛИ ВАС ВСТРЕЧАТЬ В АЭРОПОРТУ/ НА ВОКЗАЛЕ?**

    ☐ да ☐ нет
21. **ЖЕЛАТЕЛЬНЫЕ УСЛОВИЯ ПРОЖИВАНИЯ:**

    ☐ студенческое общежитие ☐ семья

Имя и фами́лия: ______________________ Число́: ______________________

1–14. Автобиогра́фия. Write an autobiographical statement to submit with your application. Make sure you use as many words from the chapter as you can. Use a separate sheet of paper.

Грамма́тика

Expressing place: answering the question ГДЕ?

1–15. Где? Напиши́те, где э́ти лю́ди родили́сь, вы́росли, живу́т. Put the words in parentheses into the appropriate case.

1. Ната́ша родила́сь в (***Москва́, Росси́я***) ...., в ....
2. Га́нна живёт в (***Ки́ев, Украи́на***) ...., в ....
3. В про́шлом году́ мы бы́ли в (***Ни́жний Но́вгород, Во́лга***) ...., на ....
4. Воло́дя вы́рос во́ (***Владивосто́к, Ти́хий океа́н***) ...., на ....
5. Они́ живу́т в (***Пя́рну, Балти́йское мо́ре***) ...., на ....
6. Они́ вы́росли в (***Оде́сса, Чёрное мо́ре***) ...., на ....

1–16. О Та́не. Зако́нчите расска́з. Допиши́те оконча́ния.

Та́ня у́чится в Моско́вск .... университе́т .... на биологи́ческ .... факульте́т .... Она́ живёт в университе́тск .... общежи́т .... Утром она́ на ле́кци ...., на заня́т ...., в лаборато́р ...., а ве́чером Та́ня и её друзья́ занима́ются в библиоте́к .... и́ли в ко́мнат .... в общежи́т .... В суббо́ту она́ занима́ется спо́ртом на стадио́н .... и́ли бе́гает в университе́тск .... па́рк ....

1–17. В или НА. A. Put the words in parentheses into the appropriate case. Add the necessary prepositions **В** or **НА.**

1. Вчера́ я весь день был/а́ (***публи́чная библиоте́ка***) ....

   ....

2. Мари́я у́чится (***пе́рвый курс***) ....

3. Ко́ля вы́рос (***Кавка́з***) ....

4. Мои́ друзья́ бы́ли ле́том (***Москва́***) ....

5. Я живу́ (***студе́нческий городо́к***) ....

6. Ни́на у́чится (***Колумби́йский университе́т***) ....

7. Моя́ кварти́ра нахо́дится (***второ́й эта́ж***) ....

8. Они́ игра́ют в футбо́л (***городско́й стадио́н***) ....

9. Мой брат лю́бит рабо́тать (***сад***) ....

10. Я роди́лся (***Сре́дний За́пад***) ....

11. Оте́ц рабо́тает (***лаборато́рия***) ....

12. Я люблю́ есть (***университе́тский кафете́рий***) ....

13. Мы познако́мились (***ле́кция***)..

B. Write a short story about where you were last and what you did there. Use the prepositional case and **В** and **НА.**

....

....

....

....

....

....

....

....

....

....

Имя и фамúлия: ______________________ Чисó: ______________________

Verbs: Review of conjugations. Present–future endings

1–18. Глагóлы. Fill in the table.

Infinitive	English equivalent	First-person singular - Я	Second-person singular - ТЫ	Third-person plural - ОНИ́
вернýться				
выбирáть				
жить				
занимáться				
знать				
интересовáть				
мочь				
окáнчивать				
переезжáть				
писáть				
подáть (заявлéние)				
получáть				
поступáть				
рабóтать				
расти́				
совéтовать				
путешéствовать				

1–19. Спряжéние глагóлов. Use the appropriate present-future forms of the verbs in parentheses.

1. — Какóй факультéт вы́брать? — Я (***совéтовать***) .... математи́ческий!
2. Ири́на (***подавáть***) .... заявлéние на истори́ческий факультéт.
3. Ни́ну (***интересовáть***) .... биолóгия.
4. Преподавáтель (***рассказáть***) .... нам о своéй жи́зни в Росси́и.
5. На какóй факультéт ты (***подавáть***) .... докумéнты?
6. Что тебя́ (***интересовáть***) ....?
7. Ники́та сейчáс (***жить***) .... в Москвé.
8. Ли́за не (***мочь***) .... говори́ть об э́том сегóдня.

1–20. Употреби́те глаго́лы. Write 6–7 sentences with the verbs in 1–18.

....

....

....

....

....

....

....

Те́ма 2. На́ши докуме́нты

Упражне́ния для слу́шания

See Web site www.prenhall.com/vputi for exercises 1–21 through 1–22.

Лекси́ческие упражне́ния

1–23. Электро́нное сообще́ние от Ники́ты. Read Nikita's e-mail below and compare it with Lisa's (Textbook, p. 14). In Russian, write down the differences and what they have in common.

Differences: ....

....

Common: ....

....

....

Электро́нное сообще́ние 1

Те́ма: Потеря́л!

Па́па! Я так расстро́ен! У меня́ вчера́ произошла́ больша́я неприя́тность. У меня́ укра́ли рюкза́к. Мо́жет быть, его́ укра́ли в авто́бусе, когда́ я е́хал в университе́т. А мо́жет быть, я его́ потеря́л. В рюкзаке́ был бума́жник, студе́нческий биле́т, проездно́й, и, коне́чно, ключи́ от кварти́ры. Де́ньги то́же бы́ли, но не о́чень мно́го. А са́мая больша́я неприя́тность: там был моби́льный телефо́н! Я позвони́л в мили́цию. Но что мо́жет сде́лать мили́ция? Ничего́! Если мо́жешь, пришли́ мне немно́го де́нег. Не говори́ ма́ме.

Ники́та

Электро́нное сообще́ние 2

Те́ма: но де́нег нет

Когда́ я верну́лся домо́й, получи́л сообще́ние, что рюкза́к нашли́ и верну́ли в бюро́ нахо́док. Верну́ли докуме́нты и ключи́, но де́нег нет.

Пока́, Н.

Имя и фами́лия: ________________________ Число́: ________________

1–24. Компью́терный ви́рус. Because of a computer virus, Nikita's and Lisa's second messages got scrambled. Help unscramble them.

Электро́нное сообще́ние	Кто написа́л, Ли́за и́ли Ники́та?
1. Я так ра́да!	1. ....
2. Мили́ция нашла́ мой рюкза́к.	2. ....
3. Рюкза́к не укра́ли, я его́ забы́ла в библиоте́ке.	3. ....
4. Верну́ли докуме́нты и ключи́, но де́нег нет.	4. ....
5. Я позвони́ла в бюро́ нахо́док, и оказа́лось, что кто́-то его́ верну́л.	5. ....
6. Но я уже́ заблоки́ровала креди́тную ка́рточку.	6. ....
7. Рюкза́к нашли́ и верну́ли в бюро́ нахо́док.	7. ....
8. Ещё хочу́ позвони́ть в бюро́ нахо́док.	8. ....

1–25. Что вы потеря́ли? You are in Russia and you have lost your backpack. On a separate sheet of paper write an explanation of where and when you lost it and specify what documents were in it and why they are important. Use the words:

рюкза́к, потеря́ть (потеря́л/потеря́ла/потеря́ли), укра́сть (укра́л/укра́ла/укра́ли), найти́ (нашёл/нашла́/нашли́), произойти́ (произошло́), позвони́ть (позвони́л/позвони́ла/позвони́ли), мили́ция.

Грамма́тика

Expressing destination: using the accusative case to answer the question КУДА́?

1–26. Зако́нчите предложе́ния. Put the words in parentheses into the appropriate case. Add any necessary prepositions.

1. Са́ша лю́бит ходи́ть (***музе́и***) ....
2. У нас укра́ли все докуме́нты и мы позвони́ли (***мили́ция***) ....
3. По́сле заня́тий мы обы́чно идём (***библиоте́ка***) ....
4. Ве́чером мы ча́сто хо́дим (***университе́тский бассе́йн***) ....
5. Я всегда́ хожу́ (***ле́кции***) ....
6. Ники́та потеря́л рюкза́к и позвони́л (***бюро́ нахо́док***) ....
7. Мы жи́ли (***за́пад***) ...., а в про́шлом году́ мы перее́хали (***восто́чный бе́рег США***) ....
8. Я пое́ду ле́том (***Укра́ина***) ...., а пото́м (***Белару́сь***) ....

9. Ле́на подала́ заявле́ние (***Моско́вский университе́т***) ....

10. Мы жи́ли (***пе́рвый эта́ж***) ...., а сего́дня переезжа́ем (***второ́й эта́ж***) ....

11. Я сейча́с иду́ (***рабо́та***) ....

12. Я поступи́ла (***университе́т***) .... в э́том году́.

1–27. Мой дру́г Пётр. Put the words in parentheses into the appropriate case. Add any necessary prepositions. Pay attention to the use of the prepositions **В** or **НА** with the accusative case to show destination (**куда́?**) and with the prepositional case to show location (**где?**).

Пётр роди́лся в 1987 году́. Он вы́рос (***Воро́неж***) ...., но пото́м перее́хал (***Москва́***) ...., потому́ что он поступи́л (***Моско́вский университе́т***) .... Сейча́с он живёт (***университе́тское общежи́тие***) .... Его́ ко́мната (***тре́тий эта́ж***) .... Он у́чится (***экономи́ческий факульте́т***) ...., (***второ́й курс***) ....
Днём он хо́дит (***ле́кции***) ...., а ве́чером занима́ется (***библиоте́ка***) .... Иногда́ он хо́дит (***кино́***) .... и (***конце́рт***) .... А вчера́ он где́-то потеря́л все свои́ докуме́нты. Он позвони́л (***мили́ция***) ...., а пото́м позвони́л (***банк***) ...., чтóбы заблоки́ровать креди́тную ка́рточку. Друзья́ посове́товали ему́ позвони́ть (***бюро́ нахо́док***) ....

VERBS: Second conjugation

1–28. Глаго́лы. Fill in the table.

Infinitive	English equivalents	First-person singular - Я	Second-person singular - ТЫ	Third-person plural - ОНИ́
ви́деть				
люби́ть				
поступи́ть (*pfv.*)				
смотре́ть				
учи́ть				
хоте́ть				
позвони́ть (*pfv.*)				

Имя и фами́лия: ________________________ Число́: ________________

1–29. Спряже́ние. Use the appropriate present-future form of the verbs in parentheses.

1. Я (***люби́ть***) .... ходи́ть в библиоте́ку.
2. Я сего́дня (***купи́ть***) .... э́ти кни́ги.
3. Я (***предста́вить***) .... тебя́ на́шему профе́ссору.
4. Мо́жно я (***отве́тить***) .... пото́м?
5. И́горь не (***ви́деть***) ...., что напи́сано на доске́.
6. Све́та (***смотре́ть***) ...., но не (***ви́деть***) ....!
7. Ты (***учи́ть***) .... ру́сский язы́к?
8. Мари́на (***хоте́ть***) .... мно́го путеше́ствовать.
9. Я о́чень пло́хо (***ви́деть***) ...., поэ́тому пойду́ за́втра к врачу́.
10. В сле́дующем году́ ты (***поступи́ть***) .... в университе́т.

1–30. Употреби́те глаго́лы. Write six or seven sentences with the verbs in 1–28.

....
....
....
....
....
....
....

Те́ма 3. Как написа́ть письмо́

Упражне́ния для слу́шания

See Web site www.prenhall.com/vputi for exercise 1–31.

Лекси́ческие упражне́ния

1–32. Письмо́. Напиши́те отве́т на письмо́, кото́рое вы получи́ли. Use a separate sheet of paper.

12 а́вгуста

Дорого́й _____________________! / Дорога́я _____________________!

Получи́ла твоё письмо́. Извини́, что так до́лго не отвеча́ла. Всё ле́то я рабо́тала в кни́жном магази́не в университе́те. А сейча́с нашла́ но́вую рабо́ту, бу́ду рабо́тать в ба́нке. Наде́юсь, что у тебя́ всё хорошо́. В како́й университе́т ты поступи́л/а? Есть ли у тебя́ рабо́та? Где ты живёшь, до́ма и́ли в общежи́тии? Как роди́тели?

Передава́й приве́т ма́ме. Обнима́ю,

Ната́ша

Грамма́тика

Expressing place from where: using the genitive case to answer the question ОТКУ́ДА?

1–33. Куда́? Где? Отку́да? Fill in the chart according to the models.

	Куда́? (accusative)	Где? (prepositional)	Отку́да? (genitive)
библиоте́ка	*в библиоте́ку*	*в библиоте́ке*	*из библиоте́ки*
конце́рт	*на конце́рт*	*на конце́рте*	*с конце́рта*
ле́кция			
стадио́н			
музе́й			
парк			
по́чта			
у́лица			
университе́т			
шко́ла			
уро́к			
магази́н			
Сиби́рь			
кафете́рий			
теа́тр			

Имя и фами́лия: ______________________ Число́: ______________________

1–34. Где вы бы́ли? Куда́ вы ходи́ли? Отку́да вы верну́лись? Complete the following sentences. Add the necessary prepositions.

Remember: ***Они́ бы́ли + где? (Prepositional) = Они́ ходи́ли + куда? (Accusative)***
Они́ верну́лись + отку́да? (Genitive)

1. Я иду́ **на ле́кцию.** Я бы́л/была́ ....

   Я верну́лся/ась ....

2. Ни́на ходи́ла **в кафете́рий.** Ни́на была́ ....

   Ни́на верну́лась домо́й ....

3. Мы с Са́шей ходи́ли **в магази́н.** Мы с Са́шей бы́ли ....

   Мы с Са́шей верну́лись в общежи́тие ....

4. Мари́на пойдёт **в библиоте́ку.** Мари́на бу́дет сего́дня ....

   Мари́на вернётся в три часа́ сюда́ ....

5. Аня ходи́ла **в бассе́йн.** Она была́ ....

   Она́ верну́лась домо́й ....

6. Серёжа у́чится **на математи́ческом факульте́те.**

   Серёжа поступи́л ....

1–35. Вопро́сы. Form questions according to the model.

Приме́р: Ники́та пое́хал в ***аэропо́рт. (Accusative)*** →
Он был ***в аэропорту́? (Prepositional)***
Ники́та уже́ верну́лся ***из аэропо́рта? (Genitive)***

1. Мари́на пошла́ **на ле́кцию.**

   ....

   ....

2. Его́ роди́тели пое́хали **в Евро́пу.**

   ....

   ....

3. Ла́ра пошла́ **на заня́тия.**

   ....

   ....

4. Марк и Ка́тя пошли́ **в кафете́рий.**

....

....

5. Аня пошла́ **на стадио́н.**

....

....

6. Ма́ша пошла́ в университе́т **на ле́кцию.**

....

....

7. Пе́тя пошёл **на но́вый францу́зский фильм.**

....

....

8. Мари́на и Ле́на пошли́ **в клуб.**

....

....

1–36. Предло́ги: В/НА, ИЗ/С. Open the parentheses. Add any necessary prepositions.

1. Сего́дня у́тром мы занима́лись (***библиоте́ка***) ....

2. Ка́тя, ты ча́сто получа́ешь пи́сьма (***Росси́я***) ....?

3. Ники́та е́здит (***университе́т***), (***ле́кции***) ....

4. Ли́за живёт (***общежи́тие***) .... (***пе́рвый эта́ж***) ....

5. Ка́ждое воскресе́нье я е́зжу (***океа́н***) ....

6. Ники́та у́чится (***экономи́ческий факульте́т***) ....

7. Мой брат рабо́тает (***восто́к***) ...., а сестра́ (***за́пад***) ....

8. Сего́дня ве́чером мы идём (***кино́***) .... (***но́вый ру́сский фильм***) ....

....

9. Роди́тели верну́лись (***Евро́па***) ....

10. Они́ живу́т (***бе́рег***) .... Ти́хого океа́на.

11. Мы обе́даем сего́дня (***кафете́рий***) ....

12. Са́ша то́лько что пришла́ (***кни́жный магази́н***) ....

13. На́ше общежи́тие (***у́лица***) .... Толсто́го.

14. Вале́ра вчера́ прие́хал (***Росси́я, Москва́***) ....

Имя и фами́лия: ____________________ Число́: ____________________

Requests and commands. The imperative

1–37. Императи́в. Fill in the table.

Infinitive	English equivalents	Imperative ты-form	Imperative вы-form
верну́ть			
выбира́ть			
жить			
заблоки́ровать			
занима́ться			
знать			
ока́нчивать			
переда́ть (приве́т)			
переезжа́ть			
писа́ть			
пода́ть (заявле́ние)			
позвони́ть			
получа́ть			
посове́товать			
поступа́ть			
поцелова́ть			
прие́хать			
путеше́ствовать			
рабо́тать			
смотре́ть			
снять (кварти́ру)			
учи́ть			

1–38. Посове́туйте. Use the imperatives of the verbs "to enroll, to choose, to apply" to give advice to a friend who cannot decide what school to apply to:

....

....

....

1–39. Give advice to a friend:

1. Who lost his/her backpack

....

....

....

2. Who can't find his/her credit card

....

....

....

Чте́ние для информа́ции

1–40. If you have ever seen the Russian political analyst Vladimir Posner on television, you know that he speaks English quite well. Skim the article below and try to find out:

1. Why he knows English so well. ....

2. Where he went to college, and what his major was. ....

3. What he did after he graduated. ....

ЗВЁЗДЫ **Влади́мир По́знер: встре́ча на том берегу́**

Влади́мир По́знер — оди́н из немно́гих иностра́нных журнали́стов, кото́рых америка́нцы зна́ют. Он изда́л в Шта́тах свою́ автобиогра́фию под назва́нием «Проща́ние с иллю́зиями», кото́рая ста́ла бестсе́ллером. Интере́сно то, что биогра́фию он написа́л по-англи́йски.

До пятна́дцати лет Влади́мир жил в Нью-Йо́рке, в 1949 году́ оте́ц, убеждённый коммуни́ст, перевёз семью́ снача́ла в Берли́н, а зате́м в 1952 году́ — в Москву́. Здесь По́знер-мла́дший поступи́л на биологи́ческий факульте́т МГУ. Но карье́ра био́лога не задала́сь. Влади́ми́р По́знер рабо́тал литерату́рным секретарём, перево́дчиком, отве́тственным секретарём журна́ла и, наконе́ц, ра́дио- и те́ле-коммента́тором.

«Аргуме́нты и фа́кты»

Имя и фами́лия: ______________________ Число́: ______________________

1–41. Ната́лья Гончаро́ва. Прочита́йте текст о Ната́лье Гончаро́вой. Найди́те в те́ксте о́тветы на сле́дующие вопро́сы.

1. Why do most Russians know the name Natalia Goncharova?

   ....

2. What did she do that made her contemporaries and their successors unable to forgive her?

   ....

3. What did most people think about her?

   ....

4. When did people's opinions about her change?

   ....

НАТА́ЛЬЯ ГОНЧАРО́ВА

Пу́шкина Н.Н. *Акваре́ль* А.П. Брюлло́ва. 1831–1832	*watercolor*
Ната́лья Гончаро́ва — «пе́рвая ру́сская *краса́вица*» нача́ла про́шлого	*beauty*
ве́ка, жена́ са́мого *знамени́того* ру́сского поэ́та Алекса́ндра Пу́шкина.	*century; famous*
Гла́вное, чего́ не могли́ *прости́ть* Ната́лье Гончаро́вой, э́то то, что	*main thing; forgive*
она́ ста́ла *причи́ной ги́бели* Пу́шкина. *Обвини́телей* бы́ло мно́го.	*reason; death; accusers*
Среди́ них бы́ли Мари́на Цвета́ева и Анна Ахма́това. Они́ *счита́ли*	*considered*
Ната́лью Гончаро́ву про́сто *легкомы́сленной красо́ткой*, кото́рая *привлекла́*	*frivolous; beauty; attracted*
поэ́та то́лько свое́й красото́й.	
Одна́ко неда́вно нашли́ в *архи́ве* шко́льные *тетра́ди* Гончаро́вой...	*archives; notes*
В них — *за́писи* по ру́сской исто́рии, больша́я рабо́та по мифоло́гии.	*knowledge*
Зна́ния 10-ле́тней де́вочки по геогра́фии про́сто *порази́тельны*…	*astounding; very old*
В тетра́дях — *стари́нные посло́вицы, выска́зывания* фило́софов 18 ве́ка.	*proverbs; opinions*
Гончаро́ва писа́ла *в основно́м* по-францу́зски, как все *образо́ванные*	*mainly; educated*
ру́сские *дворя́не* в то вре́мя. Но есть и *це́лая* тетра́дь на ру́сском о ру́сской	*aristocrats; entire*
поэ́зии с *цита́тами* из ру́сских поэ́тов.	*quotations*

Чте́ние для удово́льствия

1–42. Прочита́йте. Письмо́ Пу́шкина Ната́лье Никола́евне

Н. Н. ГОНЧАРО́ВОЙ

Около (не *поздне́е*) 29 октября́ 1830 г. Из Бо́лдина в Москву́

Ми́лостивая госуда́рыня Ната́лья Никола́евна, я по-францу́зски *брани́ться* не уме́ю, так *позво́льте* мне говори́ть вам по-ру́сски, а вы, мой а́нгел, отвеча́йте мне *хоть по-чухо́нски*[1], да то́лько отвеча́йте. Письмо́ ва́ше от 1-го октября́ получи́л я 26-го. Оно *огорчи́ло* меня́ по мно́гим *причи́нам:* во-пе́рвых, потому́, что оно шло *ро́вно* 25 дней; 2) что вы пе́рвого октября́ бы́ли ещё в Москве́...; 3) что вы не получи́ли мои́х пи́сем; 4) что письмо́ ва́ше *коро́че* бы́ло *визи́тной* ка́рточки; 5) что вы на меня́, *ви́димо, се́рдитесь*... Где вы? что вы? ... Если вы в Калу́ге, я прие́ду к вам че́рез Пе́нзу; е́сли вы в Москве́, то есть в моско́вской *дере́вне*, то прие́ду к вам че́рез Вя́тку, Арха́нгельск и Петербу́рг. *Ей-бо́гу* не *шучу́* — но напиши́те мне, где вы, а письмо́ адресу́йте в *село́* Абра́мово, *для пересы́лки* в Бо́лдино...*Целу́ю ру́чки у ма́тушки; кла́няюсь в по́яс* сестри́цам.

later
Dear Madam
scold; permit
at least/even; in finnish
saddened
reasons; exactly
shorter; business card
apparently; are angry
village
Honest to God; not joking
village
to be sent; I'm kissing your mother's hands; my respects to

Write an English version of the letter above:

[1] an old Russian word for *Finnish*

Имя и фами́лия: ________________________ Число́: ________________________

Как вы́учить слова́

1–43. Порабо́таем над словами́ э́той главы́.

Step 1. Употреби́те слова́
Every word in a language is always used in conjunction with other words. For example, if I say **«университе́т»**, I will immediately associate it with **«учи́ться»**: **«Я учу́сь в университе́те»** or **«Он у́чится в университе́те»** If you try to build clusters around words instead of memorizing each of them separately, you will be able to remember more words as they will combine with one another, and instead of memorizing individual vocabulary items, you will remember combinations or blocks of vocabulary. Word associations are individual for each of us. That means you have to establish your own. Here are some words. Try to think of others that you can associate with them.

1. за́пад

   ....

   ....

2. факульте́т

   ....

   ....

3. переезжа́ть

   ....

   ....

4. заявле́ние

   ....

   ....

5. вы́расти

   ....

   ....

6. занима́ться

   ....

   ....

7. учи́ться

   ....

   ....

8. курс

   ....

   ....

Step 2. Как сказа́ть. Check yourself to see whether you know how to say

1. I am a freshman (a sophomore, a junior, a senior);
2. I am or want to be a graduate student;
3. I major in ..../you haven't declared your major;
4. I am interested in ...
5. I grew up in the West, in the East, etc.;
6. I moved a lot or never moved;
7. I lost something;
8. I found something;
9. I am happy;
10. I am upset.

Step 3. Обобщи́м. Think about one of your friends or your brother or sister and see if you can say about them what you said about yourself in Step 2.

Step 4. Think of your own ways to work on the vocabulary of this chapter and share them with your classmates.

Step 5. Go over Steps 1, 2, 3 or Steps 2, 3 every two or three days at first, then once a week, then once every few weeks. You will see that the words you have learned will become a solid part of your Russian vocabulary.

Реши́те кроссво́рд

Across По горизонта́ли

1. to be born
4. world
6. to find
7. east
9. west
10. ocean
12. to graduate
13. graduate student (female)
15. south
16. money

Down По вертика́ли

2. to interest
3. north
5. backpack
8. news
11. to lose
14. key

Имя и фами́лия: ______________________ Числó: ______________________

Студе́нческая жизнь

Те́ма 1. Како́е у вас расписа́ние?

Упражне́ния для слу́шания

See Web site www.prenhall.com/vputi for exercises 2–1 through 2–2.

Лекси́ческие упражне́ния

2–3. Глаго́лы. Supply the missing forms.

гото́виться к чему́? Aspect: ....
English equivalent: Conj. ....

Я гото́влюсь..................
Ты..................
Они́..................
Past: Он..................
Она́..................
Imperative..................

по́мнить что? Aspect: ....
English equivalent: Conj. ....

Я..................
Ты..................
Они́ по́мнят..................
Past: Он..................
Она́..................
Imperative..................

записа́ться на что? Aspect: ....
English equivalent: Conj. ....

Я запишу́сь..................
Ты..................
Они́..................
Past: Он..................
Она́..................
Imperative..................

сдава́ть что? Aspect: ....
English equivalent: Conj. ....

Я..................
Ты сдаёшь..................
Они́..................
Past: Он..................
Она́..................
Imperative..................

получи́ть что? English equivalent:	Aspect: .... Conj. ....
Я	
Ты полу́чишь	
Они́	
Past: Он	
Она́	
Imperative	

перевести́ что? English equivalent:	Aspect: .... Conj. ....
Я переведу́	
Ты	
Они́	
Past: Он	
Она́	
Imperative	

2–4. Употреби́те глаго́лы. Write six or seven sentences with the verbs in 2–3.

....

....

....

....

....

....

....

2–5. Как по-ру́сски "to study"? Use the past-tense form of the verbs in parentheses.

1. В шко́ле я (***to study***) .... по́льский язы́к.
2. В про́шлой че́тверти я мно́го (***to study***) ....
3. Са́ша (***to study for***) .... к экза́мену два дня.
4. Вчера́ Ка́тя (***to study***) .... весь день в библиоте́ке.
5. В про́шлом семе́стре Све́та (***to study***) .... фи́зику.
6. Ма́ша (***to study***) .... в Моско́вском университе́те.

2–6. Отве́ты на вопро́сы. In your answers use the words in parentheses.

1. Что вы де́лаете до́ма, когда́ гото́витесь к заня́тиям по ру́сскому языку́? (***homework***) ....

   ....
2. Что вы пи́шете в конце́ ку́рса? (***term paper***) ....
3. Что вы сдаёте в конце́ ка́ждой че́тверти? (***finals***) ....
4. Каки́е экза́мены вы сдава́ли в про́шлой че́тверти? (***math, physics, chemistry***) ....

   ....
5. Что вы получа́ете на экза́мене? (***grades***) ....
6. Каки́е оце́нки вы получи́ли в про́шлой че́тверти/про́шлом семе́стре? (***A and B***) ....
7. Что зна́чит «провали́ть» экза́мен? (***to receive an F***) ....

Имя и фами́лия: ________________________ Число́: ____________________

2–7. Анто́нимы. Write words with the opposite meaning.

1. сдать экза́мен — ....
2. тру́дный экза́мен — ....
3. тяжёлый день — ....
4. записа́ться на курс — ....
5. ужа́сный день — ....
6. гуля́ть — ....

2–8. Употреби́те э́ти слова́. Translate the following words into Russian and use them in your own sentences.

1. schedule — ....
....
2. free day — ....
....
3. office hours — ....
....
4. lab — ....
....
5. lecture — ....
....
6. class — ....
....
7. to remember — ....
....
8. to be nervous — ....
....

2–9. Дневни́к. Напиши́те по-ру́сски.

I've been nervous all day. Tomorrow I have a math exam, and I'm not ready for it. All of my friends say that it's an extremely hard exam, and I'm afraid I'm going to flunk it. Poor Volodya just failed a physics exam. Mark and Katya went the movies tonight, but I didn't go. I couldn't go, I have to study for my exam.

....
....
....
....
....
....
....
....

Грамма́тика

Expressing place: answering the question У КОГО́?

2–10. Зако́нчите предложе́ния.

Приме́р: *профе́ссор Петро́в/он* → *Я ходи́л/а* ***к профе́ссору Петро́ву/к нему́. (Dative)***
Я был/была́ ***у профе́ссора Петро́ва/у него́. (Genitive)***
Я пришёл/пришла́ ***от профе́ссора/Петро́ва/от него́. (Genitive)***

1. **мой преподава́тель матема́тики/он**

Я ходи́л/а ....

Я был/была́ ....

Я пришёл/пришла́ ....

2. **моя́ университе́тская подру́га/она́**

Я ходи́л/а ....

Я был/была́ ....

Я пришёл/пришла́ ....

3. **Ива́н Никола́евич/он**

Я ходи́л/а ....

Я был/была́ ....

Я верну́лся/верну́лась ....

4. **Ни́на Серге́евна/она́**

Я зашёл/зашла́[1] ....

Я до́лго сиде́л/а ....

Я пришёл/пришла́ ....

5. **мой шко́льные друзья́/они́**

Я е́здил/а ....

Я был/была́ ....

Я прие́хал/а ....

---

[1] *to stop by, drop in on*

Имя и фами́лия: ______________________ Число́: ______________________

2–11. Зако́нчите предложе́ния.
- Give the proper form of the words in bold type.
- Add necessary prepositions.
- Identify the case.

1. **на́ше общежи́тие**

Са́ша живёт .... (case: __________)

Приходи́ сего́дня ве́чером ....! (case: __________)

Он перее́хал .... (case: __________)

2. **интере́сная ле́кция**

Мы ходи́ли .... (case: __________)

Мы бы́ли .... (case: __________)

Мы верну́лись .... (case: __________)

3. **профе́ссор Пано́в**

Зи́на была́ .... (case: __________)

Вале́рий ходи́л .... (case: __________)

Са́ша пришёл .... (case: __________)

4. **Анна Петро́вна**

Вы бы́ли вчера́ ....? (case: __________)

Когда́ вы верну́лись ....? (case: __________)

Вы поe´дете за́втра ....? (case: __________)

Мы познако́мились с Ирой .... (case: __________)

2–12. Закóнчите расскáз. Put the words in parentheses in the proper form.

Вчерá был тяжёлый день. Утром я поéхала в (***университéт***) ....

на (***консультáция***) .... к (***профéссор Рúфкин***) ....

.... Я óчень чáсто хожý к (***он***) .... на (***консультáции***)

.... по истóрии рýсской литератýры. У (***он***) ....

я былá цéлый час. От (***он***) .... я пошлá на семинáр по истóрии к (***профéссор Смирнóва***) .... К (***онá***) .... на (***семинáр***)

.... хóдят óчень мнóгие студéнты. От (***онá***) ....

.... я пошлá в (***«Цéнтр перевóдов»***) ...., где я

рабóтаю два рáза в недéлю у (***Лéна и Сáша Печéрские***) ....

Я рабóтаю (***онú***) .... ужé цéлый год. От (***онú***) .... я поéхала к

(***моя́ подрýга***) .... У (***онá***) .... я былá три часá. Мы готóвились к

(***контрóльная рабóта по истóрии***) .... А потóм мы

пошлú в (***кафé***) .... Я вернýлась (***дом***) ....

в 12 часóв. Тяжёлый день!

2–13. Relative pronoun *котóрый*. Put *котóрый* in the proper form.

1. Это моя́ шкóльная подрýга, у (***котóрая***) .... я былá вчерá вéчером.
2. Андрéй, познакóмься, э́то профéссор Журавлёв, к (***котóрый***) .... я хожý на лéкции по лингвúстике.
3. Куравлёвы, у (***котóрые***) .... я жилá цéлый мéсяц в Москвé, ýчатся в Москóвском университéте.
4. Факультéт журналúстики, на (***котóрый***) .... Куравлёвы ýчатся, нахóдится в стáром здáнии МГУ в цéнтре Москвы́.

Using the accusative case in time expressions

2–14. Письмо́. Помоги́те дру́гу написа́ть письмо́ по-ру́сски.

Dear Mila and Vanya,

I received your letter on Friday. I'm glad to hear that everything is all right with you. School started two weeks ago, and I have a difficult schedule. I've registered for six courses: history, chemistry, American literature, political science, and Russian. I have Russian every day, and the other classes three times a week. I have chemistry lab on Wednesday. I am on campus all day long. All of my friends advise me to drop a course, but I like all my courses, and I don't know which one to drop. Say hello to everyone for me.

Best regards,

....

....

....

....

....

....

....

....

....

....

....

....

....

....

....

....

....

2–15. Здра́вствуй! On a separate sheet of paper write a letter to a friend in Russia describing your classes and schedule. Use the days of the week and mention how many times a week you have certain classes.

Те́ма 2. День как день

Упражне́ния для слу́шания

See Web site www.prenhall.com/vputi for exercises 2–16 through 2–18.

Лекси́ческие упражне́ния

2–19. Глаго́лы. Supply the missing forms.

встава́ть
English equivalent:
Aspect: ....
Conj. ....
Я встаю ....
Ты ....
Они́ ....
Past: Он ....
Она́ ....
Imperative ....

просну́ться
English equivalent:
Aspect: ....
Conj. ....
Я просну́сь ....
Ты ....
Они́ ....
Past: Он ....
Она́ ....
Imperative ....

одева́ться
English equivalent:
Aspect: ....
Conj. ....
Я ....
Ты одева́ешься ....
Они́ ....
Past: Он ....
Она́ ....
Imperative ....

волнова́ться
English equivalent:
Aspect: ....
Conj. ....
Я волну́юсь ....
Ты ....
Они́ ....
Past: Он ....
Она́ ....
Imperative ....

собира́ться где?
English equivalent:
Aspect: ....
Conj. ....
Я ....
Ты ....
Они́ собира́ются ....
Past: Он ....
Она́ ....
Imperative ....

ждать кого́? где?
English equivalent:
Aspect: ....
Conj. ....
Я ....
Ты ....
Они́ ждут ....
Past: Он ....
Она́ ....
Imperative ....

боле́ть
English equivalent:
Aspect: ....
Conj. ....
Я ....
Ты боле́ешь ....
Они́ ....
Past: Он ....
Она́ ....
Imperative ....

поня́ть кого́? что?
English equivalent:
Aspect: ....
Conj. ....
Я ....
Ты ....
Они́ пойму́т ....
Past: Он ....
Она́ ....
Imperative ....

Имя и фами́лия: ______________________ Число́: ______________________

2–20. Употреби́те глаго́лы. Write eight sentences with the verbs in 2–19.

....

....

....

....

....

....

....

....

....

....

2–21. Анто́нимы. Give words with the opposite meaning.

1. люби́ть — ....
2. слома́ть — ....
3. быть здоро́вым — ....
4. по́мнить — ....
5. успе́ть — ....
6. просну́ться во́время — ....
7. ложи́ться спать — ....
8. ра́но — ....
9. ужа́сный — ....

2–22. Зако́нчите расска́з. Give the appropriate Russian equivalents for the words in parentheses.

С тех пор, как Са́ша поступи́ла в университе́т, она́ о́чень ма́ло (***sleeps***) ...., потому́ что у неё так мно́го дел. Иногда́ она́ (***goes to bed***) .... то́лько в два часа́ но́чи, а в семь утра́ уже́ ну́жно (***to get up***) .... На про́шлой неде́ле ей на́до бы́ло прие́хать в университе́т в 8 утра́, потому́ что у неё была́ встре́ча с преподава́телем, что́бы поговори́ть о курсово́й рабо́те, но она́ (***overslept***) .... и (***woke up***) .... то́лько в полови́не девя́того. На́до бы́ло позвони́ть и извини́ться. Са́ша реши́ла, что тепе́рь она́ (***will go to bed***) .... ра́ньше.

А когда́ вы (***go to bed***) .... и (***get up***) ....?

Отве́т: ....

2–23. Как по-ру́сски? How will you say the following?

1. My car broke down. I can't go to the swimming pool.

2. I'll be there in an hour and a half.

3. I'm sorry I didn't call you last night.

4. I was so busy that I was running late all day.

5. Will you go to the library tomorrow afternoon?

6. Let's get together tonight!

7. How many times a week do you go to the pool? What days?

8. I usually go home to see my parents on Friday.

9. I can't go to the movies with you because I'm studying for a test.

2–24. Напиши́те отве́т на запи́ску.

Приве́т! Мы с Диа́ной собира́емся на русский фильм в пятницу ве́чером. Начина́ется в 8.00. Пойдёшь с нами?
Саша

Имя и фами́лия: ______________________ Число́: ______________________

2–25. Запи́ска. Write a note to your Russian instructor apologizing for missing a class. State the reasons.

....

....

....

....

....

....

2–26. Дневни́к. Give Russian equivalents for every sentence. Use a separate sheet of paper.

Monday, Oct. 10

It was a really terrible day today. I went to bed only at one in the morning and overslept this morning. My car broke down and I had to walk to school. Of course, I was late for class. On Monday and Wednesday I work from one to five. After class I went to work and from there to the library. There I realized [saw] that I didn't have my ID with me, and I couldn't check out [take] any books. This evening I wanted to go to the movies, but I was late. When I got to the dorm, my friends were not there. What can I do? Monday's a hard day.

Грамма́тика

Выраже́ние вре́мени

Expressing time on the hour

2–27. Мой день. Put the words in parentheses in the proper form. Do not change word order; write out all numerals.

1. Я обы́чно встаю́ о́коло (***7, час, у́тро***) ...., а ложу́сь спать часо́в в (***12***) ....
2. С (***10, час, у́тро***) .... до (***2, час, день***) .... я на заня́тиях в университе́те.
3. Около (***3, час***) .... я уже́ до́ма, немно́го отдыха́ю и по́сле (***4, час***) .... сажу́сь занима́ться.
4. Занима́юсь обы́чно (***час, до, 8, ве́чер***) ...., а пото́м де́лаю переры́в (*break*) на час. С (***8, час***) .... до (***9, час***) .... смотрю́ но́вости по телеви́зору.
5. По́сле (***9, час, ве́чер***) .... я сно́ва занима́юсь (***час, до, 11***) .... Пото́м немно́го чита́ю, а с (***12, час, ночь***) .... до (***7, час, у́тро***) .... сплю́ как уби́тый/уби́тая[1].

---

[1]Уби́тый/уби́тая — lit. *killed, murdered.* спать как уби́тый = *to sleep like a log.*

2–28. Это ваш дневни́к. Напиши́те, **что** и **в кото́ром ча́су** вы де́лали в оди́н из дней на э́той неде́ле. Use the following prepositions in time expressions: ***до, по́сле, о́коло, с … до…, че́рез*** and the following verbs and phrases: **просыпа́ться/просну́ться, встава́ть/встать, чи́стить/почи́стить зу́бы, принима́ть/приня́ть душ, одева́ться/оде́ться, идти́ на заня́тия/на рабо́ту/в кино́/в кафе́, ложи́ться спать/лечь спать.**

День неде́ли ______________________
У́ТРОМ
ДНЁМ
ВЕ́ЧЕРОМ

Имя и фами́лия: ______________________ Число́: ______________________

Expressing the date

2–29. Напиши́те отве́ты на вопро́сы.

1. Како́е э́то вре́мя го́да?

Это ....

Это ....

Это ....

Это ....

2. Зна́ете ли вы?

- Зи́мние ме́сяцы: ....
- Весе́нние ме́сяцы: ....
- Осе́нние ме́сяцы: ....
- Ле́тние ме́сяцы: ....

2–30. Как писа́ть чи́сла по-ру́сски.

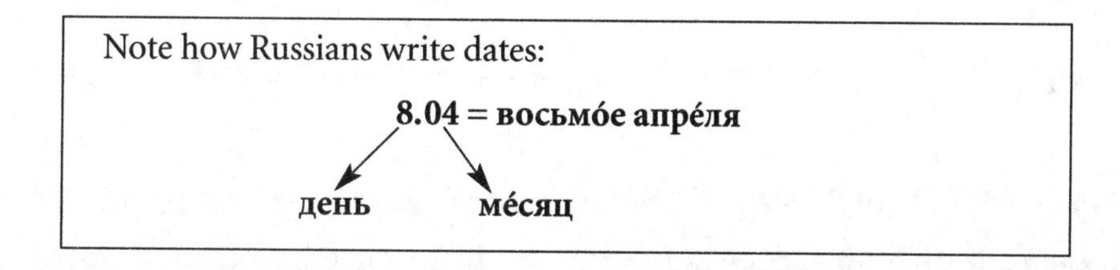

Приме́р: *Они́ прие́дут 4.05 и уе́дут 7.06.* → **Они́ прие́дут четвёртого ма́рта и уе́дут седьмо́го ию́ня.**

1. Они́ прие́дут 3.09 и уе́дут 9.10.

....

....

2. Они́ прие́дут 11.08 и уе́дут 13.09.

....

....

3. Ма́ма прие́дет 28.02 и уе́дет 1.04.

....

....

4. Марк пое́дет домо́й 20.11, а вернётся 27.12.

....

....

5. Сего́дня 31.01.

....

6. Я пое́ду в Росси́ю 22.03, а верну́сь 4.05.

....

7. Вчера́ бы́ло 20.11.

....

8. Она́ родила́сь 19.06.1960.

....

The prepositional case in time expressions

2–31. Зако́нчите предложе́ния. Use the words in parentheses in the appropriate case. Add any necessary prepositions.

1. Ле́кции в университе́те начина́ются о́сенью, (***September***) ....
2. Мари́на сдала́ все экза́мены (***June***) ....
3. Ни́на прие́дет из Москвы́ зимо́й, (***January***) ....
4. Я пое́ду в Крым ле́том, (***August***) ....
5. Я родила́сь весно́й, (***May***) ....

2–32. Зако́нчите предложе́ния. Put the words in parentheses in the appropriate case. Add any necessary prepositions.

1. Ни́на бро́сила оди́н курс (***э́тот семе́стр***) ....
2. Я поступи́ла в университе́т (***про́шлый год***) ....
3. Мы сда́ли все экза́мены (***ию́нь***) ....
4. Контро́льная по хи́мии бу́дет (***сле́дующая неде́ля***) ....
5. Я зако́нчила шко́лу (***1995***) ....
6. Игорь полу́чит дипло́м (***сле́дующий год***) ....
7. Ка́тя записа́лась на фи́зику (***э́та че́тверть***) ....

Имя и фами́лия: ____________________ Число́: ____________________

Те́ма 3. Студе́нческая жизнь: свобо́дное вре́мя (досу́г)

Упражне́ния для слу́шания

See Web site www.prenhall.com/vputi for exercises 2–33 through 2–34.

Лекси́ческие упражне́ния

2–35. Глаго́лы. Supply the missing forms.

проводи́ть что?
English equivalent:
Aspect: ....
Conj. ....

Я провожу́ ....
Ты ....
Они́ ....
Past: Он ....
Она́ ....
Imperative ....

провести́ что?
English equivalent:
Aspect: ....
Conj. ....

Я ....
Ты проведёшь ....
Они́ ....
Past: Он ....
Она́ ....
Imperative ....

выступа́ть
English equivalent:
Aspect: ....
Conj. ....

Я ....
Ты ....
Они́ выступа́ют ....
Past: Он ....
Она́ ....
Imperative ....

вы́ступить
English equivalent:
Aspect: ....
Conj. ....

Я ....
Ты вы́ступишь ....
Они́ ....
Past: Он ....
Она́ ....
Imperative ....

репети́ровать
English equivalent:
Aspect: ....
Conj. ....

Я ....
Ты репети́руешь ....
Они́ ....
Past: Он ....
Она́ ....
Imperative ....

скуча́ть
English equivalent:
Aspect: ....
Conj. ....

Я ....
Ты скуча́ешь ....
Они́ ....
Past: Он ....
Она́ ....
Imperative ....

игрáть English equivalent:	Aspect: .... Conj. ....
Я.........	
Ты.........	
Они́ игрáют.........	
Past: Он.........	
Онá.........	
Imperative.........	

петь English equivalent:	Aspect: .... Conj. ....
Я.........	
Ты.........	
Они́ пою́т.........	
Past: Он.........	
Онá.........	
Imperative.........	

2–36. Употреби́те глагóлы. Write eight sentences with the verbs in 2–35.

....

....

....

....

....

....

....

....

2–37. Как по-ру́сски? Give Russian equivalents and use them in your own sentences. Write about your family or friends, not yourself.

1. to spend free time ....

   ....

2. to participate in school sports clubs ....

   ....

3. to participate in a drama group ....

   ....

4. to participate in a glee club, a choir ....

   ....

5. to be in a dance group ....

   ....

6. to miss ....

   ....

7. meeting ....

   ....

8. alumni ....

   ....

Имя и фами́лия: ________________ Число́: ________________

2–38. Каки́м спо́ртом ты занима́ешься? Translate the words in parentheses and put them into the proper form.

Я игра́ю **в** (**что?**) (***soccer***) ....

Я игра́ю в (***golf***) ....

Я игра́ю в (***tennis***) ....

Я игра́ю в (***basketball***) ....

Я игра́ю в (***baseball***) ....

Я игра́ю в (***American football***) ....

....

Я игра́ю в (***billiards***) ....

Я занима́юсь (**чем?**) (***swimming***) ....

Я занима́юсь (***mountain climbing***) ....

....

2–39. В каку́ю спорти́вную се́кцию мо́жно записа́ться? Translate the words in parentheses and put them into the genitive case.

Приме́р: *Мо́жно записа́ться в* ***се́кцию баскетбо́ла.***

Мо́жно записа́ться в се́кцию ...

(***running, jogging***) ....

(***wrestling***) ....

(***gymnastics***) ....

(***yoga***) ....

(***skiing***) ....

(***scuba diving***) ....

(***tourism***) ....

(***hockey***) ....

2–40. На чём ты игра́ешь? Complete the sentences. Use the prepositions!

Я игра́ю (**на чём?**) .... Я игра́ю ....

Я игра́ю .... Я игра́ю ....

В на́шем анса́мбле ребя́та игра́ют ...., ..., ..., ...

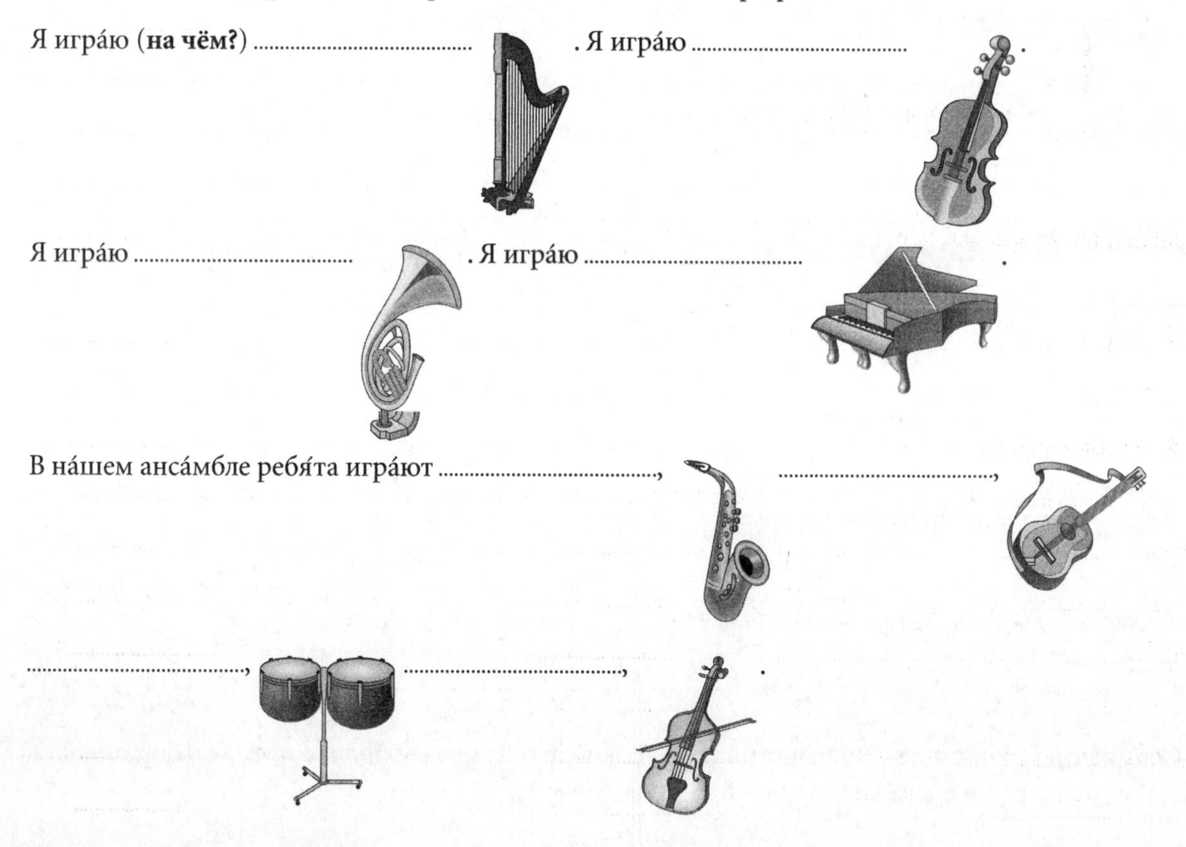

2–41. Объявле́ние. You are an exchange student in Russia.

1. You want to form a band or a singing group. On a separate sheet of paper, write an announcement inviting other students to join. Specify the days you'll rehearse. Use the imperative.

2. Your group will give a concert. On a separate sheet of paper, design a poster announcing the event. Use the verb **состоя́ться** and don't forget to mention **когда́ и где.**

Грамма́тика

The past tense of verbs

2–42. Соста́вьте предложе́ния. Put the verb in the past tense and indicate the stress. Add prepositions if necessary and make other changes.

1. Вчера́ Марк / не прийти́ / заня́тие / потому́ что / он / проспа́ть.

....

2. Почему́ / ты / не / позвони́ть? Что / произойти́?

....

3. Сего́дня у́тром Марк / прийти́сь / чини́ть / маши́на.

....

4. Вто́рник / у́тро / Ма́ша / быть / библиоте́ка.

....

5. Ваш / сестра́ / поступи́ть / университе́т / про́шлый / год?

....

6. Про́шлый семе́стр / я / хоте́ть / записа́ться / курс / программи́рование.

....

7. Каки́е / инструме́нты / вы / игра́ть/ де́тство?

....

8. Про́шлая / неде́ля / я / рабо́тать / среда́ / и / пя́тница / до / час / ночь.

....

9. Вчера́ / ве́чер / мы / собира́ться / пойти́ / конце́рт.

....

10. Вчера́ Ко́стя так уста́л / что / спать / де́вять / ве́чер / оди́ннадцать / у́тро.

....

11. Сего́дня / у́тро / мы / просну́ться / по́сле / во́семь.

....

12. Я / не мочь / вы́учить / испа́нский / язы́к.

....

2–43. Сочине́ние. Напиши́те сочине́ние на те́му «Как я проводи́л/а свобо́дное вре́мя» на про́шлой неде́ле. Write at least 10 sentences on a separate sheet of paper.

Имя и фами́лия: ______________________ Число́: ______________________

2–44. Моско́вские вы́сшие же́нские ку́рсы. Read the text about women's education in Russia in the 19th century and circle all past tense verb forms. Give the infinitives for the verbs. On a separate sheet of paper translate paragraphs one and three into English.

Моско́вские вы́сшие же́нские ку́рсы — *вы́сшее образова́ние* для же́нщин

higher education

Абза́ц[1] *1.* В ма́е 1872 го́да мини́стр наро́дного просвеще́ния граф Д.А.Толсто́й *дал согла́сие* откры́ть в Москве́ вы́сшие же́нские ку́рсы. 1 ноября́ 1872 го́да *состоя́лось торже́ственное откры́тие.* Эти ку́рсы ста́ли пе́рвыми вы́сшими же́нскими ку́рсами не то́лько в Москве́, но и в Росси́и. С э́того дня начало́сь вы́сшее же́нское образова́ние в Росси́и. Же́нщин, кото́рые учи́лись на Ку́рсах, называ́ли курси́стками.

agreed

gala opening took place

Абза́ц 2. На Ку́рсах учи́лись 2 го́да, а с 1886 го́да — 3 го́да. В програ́мме обуче́ния бы́ли как гуманита́рные нау́ки, так и есте́ственные. Заня́тия бы́ли *пла́тными.* Ле́кции чита́ли изве́стные профессора́ Моско́вского университе́та, т. е. курси́стки Моско́вских вы́сших же́нских ку́рсов получа́ли блестя́щее образова́ние, *хотя́* и не име́ли возмо́жности сдава́ть госуда́рственные экза́мены в университе́те, не могли́ получи́ть дипло́м специали́ста.

students paid tuition

even though

Абза́ц 3. Несмотря́ на то, что пла́та за обуче́ние была́ доста́точно высока́ (внача́ле 50, а зате́м 100 рубле́й в год), с ка́ждым го́дом курси́сток станови́лось всё бо́льше и бо́льше. Поступи́ть на Моско́вские вы́сшие же́нские ку́рсы могла́ люба́я же́нщина *со сре́дним образова́нием.* На Ку́рсах бы́ло два отделе́ния: исто́рико-филологи́ческое и фи́зико-математи́ческое.

despite

secondary education

Абза́ц 4. По́сле револю́ции 1917 го́да Вы́сшие же́нские ку́рсы ста́ли называ́ться Вторы́м моско́вским госуда́рственным университе́том. В университе́те бы́ло три факульте́та: исто́рико-филологи́ческий, фи́зико-математи́ческий и медици́нский. По́зже э́тот университе́т стал педагоги́ческим институ́том.

Абза́ц 5. Сейча́с педагоги́ческий институ́т называ́ется университе́том. В Моско́вском педагоги́ческом госуда́рственном университе́те на 18 факульте́тах у́чится бо́лее 14 ты́сяч студе́нтов. Выпускники́ МПГУ рабо́тают на всей террито́рии Росси́и: в де́тских сада́х, шко́лах и в университе́тах.

---

[1]paragraph.

Чте́ние для информа́ции

2–45. По́иск однoку́рсников. МГПУ (Моско́вский госуда́рственный педагоги́ческий университе́т) has a Web page called «По́иск однoку́рсников» where graduates try to locate their classmates or other people try to find someone who is currently a student at the university.

1. Look through the messages below and circle the messages where (a) a man is trying to find a woman he knew before; (b) a woman is looking for a man she met only once; (c) someone is looking for a former classmate.
2. Choose two messages and translate them into English. Use a dictionary if necessary.
3. Choose one of the messages and write a story: How did these people meet? Will they meet again?

Файл Правка Вид Избранное Сервис Справка
Назад Поиск Избранное Медиа
Адрес:

Сообще́ние 1. Ищу́ де́вушку по и́мени Ксе́ня, у́чится на био́лого-хими́ческом факульте́те, в э́том году́ зако́нчила 3 курс. Зна́ю, что она́ блонди́нка и живёт в общежи́тии, а сама́ из Влади́мирской о́бласти. Очень хо́чется её найти́. Если кто зна́ет каку́ю-либо информа́цию, напиши́те. Зара́нее спаси́бо, Серге́й sp@mail.ru

Сообще́ние 2. Приве́т всем студе́нтам МГПУ!
Я хочу́ найти́ Некра́сова Алексе́я. Зна́ю то́лько то, что он учи́лся (неда́вно око́нчил, мо́жет быть) и́ли у́чится на после́днем ку́рсе в ва́шем Университе́те. Он не из Москвы́. Для свя́зи оставля́ю свой электро́нный а́дрес: Viki@inbox.ru и рабо́чий телефо́н 935-55-01, доба́вочный 10-26. Викто́рия

Сообще́ние 3. Помоги́те найти́ де́вушку с истфа́ка, кото́рая учи́лась там в пери́од с 1991 до 1996 (плюс ми́нус год). Зову́т Ири́на. К сожале́нию, фами́лию я не по́мню. Вме́сте мы рабо́тали в Макдо́налдсе в 1993 году́. Сла́ва 56@list.ru

Сообще́ние 4. Дороги́е студе́нты институ́та МГПУ!
Я ищу́ де́вушку Олю. Фами́лии не зна́ю. Зна́ю то́лько то, что её па́па — профе́ссор фи́зики ва́шего институ́та. Люба́я информа́ция для меня́ бу́дет спасе́нием! ! !
Пиши́те мне по а́дресу si@mail.ru. Зара́нее спаси́бо, Сема́шко Иван

Сообще́ние 5. Алёша, напиши́!
Про́шлым ле́том на пля́же в Сере́бряном бору́[1], я познако́милась с молоды́м челове́ком по и́мени Алексе́й, он студе́нт МГПУ вече́рнего отделе́ния, географи́ческого факульте́та, 3 и́ли 4 ку́рса, он обеща́л позвони́ть, но, по-мо́ему, непра́вильно записа́л телефо́н. Если возмо́жно, помоги́те мне найти́ его́! Аня anya@mail.ru

Сообще́ние 6. Я, Ми́шкина Татья́на Серге́евна, бы́вшая студе́нтка МГПУ, хочу́ найти́ подру́гу Ивані́енко Ве́ру Петро́вну, кото́рая учи́лась со мной на одно́м ку́рсе. Мой а́дрес: 19@mail.ru.

---

[1]райо́н Москвы́ на *Москве́-реке́*

Имя и фами́лия: ______________________ Число́: ______________________

Чте́ние для удово́льствия

2–46. Прочита́йте.

Имена́, кото́рые зна́ют в Росси́и: Самуи́л Марша́к (1887–1964)
Поэ́т, перево́дчик

Роди́лся 22 октября́ (3 ноября́ н.с.)1887 го́да в Воро́неже. Учи́лся в гимна́зии в Петербу́рге, пото́м в А́нглии в Ло́ндонском университе́те. Во вре́мя *кани́кул* мно́го путеше́ствовал пешко́м по А́нглии, слу́шал англи́йские наро́дные пе́сни. Уже́ то́гда на́чал рабо́тать над *перево́дами* англи́йских балла́д, кото́рые впосле́дствии *просла́вили* его́.

vacation; translations; make famous

В 1914 верну́лся в Росси́ю, рабо́тал в прови́нции, *публикова́л* свои́ перево́ды в журна́лах. В 1923 написа́л свои́ пе́рвые оригина́льные *ска́зки* в стиха́х — «*Ска́зка о глу́пом мышо́нке*», «*Пожа́р*», «По́чта». Марша́к изве́стен свои́ми стиха́ми для дете́й, ска́зками и перево́дами с англи́йского.

published; fairy tale; foolish; baby mouse; fire

С. Марша́к у́мер 4 ию́ля 1964 в Москве́.

2–47. Прочита́йте ска́зку Самуи́ла Марша́ка́ «Двена́дцать ме́сяцев».

Двена́дцать ме́сяцев (shortened)

Часть 1

1	Зна́ешь ли ты, ско́лько ме́сяцев в году́? Двена́дцать. А как их	
2	зову́т? Янва́рь, февра́ль, март, апре́ль, май, ию́нь, ию́ль, а́вгуст, сентя́брь,	
3	октя́брь, ноя́брь, дека́брь. Ме́сяцы иду́т оди́н за други́м и никогда́ не	
4	встреча́ются. Но лю́ди расска́зывают, бу́дто была́ де́вочка, кото́рая	
5	ви́дела все двена́дцать ме́сяцев *сра́зу*. Как же э́то случи́лось? А вот как.	*at once*
6	В одно́й *дереву́шке* жила́ *зла́я* и *скупа́я* же́нщина с до́чкой и	*hamlet; mean; greedy*
7	*па́дчерицей*. До́чка по це́лым дням ничего́ не де́лала, а па́дчерица с утра́	*stepdaughter*
8	до́ но́чи рабо́тала. Зна́ла она́ и зи́мний хо́лод, и ле́тний *зной*, и весе́нний	*heat*
9	ве́тер, и осе́нний дождь.	
10	Была́ зима́. Шёл янва́рь ме́сяц. Сне́гу *намело́* сто́лько, что лю́ди сиде́ли	*there was so much snow*
11	в дома́х. Ве́чером зла́я *ма́чеха* приоткры́ла дверь, посмотре́ла на снег, а	*stepmother*
12	пото́м сказа́ла па́дчерице:	
13	— Сходи́ в лес да *набери́* там *подсне́жников*. За́втра сестра́ твоя́	*gather; snowdrops*
14	*имени́нница*. Иди́ да без цвето́в не возвраща́йся.	*name day*
15	*Запла́кала* де́вочка и вы́шла из двере́й. Вот и лес. Тут уж совсе́м	*started to cry*
16	темно́. И вдруг далеко́ *меж* дере́вьев она увидела *огонёк*. Пошла́ на э́тот	*between; light*
17	огонёк. Вы́шла на *поля́нку*. Посреди́ поля́нки большо́й костёр гори́т. А	*clearing*
18	*вокру́г* костра́ сидя́т лю́ди. Смо́трит на них де́вочка и ду́мает: кто же они́	*around*
19	таки́е? Ста́ла она́ *счита́ть*, насчита́ла двена́дцать: тро́е ста́рых, тро́е	*count*
20	*пожилы́х*, тро́е молоды́х, а после́дние тро́е — совсе́м ещё ма́льчики.	*middle-aged*
21	И вдру́г *оберну́лся* оди́н *стари́к* — и погляде́л в ту сто́рону, где стоя́ла	*turned (around); old man*
22	де́вочка. Спра́шивает её стари́к гро́мко:	
23	— Ты отку́да пришла́, чего́ тебе́ здесь ну́жно?	
24	Де́вочка показа́ла ему́ свою́ *пусту́ю корзи́нку* и говори́т:	*empty; basket*
25	— Ну́жно мне набра́ть в э́ту корзи́нку подсне́жников.	
26	— Это в январе́-то подсне́жников? *Вон чего́ вы́думала*!	*How did you come up with it?*

27 — Не я вы́думала, — отвеча́ет де́вочка, — а *присла́ла* меня́ сюда́ за подсне́жниками моя́ ма́чеха. — *sent*
28
29 Тут все двена́дцать погляде́ли на неё и ста́ли ме́жду собо́й
30 разгова́ривать. И вдруг оди́н из двена́дцати, са́мый молодо́й,
31 весёлый, встал и подошёл к старику́:
32 — *Бра́тец* Янва́рь, *уступи́* мне на час своё ме́сто! — *брат; let me…*
33 — Я бы уступи́л, да не быва́ть Ма́рту *пре́жде* Февраля́. — *before*
34 — Ла́дно уж, — *проворча́л* друго́й стари́к. — Мы все хорошо́ её зна́ем. — *grumbled*
35 На́до ей помо́чь.
36 — Ну, будь по-ва́шему, — сказа́л Янва́рь.
37 Вдруг *наступи́ла* весна́… — *came*

По́няли ли вы текст? + пра́вильно; — непра́вильно

_______ 1. Ме́сяцы иду́т оди́н за други́м и никогда́ не встреча́ются.
_______ 2. Де́вочка ви́дела все 12 ме́сяцев сра́зу.
_______ 3. Де́вочка ви́дела то́лько ме́сяц янва́рь.
_______ 4. Ма́чеха о́чень люби́ла де́вочку.
_______ 5. Ма́чеха была́ до́брой.
_______ 6. Ма́чеха была́ зло́й и скупо́й.
_______ 7. Де́вочка рабо́тала с утра́ до́ ночи.
_______ 8. До́чка ма́чехи по це́лым дням ничего́ не де́лала.
_______ 9. Была́ весна́, и в лесу́ бы́ло мно́го подсне́жников.
_______ 10. Была́ зима́, и в лесу́ лежа́л снег.
_______ 11. Ма́чеха посла́ла де́вочку за водо́й.
_______ 12. Де́вочка сказа́ла ма́чехе, что не пойдёт в лес.
_______ 13. Де́вочка запла́кала и пошла́ в лес.
_______ 14. Де́вочка встре́тила в лесу́ 12 бра́тьев -12 ме́сяцев.
_______ 15. Де́вочка не разгова́ривала с ни́ми.
_______ 16. Де́вочка объясни́ла, почему́ она́ пришла́ в лес.
_______ 17. Март не захоте́л помога́ть де́вочке.
_______ 18. Янва́рь захоте́л помо́чь де́вочке.
_______ 19. Февра́ль не захоте́л уступи́ть Ма́рту своё ме́сто.
_______ 20. Весна́ не наступи́ла.

Часть 2

38 *Глядит* де́вочка — наглядеться не мо́жет. — *смо́трит*
39 — Что же ты стои́шь? — говори́т ей Март. — *Торопи́сь,* нам с тобо́й — *Hurry up!*
40 всего́ оди́н час бра́тья мои́ *подари́ли.* — *gave as a gift*
41 Де́вочка побежа́ла подсне́жники иска́ть. А их *ви́димо-неви́димо*! — *о́чень мно́го*
42 Набрала́ она́ по́лную корзи́ну, — и скоре́е опя́ть на поля́нку. А там уже́
43 ни костра́, ни бра́тьев нет... *Пожале́ла* де́вочка, что *поблагодари́ть* ей — *regretted; thank*
44 не́кого, и побежа́ла домо́й.
45 — Ну, что, — спроси́ли её ма́чеха и сестра́, — Подсне́жники где?
46 Ничего́ не отве́тила де́вочка, то́лько *вы́сыпала* подсне́жники. Ма́чеха — *emptied*
47 и сестра́ так и а́хнули:
48 — Да где же ты их взяла́?
49 Рассказа́ла им де́вочка всё, как бы́ло. *Перегляну́лись* ма́чеха с до́чкой и — *exchange glances*
50 спра́шивают:
51 — А бо́льше тебе́ ничего́ ме́сяцы не да́ли?
52 — Да я бо́льше ничего́ и не проси́ла.

Имя и фами́лия: ______________________ Число́: ______________________

53	— Вот *ду́ра*, так ду́ра! — говори́т сестра́. — Ну, будь я на твоём ме́сте,	*fool (f.)*
54	я бы зна́ла, чего́ проси́ть.	
55	— Одева́йся, до́чка, да сходи́ на поля́нку.	
56	Идёт до́чка, торо́пится. Шла, шла и *вы́шла* на поля́нку.	*came out*
57	Посреди́ поля́нки большо́й костёр гори́т, а вокру́г костра́ сидя́т	
58	двена́дцать ме́сяцев. Подошла́ ма́чехина до́чка к костру́ и ста́ла *гре́ться*.	*warm oneself*
59	Замолча́ли бра́тья-ме́сяцы. Ти́хо ста́ло в лесу́. И вдруг говори́т Январь-ме́сяц:	
60	— Ты кто така́я?	
61	— Вы мое́й сестре́ це́лую корзи́нку подсне́жников да́ли. Вот я и пришла́ за	
62	пода́рками. Пусть Июнь-ме́сяц мне *земляни́ки* даст. А Июль-ме́сяц —	*strawberries*
63	огурцо́в и *грибо́в* бе́лых, а ме́сяц Август — я́блок да *груш*. А Сентя́брь…	*mushrooms; pears*
64	— *Погоди́*, — говори́т Янва́рь-ме́сяц. — Не быва́ть ле́ту пе́ред весно́й, а	*wait*
65	весне́ пе́ред зимо́й. Я тепе́рь в лесу́ *хозя́ин*.	*master*
66	— *Ишь* како́й *серди́тый*! — говори́т ма́чехина до́чка.— Да я не к тебе́.	*see!; angry*
67	Мне ле́тних ме́сяцев на́до. *Нахму́рился* Янва́рь-ме́сяц.	*frowned*
68	— Ищи́ ле́та зимо́й! — говори́т.	
69	*Махну́л* он широ́ким *рукаво́м*, и подняла́сь в лесу́ *мете́ль* от земли́ до не́ба.	*waved; sleeve; snowstorm*
70	*Испуга́лась* ма́чехина до́чка.	*got frightened*
71	— *Переста́нь*! — кричи́т.— Хва́тит!	*stop*
72	Да где там! *Свали́лась* она́ в *сугро́б*, и *замело́* её сне́гом. А ма́чеха ждала́-	*fell down; snowdrift; covered*
73	ждала́ свою́ до́чку — нет её, да и то́лько. Пошла́ она́ в лес. Ходи́ла она́,	
74	ходи́ла, *иска́ла*-иска́ла, пока́ и сама́ не *замёрзла*.	*looked for; froze to death*
75	А па́дчерица до́лго на све́те жила́, больша́я вы́росла, *за́муж вы́шла* и дете́й	*got married*
76	вы́растила.	

По́няли ли вы текст? + пра́вильно; — непра́вильно

_______ 1. Де́вочка не нашла́ подсне́жников.
_______ 2. Де́вочка собрала́ мно́го подсне́жников.
_______ 3. Ма́чеха сказа́ла спаси́бо де́вочке за подсне́жники.
_______ 4. Ма́чехина до́чка то́же пошла́ в лес к бра́тьям-ме́сяцам.
_______ 5. Ма́чехина до́чка попроси́ла у бра́тьев-ме́сяцев подсне́жников.
_______ 6. Ма́чехина до́чка попроси́ла у бра́тьев-ме́сяцев земляни́ки, грибо́в, я́блок и груш.
_______ 7. Янва́рь-ме́сяц рассерди́лся на ма́чехину до́чку.
_______ 8. Бра́тья-ме́сяцы ничего́ ей не да́ли.
_______ 9. Маче́хина до́чка верну́лась домо́й.
_______ 10. Ма́чехина до́чка свали́лась в сугро́б, и её завали́ло сне́гом.
_______ 11. Ма́чеха до́лго иска́ла до́чку.
_______ 12. Ма́чеха нашла́ до́чку в лесу́.
_______ 13. Ма́чеха не нашла́ до́чку в лесу́.
_______ 14. Ма́чеха верну́лась домо́й.
_______ 15. Ма́чеха замёрзла в лесу́.
_______ 16. Де́вочка до́лго жила́, вы́шла за́муж и вы́растила дете́й.

Посмотри́те фильм!

«Двена́дцать ме́сяцев», худо́жественный фи́льм, 1972.

«Двена́дцать ме́сяцев», мультфи́льм, киносту́дия «Союзмультфи́льм», 1956 г.

Как вы́учить слова́

2–48. Порабо́таем над слова́ми э́той главы́. See 1–43 in Chapter 1 for recommendations on how to work on the vocabulary.

Step 1. Употреби́те слова́.
Build clusters around these words

1. слома́ться
2. воскресе́нье
3. проспа́ть
4. волнова́ться
5. репети́ция
6. выступа́ть/вы́ступить
7. игра́ть
8. звони́ть/позвони́ть

Step 2. Как сказа́ть
A. Be sure you know how to say:

1. I am tired;
2. I am sick;
3. I am lucky;
4. It's my own fault;
5. I have been preparing for an exam;
6. I have a rehearsal tonight;
7. My computer broke down and I have to repair it;
8. I was late for class yesterday.

B. Do you remember the days of the week in Russian?

B.1. What day comes after
вто́рник —
пя́тница —
воскресе́нье —
среда́ —

B.2. How do you say in Russian:
on Monday; on Tuesday; on Wednesday, etc.

Step 3. Обобщи́м
Think about a day last/this week when you were especially busy and describe it.

Когда́ э́то бы́ло? В како́й день неде́ли? Что случи́лось? Почему́?

Реши́те кроссво́рд. Каки́м спо́ртом вы занима́етесь?

Across По горизонта́ли
1. baseball
4. wrestling
7. soccer
9. gymnastics
10. mountain climbing

Down По вертика́ли
1. basketball
2. billiards
3. swimming
5. yoga
6. tourism
8. running, jogging

To review Chapters 1 and 2 see Web site www.prenhall.com/vputi.

Имя и фами́лия: ______________________ Число́: ______________________

Глава́ 3

Всё о семье́

Те́ма 1. Моя́ семья́

Упражне́ния для слу́шания

See Web site www.prenhall.com/vputi for exercises 3–1 through 3–6.

Лекси́ческие упражне́ния

3–7. Глаго́лы. Supply the missing forms. **Mark stresses.**

воспи́тывать кого́?
English equivalent:
Aspect: ....
Conj. ....

Я..........
Ты воспи́тываешь..........
Они́..........
Past: Он..........
Она́..........
Imperative..........

воспита́ть кого́?
English equivalent:
Aspect: ....
Conj. ....

Я..........
Ты воспита́ешь..........
Они́..........
Past: Он..........
Она́..........
Imperative..........

помога́ть кому́?
English equivalent:
Aspect: ....
Conj. ....

Я..........
Ты..........
Они́ помога́ют..........
Past: Он..........
Она́..........
Imperative..........

помо́чь кому́?
English equivalent:
Aspect: ....
Conj. ....

Я помогу́..........
Ты..........
Они́..........
Past: Он..........
Она́..........
Imperative..........

умира́ть Aspect: ....
English equivalent: Conj. ....

Я умира́ю..............................
Ты..............................
Они́..............................
Past: Он..............................
Она́..............................
Imperative..............................

умере́ть Aspect: ....
English equivalent: Conj. ....

Я..............................
Ты..............................
Они́ умру́т..............................
Past: Он..............................
Она́..............................
Imperative..............................

боя́ться кого́? Aspect: ....
English equivalent: Conj. ....

Я..............................
Ты бои́шься..............................
Они́..............................
Past: Он..............................
Она́..............................
Imperative..............................

сиде́ть с кем? Aspect: ....
English equivalent: Conj. ....

Я сижу́..............................
Ты..............................
Они́..............................
Past: Он..............................
Она́..............................
Imperative..............................

3–8 Употреби́те глаго́лы. Write eight or nine sentences with the verbs in 3–7. Pay attention to the case of the noun that follows each verb.

....

....

....

....

....

....

....

....

....

Имя и фамúлия: ______________________ Числó: ______________________

3–9. Вáши рóдственники. Complete the sentences.

1. Сестрá вáшей мáмы — э́то вáша ....
2. Брат вáшего отцá — э́то ваш ....
3. Отéц вáшего пáпы — э́то ваш ....
4. Мать вáшей мáмы — э́то вáша ....
5. Сын вáшей сестры́ — э́то ваш ....
6. Дочь вáшего брáта — э́то вáша ....
7. Дочь вáшей тёти — э́то вáша ....
8. Сын вáшего дя́ди — э́то ваш ....

3–10. Употреби́те э́ти словá. Translate the following words into Russian and use them to describe your own family life or the lives of other people you know.

1. adopted son/daughter — ....
2. to adopt — ....
3. adoptive parents — ....
4. baby, child — ....
5. granddaughter/grandson — ....
6. half-brother/half-sister — ....
7. older/younger sibling — ....
8. stepfather/stepmother — ....
9. to get married — ....
10. to get divorced — ....

3–11. Моя́ семья́. Fill in the blanks of the Russian interpretation for the following narrative.

My family

I have a large family: my grandparents, my mother and father, aunt Lyuba and uncle Kolya, and my cousins in the country Sasha, Vanya, Sveta and Lena. When I was seven, my mother and father got divorced and my grandparents moved in with us. My mother worked, and my grandmother stayed at home with me. My grandfather still worked; he retired only a few years ago. I would always visit my aunt and uncle in the country for the summer. We didn't have any pets at home, but aunt Lyuba and uncle Kolya had two dogs and three cats. My cousin Sveta had a horse that we all used to ride, and her brother Sasha had tropical fish, a turtle, and the snake that I hated. I guess that you could say that this was a family that really loved animals.

Моя́ семья́

У меня́ ....:

.... и ...., ма́ма и

па́па, ... Лю́ба и ....

Ко́ля, и мои́ ....

....

Са́ша, Ва́ня, Све́та и Ле́на, кото́рые живу́т в дере́вне. Когда́ мне

бы́ло ...., ма́ма и па́па ....,

и ба́бушка и де́душка .... к нам. Ма́ма

рабо́тала, а ба́бушка .... со мной. Де́душка

ещё ...., он ушёл на ....

то́лько .... наза́д. На ле́то я всегда́ е́здила в

дере́вню к .... и ....

.... и .... У нас

до́ма не бы́ло ....,

но у .... и .... бы́ли

.... соба́ки и три ....

У мое́й ....

была́ ...., на ....

мы все е́здили, а у её .... бы́ли ....,

.... и ....,

кото́рую я .... Мо́жно сказа́ть, что

э́то была́ ...., ...

о́чень люби́ла ....

Имя и фами́лия: ______________________ Число́: ______________________

3–12. Напиши́те о себе́. On a separate sheet of paper, write as much as you can, answering these questions. One-word answers are not acceptable.

1. Вы еди́нственный ребёнок в семье́?
2. Кто ва́ши роди́тели? Кем они́ рабо́тают?
3. Кто вас воспи́тывал?
4. Кто с ва́ми сиде́л до́ма в де́тстве?
5. Кто вам чита́л ска́зки в де́тстве?
6. Кто вам помога́л де́лать дома́шнее зада́ние?
7. На кого́ вы похо́жи?
8. Что вы по́мните о своём де́тстве?
9. У вас есть/была́ ко́шка и́ли соба́ка? Напиши́те о них.

Грамма́тика

The nominative case ◆ Имени́тельный паде́ж

3–13. Мно́жественное число́. Give plural forms.

мла́дший брат — ....

вече́рняя газе́та — ....

ру́сский го́род — ....

большо́й дом — ....

ста́ршая дочь — ....

шко́льный друг — ....

дома́шнее живо́тное — ....

....

ру́сское и́мя — ....

интере́сная кни́га — ....

бе́лый котёнок — ....

после́дняя неде́ля — ....

после́днее письмо́ — ....

мой племя́нник — ....

их племя́нница — ....

моя́ подру́га — ....

твой профе́ссор — ....

наш ребёнок — ....

италья́нская семья́ — ....

мла́дшая сестра́ — ....

ста́рший сын — ....

люби́мый учи́тель — ....

интере́сный челове́к — ....

мой щено́к — ....

ста́рый журна́л — ....

англича́нин — ....

3–14. Письмо́ в реда́кцию журна́ла. Mark the subject in each sentence with an **S** and underline all the words in the nominative case.

Дорога́я реда́кция!

Так случи́лось в мое́й жи́зни, что я ра́но вы́шла за́муж — в 20 лет. Муж — юри́ст, то́лько что око́нчил университе́т. Я око́нчила институ́т и рабо́тала в библиоте́ке. Любо́вь, два го́да жи́зни, и у нас роди́лся пе́рвый ребёнок — Олечка! Мы бы́ли так ра́ды! Он чита́л Оле ска́зки, води́л в де́тский теа́тр, помога́л де́лать дома́шние зада́ния. Помога́л он и мне. Что ещё ну́жно для сча́стья? Роди́лся второ́й ребёнок, муж получи́л до́кторскую сте́пень, а я ста́ла дире́ктором де́тской библиоте́ки. Прошло́ пятна́дцать лет. . . И вдруг всё ко́нчилось в оди́н день! У него́ друга́я же́нщина! Что де́лать? Как жить? Заче́м жить? Как воспи́тывать дете́й? Отве́тов НЕТ. . . Помоги́те!

Ле́на К.

The genitive case ◆ Роди́тельный паде́ж

The genitive case without prepositions

3–15. У меня́ нет … Use the negative construction to indicate that you don't have something.

Приме́р: *У Ко́ли есть соба́ка.* → *А у меня́ нет соба́ки.*

1. У Да́ши есть брат и сестра́.

....

2. У Ольги Евге́ньевны есть внук и вну́чка.

....

3. У моего́ дя́ди большо́й дом.

....

4. У Ле́ны есть двою́родная сестра́.

....

5. У моего́ дру́га есть соба́ка и ко́шка.

....

6. У Са́ши есть племя́нник и племя́нница.

....

7. Сего́дня у Воло́ди консульта́ция с профе́ссором.

....

8. Сего́дня у Ка́ти ле́кция по эконо́мике.

....

3–16. Объясни́те. Explain the meaning of the following words.

Приме́р: *племя́нник* → *Это* ***сын моє́й сестры́*** *и́ли* ***моего́ бра́та***

племя́нница ....

де́душка ....

тётя ....

дя́дя ....

ба́бушка ....

двою́родный брат ....

двою́родная сестра́ ....

3–17. Вопро́сы. Write the questions for the following sentences.

Приме́р: *Это сестра́ Све́ты.* → *Чья э́то сестра́?*
Этот ма́льчик сре́днего ро́ста. → *Како́го ро́ста э́тот ма́льчик?*

1. Это брат Ольги. ....
2. Это кни́га кра́сного цве́та. ....
3. Это тётя Игоря. ....
4. Это дочь на́шего преподава́теля. ....
5. Эта же́нщина высо́кого ро́ста. ....
6. Это сестра́ моє́й подру́ги. ....
7. Это пла́тье бе́лого цве́та. ....

3–18. Зако́нчите предложе́ния.

1. Све́та не бои́тся (***э́та соба́ка***) ...., а я (***она́***) .... бою́сь.
2. Ма́ша пожела́ла мне (***сча́стье***) ....
3. Это ваш преподава́тель (***фи́зика***) ....?
4. Ты хо́чешь (***поко́й***) .... и́ли (***сча́стье***) ....?
5. Ты бои́шься (***свой оте́ц***) ....?
6. (***Что***) .... ты мне пожела́ешь?
7. Все лю́ди хотя́т (***мир***) ....
8. Я жела́ю вам (***любо́вь и ра́дость***) ....
9. Не бо́йся (***я***) ....
10. У меня́ мно́го (***свобо́дное вре́мя***) ....

The genitive case after prepositions

3–19. Семе́йная жизнь. Use the following words in your statements:

любо́вь, де́ти, поко́й, де́ньги, взаимопо́мощь (mutual aid), взаимопонима́ние (mutual understanding), здоро́вье.

The first one is done for you.

Счастли́вой семе́йной жи́зни не мо́жет быть …

1. ***без любви́*** (*without* + ***genitive case***)
2. ....
3. ....
4. ....
5. ....
6. ....
7. ....

3–20. Кто мо́жет перевести́?

Приме́р: *Та́ня зна́ет ру́сский и англи́йский.* → *Она́ мо́жет перевести́ э́ту кни́гу* ***с ру́сского на англи́йский.***

1. Се́йда говори́т по-туре́цки и по-францу́зски.

....

2. Са́ша зна́ет украи́нский и италья́нский.

....

3. Ми́дори зна́ет япо́нский и не́мецкий.

....

4. Гре́тхен говори́т по-не́мецки и по-шве́дски.

....

5. Анже́й говори́т по-по́льски и по-ру́сски.

....

6. Ма́рко говори́т по-италья́нски и по-кита́йски.

....

3–21. Для кого́? Complete the sentences using ***for + genitive case.*** The first one is done for you.

Са́ша купи́л цветы́ …

1. (*ма́ма*) … ***для ма́мы***
2. (сестра́) ....
3. (вы) ....
4. (брат) ....
5. (племя́нница) ....

3–22. Из-за чего́? Complete the sentences using ***because + genitive case.*** The first one is done for you.

Я не пришёл/пришла́ к Ка́те …

1. (её брат) … **из-за её бра́та.**
2. (боле́знь) ....
3. (плоха́я пого́да) ....
4. (моя́ сестра́) ....
5. (ты) ....

3–23. Вме́сто кого́? … Complete the sentences using ***instead of + genitive case.*** The first one is done for you.

Я не хочу́ рабо́тать …

1. (Ка́тя) … **вме́сто Ка́ти.**
2. (твоя́ подру́га) ....
3. (её ма́чеха) ....
4. (мой брат) ....
5. (Васи́лий Петро́вич) ....

....

Имя и фами́лия: ______________________ Число́: ______________________

Те́ма 2. Сва́дьба

Упражне́ния для слу́шания

See Web site www.prenhall.com/vputi for exercises 3–24 through 3–26.

Лекси́ческие упражне́ния

3–27. Глаго́лы. Supply the missing forms. **Mark stresses.**

беспоко́иться о чём? из-за чего́?
English equivalent:
Aspect: ....
Conj. ....

Я беспоко́юсь..............
Ты..............
Они́..............
Past: Он..............
Она́..............
Imperative..............

пла́кать
English equivalent:
Aspect: ....
Conj. ....

Я..............
Ты пла́чешь..............
Они́..............
Past: Он..............
Она́..............
Imperative..............

разводи́ться
English equivalent:
Aspect: ....
Conj. ....

Я..............
Ты..............
Они́ разво́дятся..............
Past: Он..............
Она́..............
Imperative..............

уйти́ отку́да? куда́?
English equivalent:
Aspect: ....
Conj. ....

Я..............
Ты уйдёшь..............
Они́..............
Past: Он..............
Она́..............
Imperative..............

встре́тить кого́? English equivalent:	Aspect: .... Conj. ....
Я................................	
Ты................................	
Они́ встре́тят	
Past: Он................................	
Она́................................	
Imperative................................	

жела́ть кому́? чего́? English equivalent:	Aspect: .... Conj. ....
Я жела́ю................................	
Ты................................	
Они́................................	
Past: Он................................	
Она́................................	
Imperative................................	

3–28. Употреби́те глаго́лы. Write six or seven sentences with the verbs in 3–27. Pay attention to the case of the noun that follows each verb.

....

....

....

....

....

....

....

....

3–29. Как по-ру́сски? Give the appropriate Russian equivalents for the words in parentheses.

1. Я вчера́ была́ на (***wedding***) ....
2. На про́шлой неде́ле Ната́ша и Оле́г (***got married***) ....
3. В про́шлом году́ Све́та (***got married***) .... за Ко́лю.
4. Ко́ля (***got married***) .... на Све́те.
5. Я вы́шла за́муж за Ко́лю и (***am happy***) ....
6. Све́та была́ ужа́сно краси́вой (***bride***) ...., а Ко́ля был счастли́вым (***groom***) ....
7. (***I am glad***) ...., что бы́ло мно́го госте́й на сва́дьбе.
8. Ко́ля лю́бит дари́ть (***gifts***) ....
9. Та́ня (***pregnant***) ...., и её роди́тели (***are delighted***)..
10. Я (***am used to***) .... мно́го рабо́тать.
11. Почему́ лю́ди (***cry***) .... на сва́дьбе?
12. Не на́до (***worry***) ...., всё бу́дет хорошо́.

Имя и фами́лия: ________________________ Число́: ____________________

3–30. Напиши́те по-ру́сски. Употреби́те глаго́л *собира́ться.*

1. I'm going to get married.

   ....

2. Are you going to the wedding?

   ....

3. We are going to a concert.

   ....

4. She is going to see a Russian movie.

   ....

5. Who is going to the cafeteria?

   ....

6. I am going to buy a present for my brother.

   ....

3–31. Зако́нчите перево́д. Fill in the blanks of the Russian interpretation for the following narrative.

Natasha is so upset today. Her wedding is only a week away, but she is afraid that something will happen and she won't get married. Her fiancé Vladimir called her last night and said that he had lost his job and was very upset. He had been nervous for a week that he might lose his job and now it had happened. Natasha said, "Don't worry, I have some money." But he didn't want to talk about it. This morning his sister called and said, "We have great news! Vladimir got a new job. Now he can leave that awful job he hates." Now Natasha doesn't know what to think. Why did he lie to her?

Сего́дня Ната́ша о́чень .... Че́рез .... бу́дет её

...., но она́ ...., что что́-нибудь случи́тся и

.... не бу́дет. Её .... Влади́мир позвони́л ей

.... и сказа́л, что он потеря́л .... и

он .... Он уже́ неде́лю ...., что потеря́ет рабо́ту,

и вот э́то .... Ната́ша сказа́ла: «Не ...., всё бу́дет

хорошо́. У меня́ есть де́ньги». Но он не ....

Сего́дня у́тром .... и сказа́ла: «..

.... Тепе́рь он мо́жет уйти́ с .... рабо́ты, кото́рую он

....». Тепе́рь Ната́ша не зна́ет, ... Почему́ он сказа́л

.... непра́вду?

3–32. Сва́дьба. On a separate sheet of paper, describe a wedding you have been to or an imaginary wedding. Use the following words.

сва́дьба, неве́ста, жени́х, жени́ться, вы́йти за́муж, го́сти, поздравля́ть (кого́?), дари́ть пода́рки (кому́?), сча́стлив/а, быть в восто́рге, танцева́ть, петь пе́сни, пла́кать, волнова́ться.

Грамма́тика

Accusative case singular endings for animate nouns, adjectives, and special modifiers

3–33. Кого́ она́ ви́дела? Put the words in parentheses in the accusative case.

Вчера́ Ира была́ на сва́дьбе подру́ги по шко́ле. Как то́лько она́ вошла́ в рестора́н, где была́ сва́дьба, она́ уви́дела (***свой люби́мый учи́тель Пётр Григо́рьевич***) .... В оди́ннадцатом кла́ссе он преподава́л ей (***матема́тика***) .... Пото́м встре́тила (***Лю́ба Нико́льская***) и (***её мать Али́са Серге́евна***), ..., кото́рая преподава́ла (***му́зыка***) .... По́сле э́того уви́дела (***Алик Петро́вский***) и (***Васи́лий Степа́нов***) .... Оказа́лось, что они́ уже́ око́нчили (***медици́нская акаде́мия***) .... и о́ба бы́ли врача́ми. Ира уже собира́лась уходи́ть, когда́ вдруг уви́дела (***незнако́мый челове́к***) ...., кото́рый внима́тельно смотре́л на неё. Она не́сколько раз посмотре́ла на (***э́тот мужчи́на***) .... и вдруг узна́ла (***он***) ...., но в э́то вре́мя он вы́шел из за́ла. Ира была́ расстро́ена, что она́ не узна́ла (***свой лу́чший друг***) .... с пе́рвого кла́сса (***И́горь Ники́тин***) ....

Sentence structure: direct and indirect objects

3–34. Зако́нчите предложе́ния. Use the prepositional case.

1. Я ча́сто ду́маю о (***подру́га по шко́ле***) ....

   (***двою́родная сестра́***) ....

   (***моя́ семья́***) ....

   (***де́душка и ба́бушка, они́***) ....

   (***вы***) ....

2. Я вчера́ расска́зывала о (***мой двою́родный брат***) ....

   (***моя́ племя́нница, она́***) ....

   (***твой брат, он***) ....

   (***роди́тели, они́***) ....

   (***ты***) ....

Имя и фами́лия: ______________________ Число́: ______________

3–35. Зако́нчите предложе́ния. Use the dative case.

1. Я подари́ла пода́рок (***Светла́на***) ....

(***ма́ма и ба́бушка***) ....

(***друг по шко́ле***) ....

(***двою́родный брат***) ....

(***они́***) ....

2. Ни́на написа́ла письмо́ (***брат***) ....

(***оте́ц***) ....

(***де́душка***) ....

(***сестра́***) ....

(***вы***) ....

3–36. Зако́нчите предложе́ния.
- Put the words in parentheses in the correct form
- Add necessary prepositions
- Identify the case

1. Мари́на ча́сто ду́мает (***мла́дшая сестра́***) .... (case: __________)
2. Я звони́ла весь день (***ты и твой брат***) .... (case: __________)
3. Я всегда́ ду́маю (***моя́ семья́***) .... (case: __________)
4. Сего́дня Ко́ля встре́тил в библиоте́ке (***твой брат***) .... (case: __________)
5. Ты уже́ э́то расска́зывала (***де́душка***) .... (case: __________)
6. Све́та да́же ду́мать не хо́чет (***сва́дьба***) .... (case: __________)
7. Ты ви́дела (***Васи́лий Петро́вич***) ....? (case: __________)
8. Кто э́то? Это (***наш преподава́тель***) .... (case: __________)
9. Расскажи́ (***своя́ но́вая рабо́та***) .... (case: __________)
10. Мы купи́ли пода́рок (***жени́х и неве́ста***) .... (case: __________)
11. Позвони́ обяза́тельно (***Са́ша***) .... (case: __________)
12. Хва́тит занима́ться! Не ду́май (***учёба***) .... (case: __________)
13. Ка́тя написа́ла два письма́ (***Ни́на***) .... (case: __________)
14. Ребя́та говори́ли (***я***) ...., что Ле́на вы́шла за́муж. (case: __________)
15. Ма́ма сказа́ла (***ты***) .... позвони́ть (***оте́ц***) .... на рабо́ту. (case: __________)
16. Я давно́ не ви́дела (***Ва́дик***) .... (case: __________)

Вре́мя

3–37. Кото́рый час?

Приме́р: *10:30 a.m.* → *Сейча́с полови́на оди́ннадцатого утра́.*

5:30 p.m. ....

4:25 a.m. ....

8:45 a.m. ....

3:15 p.m. ....

2:55 p.m. ....

1:10 a.m. ....

6:40 p.m. ....

4:45 a.m. ....

3–38. Когда́?/ Во ско́лько?/ В кото́ром часу́?

Приме́р: *1:45 a.m.* → *Я приду́ без пятна́дцати два.*
1:30 → *Я приду́ в полови́не второ́го.*

11:30 p.m. ....

3:45 p.m. ....

4:55 p.m. ....

9:15 a.m. ....

8:30 a.m. ....

7:25 a.m. ....

6:50 p.m. ....

8:40 a.m. ....

Имя и фами́лия: ______________________ Числó: ______________________

Тéма 3. Истóрия моéй семьи́

Упражнéния для слу́шания

See Web site www.prenhall.com/vputi for exercises 3–39 through 3–41.

Лекси́ческие упражнéния

3–42. Глагóлы. Supply the missing forms. **Mark stresses.**

приглашáть когó? кудá?
English equivalent:
Aspect: ....
Conj. ....

Я ....
Ты ....
Они́ приглашáют ....
Past: Он ....
Онá ....
Imperative ....

приéхать кудá?
English equivalent:
Aspect: ....
Conj. ....

Я приéду ....
Ты ....
Они́ ....
Past: Он ....
Онá ....
Imperative ....

зарабáтывать что?
English equivalent:
Aspect: ....
Conj. ....

Я ....
Ты зарабáтываешь ....
Они́ ....
Past: Он ....
Онá ....
Imperative ....

считáть
English equivalent:
Aspect: ....
Conj. ....

Я считáю ....
Ты ....
Они́ ....
Past: Он ....
Онá ....
Imperative ....

перестáть дéлать что?
English equivalent:
Aspect: ....
Conj. ....

Я ....
Ты перестáнешь ....
Они́ ....
Past: Он ....
Онá ....
Imperative ....

уезжáть откýда? кудá?
English equivalent:
Aspect: ....
Conj. ....

Я уезжáю ....
Ты ....
Они́ ....
Past: Он ....
Онá ....
Imperative ....

3–43. Употреби́те глаго́лы. Write six or seven sentences with the verbs in 3–42. Pay attention to the case of the noun that follows each verb.

....

....

....

....

....

....

....

3–44. Переведи́те. Give the appropriate Russian equivalents for the words in parentheses.

1. В воскресе́нье я (***invited***) .... мою́ сестру́ и её семью́ на обе́д. Когда́ она́ (***came***) ...., я спроси́ла её, где мой (***nephew***) .... Она́ сказа́ла, что (***left***) .... его́ до́ма.
2. Мой дя́дя (***died***) .... Моя́ тётя — (***widow***) ....
3. — Кто э́тот (***man***) ....?
   — Познако́мьтесь, пожа́луйста, э́то мой (***relative***) .... Он мой (***half-brother***) .... и рабо́тает в ба́нке. Он (***earns***) .... мно́го де́нег. Он о́чень (***rich***) .... Он (***emigrated***) .... из Росси́и 5 лет наза́д. Он (***thinks***) ...., что в Аме́рике жить лу́чше.
4. — А кто э́та (***woman***) ....?
   — Э́то моя́ (***aunt***) ...., сестра́ отца́. Она́ (***left***) .... из Росси́и 10 лет наза́д и (***immigrated***) .... во Фра́нцию. Сейча́с она́ живёт в Пари́же. Она́ уже́ (***has become a citizen***) .... и (***has become***) .... журнали́сткой.
5. — Ма́ма, (***stop***) .... пла́кать! Всё бу́дет хорошо́!
6. Мой (***grandfather***) .... был о́чень (***poor***) .... Он был (***peasant***) ...., но у него́ не было свое́й (***land***) .... Поэ́тому он всю жи́знь рабо́тал на други́х люде́й.
7. Лю́ди, кото́рые (***emigrated***) .... из Росси́и по́сле револю́ции 1917 го́да, (***did not have the right***) .... возвраща́ться в Сове́тский Сою́з. Но сейча́с (***government***) .... Росси́и (***allows***) .... всем возвраща́ться.

Имя и фами́лия: ______________________ Число́: ______________________

Грамма́тика

Verbal aspect in the past tense

3–45. Вы́берите ну́жный глаго́л. Choose the correct verb and use the past-tense form.

1. Вчера́ весь день я (***писа́ть/написа́ть***) .... приглаше́ния на сва́дьбу.

   Я (***писа́ть/написа́ть***) .... 100 приглаше́ний.

2. Утром я (***за́втракать/поза́втракать***) ...., а пото́м пое́хал/а в университе́т.
3. Це́лый ме́сяц Фили́пп (***переводи́ть/перевести́***) .... книгу о Москве́ на япо́нский язык.
4. Ве́чером Оля (***у́жинать/поу́жинать***) .... и (***смотре́ть/посмотре́ть***) .... телеви́зор.
5. Де́душка всегда́ (***помога́ть/помо́чь***) .... мне де́лать дома́шние зада́ния.
6. Аня (***ока́нчивать/око́нчить***) .... университе́т, а пото́м (***выходи́ть/вы́йти***) .... за́муж за Ко́лю.
7. Ба́бушка сиде́ла со мной до́ма, пока́ моя́ ма́ма (***рабо́тать/порабо́тать***) ....
8. Когда́ мы пожени́лись, мы (***переезжа́ть/перее́хать***) .... жить в Москву́.
9. — Я слы́шала, что твои́ роди́тели развели́сь?

   — Да, (***разводи́ться/развести́сь***) .... год наза́д.

3–46. Исто́рия крестья́нской семьи́: Да́рья Серге́евна Никола́ева. Read the story of a peasant family in Russia and indicate the aspect of the underlined verbs.

Часть 1. Де́тство и мо́лодость

Никола́ева Да́рья Серге́евна родила́сь (....................) 5 ноября́ 1907 го́да в сиби́рской *дере́вне* в семье́ крестья́нина. Семья́ была́ больша́я: ше́стеро детей — три бра́та и три сестры́. Дом был большо́й, все жи́ли (....................) вме́сте, вме́сте рабо́тали (....................). Бра́тья помога́ли (....................) отцу́, а сёстры помога́ли (....................) ма́тери по до́му. В шко́лу Да́рья пошла́ (....................) в во́семь лет, но учи́лась (....................) недо́лго — на́до бы́ло рабо́тать. Всё-таки чита́ть научи́лась (....................). В семна́дцать лет вы́шла за́муж (....................), му́жа зна́ла (....................) пло́хо и не люби́ла (....................), но челове́к он был хоро́ший, до́брый. Да́рья полюби́ла (....................) его́, и он о́чень люби́л (....................) жену́. Жи́ли (....................) у роди́телей му́жа. Родили́сь (....................) де́ти.

village

Часть 2. Репрéссии

Но в тридцáтые гóды начали́сь (.....................) стáлинские репрéссии. Арестóвывали богáтых крестья́н (их называ́ли *кулака́ми*). В 1932 году́ всю семью́ привезли́ (.....................) на стáнцию, посади́ли (.....................) на пóезд и отвезли́ (.....................) дáльше на востóк, в тайгу́. Еды́ нé было, éли всё, что могли́ (.....................) найти́. Муж скóро у́мер (.....................), у́мерли (.....................) егó роди́тели, и умерлá (.....................) дóчка Дáрьи. Наконéц Дáрья реши́ла (.....................) бежáть. С сы́ном три мéсяца шла (.....................) в свою́ дерéвню. Иногдá дóбрые лю́ди давáли (.....................) хлеб и вóду. Пришлá (.....................) в свою́ дерéвню и уви́дела мать, котóрая ещё былá живá. Дáрья началá (.....................) рабóтать на *шáхте.*

кулáк — lit: fist (a Soviet name for rich peasants)

coal mine

В 1936 году́ на шáхту приéхал (.....................) нóвый инженéр. Дáрья былá красáвица, ему понрáвилась (.....................), он *сдéлал ей предложéние.* Онá сначáла не хотéла (.....................), но, в концé концóв, вы́шла (.....................) за негó зáмуж.

proposed marriage

Часть 3. Войнá и жизнь пóсле войны́

В 1941 году́ муж ушёл (.....................) на войну́, *был рáнен,* но верну́лся с орденáми и медáлями. Жи́ли (.....................) они́ вмéсте три́дцать пять лет, и у них роди́лись пять дочерéй и четы́ре сы́на. Жизнь былá тяжёлая, как у всех, но ничегó, *вы́жили.*

was wounded

survived

Муж у́мер в 1972 году́. А Дáрья дожилá (.....................) до 1998 гóда. У неё остáлось (.....................) семь детéй, двáдцать оди́н внук и двáдцать пять *прáвнуков.*

great-grandchildren

3–47. Essay. Write a paragraph about a family's history. It may be your own family, a friend's family, or a ficticious family.

Имя и фами́лия: ________________________________ Число́: ____________________________

Чте́ние для информа́ции

3–48. Персона́льная вэб-страни́ца семьи́. You have in front of you a family web page.

Фами́лия: Иванчу́к. В семье́ четы́ре челове́ка: оте́ц, мать, дочь и сын

1. Decide who wrote what.
2. What hobbies do they have as a family?

....

....

3. What individual hobbies do they have?

....

....

....

4. Do they have any plans for the future?

....

....

Кто э́то написа́л?

______________ Всем приве́т! Я ду́маю, я отношу́сь к числу́ тех, для кото́рых ра́дость, сча́стье и смысл жи́зни — э́то семья́. Я о́чень люблю́ своего́ му́жа, дочь и сы́на, и жела́ю для них благополу́чия. Возмо́жно, по э́той причи́не я и не рабо́таю! К мои́м увлече́ниям отно́сятся: туристи́ческий о́тдых с семьёй, автомоби́ли, спорт. Очень хочу́ перее́хать в другу́ю страну́.

***

______________ В 2002 году́ я зако́нчила сре́днюю шко́лу № 31 г. Ви́тебска. Сейча́с учу́сь в Институ́те Совреме́нных Зна́ний (ИСЗ) на факульте́те лингвисти́ческого обеспече́ния межкульту́рных коммуника́ций (перево́дчик). 7 лет я профессиона́льно занима́лась пла́ванием. Так же о́чень люблю́ обще́ние с интере́сными людьми́... как реа́льно, так и виртуа́льно. Ещё очень нра́вятся туристи́ческие пое́здки с мое́й семьёй по Евро́пе.

***

______________ Жена́т, име́ю двои́х дете́й. По профе́ссии я фина́нсовый ме́неджер. Я люблю́ автомоби́ли, путеше́ствия, компью́тер, большо́й те́ннис, пла́вание и, коне́чно же, свою́ семью́! В ближа́йшем бу́дущем хочу́ иммигри́ровать с семьёй в Кана́ду (уж о́чень нра́вится э́та страна́). Я до́лжен э́то сде́лать для бу́дущего мои́х дете́й и наде́юсь, для бу́дущего мои́х вну́ков, потому́ что в Белару́си бу́дущего для свои́х дете́й я не ви́жу.

***

______________ Мне 13 лет. Учу́сь в сре́дней шко́ле № 39 г. Ви́тебска в специализи́рованном англи́йском кла́ссе. Люблю́ игра́ть в компью́терные и́гры, на гита́ре, в большо́й те́ннис.

***

(see next page)

_______________ Во-пе́рвых, э́то семе́йный тури́зм. Очень увлека́тельная и занима́тельная вещь, при всём э́том интере́сно и познава́тельно. Во-вторы́х, компью́тер... э́то как «игру́шка», рабо́чая маши́на, так и связь с ми́ром. Но нельзя́ счита́ть то́лько компью́тер свя́зью с ми́ром. Поэ́тому увлека́емся и изуча́ем иностра́нные языки́ (пока́ на пе́рвом пла́не англи́йский).

3–49. Reading for comprehension. Read the text on the next page about a popular American movie actor and find the answers to the following questions. Answer the questions in English.

Skim-read the article first. Do not look up words, but look for familiar words in order to get a general idea about the article. Read the first and last sentence of each paragraph to get an idea of what the paragraph is about.

1. Who is the actor?

   ....

2. What movies of his are mentioned?

   ....

3. What state was he born in?

   ....

4. What college did he attend?

   ....

5. What city does he live in?

   ....

6. What does his wife do?

   ....

7. How many children does he have, and what are their ages?

   ....

8. Does he like animals? If so, what kind?

   ....

9. What motion-picture company is mentioned in the article?

   ....

10. What do you think an «автоотве́тчик» is used for?

    ....

11. Summarize the text in Russian

    ....

    ....

    ....

    ....

    ....

Имя и фами́лия: ______________________ Число́: ______________________

ИНДИА́НА ДЖОНС НА ЭКРА́НЕ И В ЖИ́ЗНИ
Ха́ррисон Форд, изве́стный америка́нский актёр, знако́м ру́сскому зри́телю по фи́льмам «Звёздные во́йны», «Бегу́щий по ле́звию бри́твы» и, коне́чно, по знамени́той трило́гии «Индиа́на Джонс». Кста́ти, покло́нники ча́сто называ́ют его́ по и́мени геро́я э́той карти́ны — Индиа́на Джонс. Роди́лся Ха́ррисон Форд в Виско́нсине. Там же пошёл в Рипо́нский ко́лледж. Никто́ не ду́мал, что э́тот молчали́вый па́рень ста́нет кинозвездо́й. Тем бо́лее, что он никогда́ не игра́л в люби́тельских[1] спекта́клях. Но судьбе́ бы́ло уго́дно друго́е. Кинокомпа́ния «Кола́мбиа пи́кчерс» предложи́ла ему́ роль в фи́льме «Пляж Лагу́на в Калифо́рнии». Но да́же по́сле э́того он продолжа́л рабо́тать пло́тником[2] и одновре́ме́нно снима́лся в карти́не «Звёздные во́йны». Живёт Ха́ррисон Форд в роско́шном до́ме в Лос-Анджелесе. Его́ жена́ Мели́са Ме́тисон — сценари́ст. От э́того бра́ка у него́ сын Ма́лькольм и дочь Джо́рджия. От преды́дущего — дво́е сынове́й: Бе́нджамин и Уи́лорд. Ха́ррисон лю́бит живо́тных, осо́бенно птиц. Не лю́бит, когда́ лю́ди оскорбля́ют друг дру́га. Ему́ нра́вится игра́ть му́жественных люде́й, облада́ющих твёрдым хара́ктером. К выска́зываниям кри́тиков отно́сится равноду́шно. На вопро́с: «Кака́я у него́ филосо́фия?» — отве́тил: «Нет никако́й». Его́ кре́до — доводи́ть де́ло до конца́. — Ха́ррисон! — обрати́лся к нему́ корреспонде́нт англи́йской газе́ты «Га́рдиан», — могу́ ли я сообщи́ть чита́телям ваш телефо́н? — Коне́чно, — улыбну́лся он. — Но тогда́ мне придётся купи́ть автоотве́тчик. Арсе́ний Капито́нов, «Литерату́рная газе́та»
[1]amateur [2]carpenter

Чте́ние для удово́льствия

3–50. Прочита́йте.

Имена́, кото́рые зна́ют в Росси́и: Алекса́ндр Ива́нович Купри́н (1870–1938)

Алекса́ндр Ива́нович Купри́н роди́лся 26 а́вгуста (7 сентября́) 1870 го́да в городке́ Наровча́те Пе́нзенской *губе́рнии*. Оте́ц его́ у́мер от *холе́ры*, когда́ ма́льчику был всего́ год. В 1874 году́ он перее́хал с ма́терью в Москву́. *(province; cholera)*

В 1880 году́ он сдал вступи́тельные экза́мены во Втору́ю моско́вскую вое́нную гимна́зию и в 1888 году́ поступи́л в Алекса́ндровское *ю́нкерское учи́лище*. Там он на́чал писа́ть и в 1889 году́ *опубликова́л* в журна́ле «Ру́сский сатири́ческий листо́к» свой расска́з «После́дний дебю́т». В нача́ле 20 ве́ка Купри́н уже́ был изве́стным писа́телем. *(military cadets college; published)*

В 1920 году́ Купри́н эмигри́ровал во Фра́нцию и прожи́л там 20 лет. Все э́ти го́ды он мечта́л верну́ться, и в 1937 году́, когда́ он был уже́ тяжело́ больны́м челове́ком, сове́тское прави́тельство разреши́ло ему́ верну́ться в Сове́тский Сою́з, где его́ встре́тили как вели́кого писа́теля. Купри́н у́мер в Ленингра́де 25 а́вгуста 1938 го́да.

3–51. Прочита́йте расска́з Алекса́ндра Куприна́ «СЛОН».

Часть 1

1	Ма́ленькая де́вочка *нездоро́ва.* Ка́ждый день к ней хо́дит до́ктор	*больна́*
2	Михаи́л Петро́вич, кото́рого она зна́ет уже́ *давны́м давно́.* А иногда́ он	*for a long time*
3	*приво́дит* с собо́й ещё двух докторо́в, незнако́мых. Они́ говоря́т ме́жду	*brings*
4	собо́й на непоня́тном языке́. Пото́м они́ перехо́дят из *де́тской* в	*nursery*
5	*гости́ную,* где их *дожида́ется* ма́ма. Са́мый *гла́вный* до́ктор — высо́кий,	*living room; ждёт; the main,*
6	седо́й — расска́зывает ей о чём-то серьёзно и до́лго. Дверь не закры́та,	*chief*
7	и де́вочке с её *крова́ти* всё ви́дно и слы́шно. Мно́гого она́ не понима́ет, но	*bed*
8	зна́ет, что речь идёт о ней. Ма́ма *глядя́т* на до́ктора больши́ми, уста́лыми,	*смо́трит*
9	*запла́канными* глаза́ми. *Проща́ясь,* гла́вный до́ктор говори́т гро́мко:	*tear-stained; saying goodbye*
10	— Гла́вное, *не дава́йте* ей скуча́ть. *Исполня́йте* все её капри́зы.	*don't let, allow; fulfill*

По́няли ли вы текст? + пра́вильно; — непра́вильно

_______ 1. Ма́ленькая де́вочка больна́.
_______ 2. Ма́ленькая де́вочка здоро́ва.
_______ 3. К ней хо́дит до́ктор.
_______ 4. Он к ней хо́дит ка́ждую неде́лю.
_______ 5. Други́е доктора́ то́же хо́дят к ней.
_______ 6. Са́мый гла́вный до́ктор высо́кий.
_______ 7. У до́ктора седы́е во́лосы.
_______ 8. Доктора́ не говоря́т по-ру́сски.
_______ 9. До́ктор до́лго разгова́ривает с ма́мой.
_______ 10. Это серьёзный разгово́р.
_______ 11. Ма́ма смо́трит на до́ктора весёлыми глаза́ми.
_______ 12. До́ктор говори́т ма́ме, что́бы она́ не дава́ла де́вочке скуча́ть.
_______ 13. До́ктор говори́т ма́ме, что́бы она́ исполня́ла все её капри́зы.

Часть 2

11	— Ах, до́ктор, она́ ничего́ не хо́чет.	
12	— Ну, не зна́ю … вспо́мните, что ей нра́вилось ра́ньше, до боле́зни.	
13	— Нет, нет, до́ктор, она́ ничего́ не хо́чет.	
14	— Даю́ вам *че́стное сло́во,* что, *е́сли вам уда́стся* её *рассмеши́ть,*	*my word of honor; if you*
15	*развесели́ть,* то э́то бу́дет лу́чшим лека́рством. *Пойми́те* же, что ва́ша	*succeed; making her laugh;*
16	до́чка больна́ *равноду́шием* к жи́зни, и бо́льше ниче́м… До свида́ния,	*cheering her up; поня́ть;*
17	*суда́рыня*!	*indifference; ma'am*
18	— Ми́лая На́дя, ми́лая моя́ де́вочка, — говори́т ма́ма, — не хо́чется ли	
19	тебе́ чего́-нибудь?	
20	— Нет, ма́ма, ничего́ не хо́чется. Я ничего́, ничего́ не хочу́. Мне так	
21	ску́чно!	
22	— Хо́чешь, я принесу́ тебе́ шокола́ду?	
23	Но де́вочка не отвеча́ет. У неё ничего́ не боли́т, и да́же нет *жа́ру.* Так	*температу́ра*
24	лежи́т она́ це́лые дни и но́чи, ти́хая, печа́льная.	

Имя и фами́лия: ________________________________ Число́: ________________________

По́няли ли вы текст? + пра́вильно, — непра́вильно

_______ 1. Ма́ма говори́т до́ктору, что де́вочка что-то хо́чет.
_______ 2. До́ктор говори́т, что смех — э́то са́мое лу́чшее лека́рство.
_______ 3. Де́вочка больна́ гри́ппом.
_______ 4. Де́вочке ску́чно.
_______ 5. Де́вочке хо́чется шокола́ду.
_______ 6. Де́вочка всё вре́мя спит.
_______ 7. Де́вочка все дни и но́чи лежи́т в крова́ти.

Часть 3

25 Но одна́жды у́тром де́вочка просыпа́ется немно́го *бодре́е,* чем всегда́. — *in good spirits, cheerful*
26 Она́ что́-то ви́дела во сне, но ника́к не мо́жет вспо́мнить, что и́менно,
27 и смо́трит до́лго и *внима́тельно* в глаза́ ма́тери. — *attentively*
28 — Тебе́ что́-нибудь ну́жно? — спра́шивает ма́ма.
29 Но де́вочка вдруг вспомина́ет свой сон и говори́т *шёпотом*, то́чно по — *in a whisper*
30 *секре́ту:* — *as a great secret*
31 — Ма́ма... а мо́жно мне …?

(продолже́ние сле́дует)

По́няли ли вы текст? + пра́вильно, — непра́вильно

_______ 1. Одна́жды де́вочка просну́лась в плохо́м настрое́нии.
_______ 2. Одна́жды де́вочка просну́лась в хоро́шем настрое́нии.
_______ 3. Де́вочка по́мнила свой сон.
_______ 4. Де́вочка забы́ла свой сон.
_______ 5. Де́вочка вспо́мнила свой сон.

Как вы́учить слова́

3–52. Порабо́таем над слова́ми э́той главы́. See 1–43 in Chapter 1 for recommendations on how to work on the vocabulary.

Step 1. Употреби́те слова́. Build clusters around these words.

1. в восто́рге
2. ребёнок
3. бере́менна
4. боя́ться
5. помога́ть
6. сча́стлив/а
7. жени́ться
8. развести́сь

Step 2. Как сказа́ть.

A. Check to see if you know how to say:

1. someone stays at home;
2. a friend is married;
3. a friend is pregnant;
4. I am worried;
5. I am happy;
6. I am nervous;
7. I am tired;
8. everything is fine;
9. I am upset.

B. Be sure you know how to ask these questions. You probably know more than one way to ask them.

1. What's new?
2. How are things?
3. Is there any news?
4. What's happened?
5. What's the matter?

C. How would you respond?

1. Что с тобо́й?
2. Что случи́лось?
3. Что произошло́?
4. Как дела́?
5. Каки́е но́вости?
6. Что но́вого?

Step 3. Обобщи́м. Think about your family and say as much as you can about your parents, grandparents, brothers and sisters. Remember how to say where they live, where they grew up, what they do, what they enjoy doing, etc.

Реши́те кроссво́рд. Семе́йное де́рево

Across По горизонта́ли

1. uncle
3. parents
5. father
6. sons
7. daughter
8. son
10. granddaughter
11. mother
12. grandmother
13. aunt

Down По вертика́ли

1. daughters
2. children
4. cousin (male)
7. grandfather
8. family
9. brother
10. grandson

Имя и фами́лия: ____________________ Число́: ____________________

Глава́ 4

Всеми́рная паути́на

Те́ма 1. Как по́льзоваться компью́тером

Упражне́ния для слу́шания

See Web site www.prenhall.com/vputi for exercises 4–1 through 4–2.

Лекси́ческие упражне́ния

4–3. Глаго́лы. Supply the missing forms. **Mark stresses.**

вы́ключить
English equivalent:
Aspect: ....
Conj. ....

Я ....
Ты вы́ключишь ....
Они́ ....
Past: Он ....
Она́ ....
Imperative ....

сохраня́ть
English equivalent:
Aspect: ....
Conj. ....

Я ....
Ты ....
Они́ сохраня́ют ....
Past: Он ....
Она́ ....
Imperative ....

распеча́тать
English equivalent:
Aspect: ....
Conj. ....

Я распеча́таю ....
Ты ....
Они́ ....
Past: Он ....
Она́ ....
Imperative ....

удали́ть что?
English equivalent:
Aspect: ....
Conj. ....

Я ....
Ты удали́шь ....
Они́ ....
Past: Он ....
Она́ ....
Imperative ....

включи́ть Aspect: ....
English equivalent: Conj. ....

Я включу́ ....

Ты ....

Они́ ....

Past: Он ....

Она́ ....

Imperative ....

перегрузи́ть Aspect: ....
English equivalent: Conj. ....

Я перегружу́ ....

Ты ....

Они́ ....

Past: Он ....

Она́ ....

Imperative ....

4–4. Употреби́те глаго́лы. Write six or seven sentences with the verbs in 4–3. Pay attention to the case of the noun that follows each verb.

....

....

....

....

....

....

....

4–5. Мой компью́тер. Напиши́те назва́ния часте́й компью́тера, кото́рые вы зна́ете:

Имя и фами́лия: ________________________ Число́: ________________________

4–6. Зако́нчите предложе́ния.

1. Са́ша распеча́тал курсову́ю рабо́ту на ....

2. У меня́ ру́сская ....

3. На́до сохрани́ть все фа́йлы на ....

4. Скопи́руй мне э́ту програ́мму на .... и́ли ....

4–7. Впиши́те слова́. Give the appropriate Russian equivalents for the words in parentheses.

1. Вы не (***will believe***)................................! У меня́ (***again***) .... пробле́мы с компью́тером. Он всё вре́мя (***is frozen***) ....
2. Если компью́тер (***is frozen***) ...., на́до его́ (***to restart***) ....
3. Я не могу́ (***open***) .... э́тот файл!
4. Я (***typed***) .... курсову́ю рабо́ту по исто́рии, но забы́л/а (***to save***) .... файл. На́до (***to type***) .... всё снача́ла.
5. Ди́ма (***typed***) .... курсову́ю рабо́ту и (***sent***) .... её по электро́нной по́чте преподава́телю.
6. Как лю́ди ра́ньше жи́ли без (***e-mail***) ....?
7. Я сего́дня получи́ла пять (***e-mails***) ....
8. Преподава́тель сказа́л, что не надо́ (***to send***) .... дома́шнюю рабо́ту по электро́нной по́чте. На́до дома́шнюю рабо́ту (***to print***) .... на при́нтере и принести́ в класс.
9. Извини́те, я забы́л/а (***to attach***) .... файл курсово́й рабо́ты.
10. В моём компью́тере мно́го информа́ции, кото́рая мне уже́ не нужна́. На́до её (***to delete***) ....!
11. Ты мо́жешь (***copy***) .... э́ту информа́цию на диске́ту?

4–8. Напиши́те по́лные отве́ты на вопро́сы.

1. Куда́ вы вставля́ете диске́ту и́ли компа́кт диск?

   ....

2. Где «живёт» ва́ша компью́терная мышь?

   ....

3. Како́й разме́р экра́на ва́шего компью́тера?

   ....

4. На́до вы́ключить монито́р, когда́ вы зако́нчили рабо́тать на компью́тере и́ли мо́жно не выключа́ть?

   ....

5. Что на́до сде́лать, когда́ вы зако́нчили рабо́тать на компью́тере?

   ....

6. Что вы де́лаете снача́ла: сохраня́ете файл, кото́рый печа́таете, и́ли закрыва́ете его́?

   ....

7. Ваш компью́тер сохраня́ет автомати́чески фа́йлы, кото́рые вы печа́таете?

   ....

8. Как ча́сто ваш компью́тер сохраня́ет фа́йлы автомати́чески?
   (ка́ждую мину́ту, ка́ждые 3 мину́ты и́ли ка́ждые 10 и́ли 20 мину́т)

   ....

9. Что на́до сде́лать, е́сли ваш компью́тер зави́с?

   ....

10. Как ча́сто вы проверя́ете ва́шу электро́нную по́чту?

    ....

11. Ско́лько вы получа́ете электро́нных сообще́ний в день?

    ....

12. Вы обы́чно обща́етесь с друзья́ми по телефо́ну и́ли по имэ́йлу?

    ....

4–9. Напиши́те отве́т на письмо́. Како́й сове́т вы мо́жете дать? Use a separate sheet of paper.

Дорого́й компью́терный гу́ру!

Я ненави́жу имэ́йлы. Ра́ньше у меня́ была́ норма́льная жизнь: друзья́ звони́ли по телефо́ну и́ли приходи́ли в го́сти. А тепе́рь? Весь день имэ́йлы. Если я не отвеча́ю сра́зу, они́ посыла́ют но́вое сообще́ние и спра́шивают, почему́ я не отвеча́ю. Если я отвеча́ю, тут же получа́ю сле́дующее сообще́ние. И так весь день! Мо́жет быть, на́до приня́ть зако́н, что нельзя́ посыла́ть бо́льше чем пять сообще́ний в день?!

Помоги́те мне и всем, кто не мо́жет споко́йно жить из-за электро́нной по́чты.

Ваш чита́тель

Имя и фами́лия: ______________________________ Число́: ______________________

Грамма́тика

The genitive plural ◆ Роди́тельный паде́ж мно́жественного числа́

4–10. Read about the formation of the genitive plural on pp. 90–94 in chapter 4 of the textbook. Group the following nouns according to the genitive plural type. Indicate the stresses.

1. **Zero ending (no ending)**
2. **-ей**
3. **-ов/-ев**

провáйдер, специáльность, программи́ст, дискéта, автóбус, дéло, монитóр, компью́тер, процéссор, файл, компáкт диск, страни́ца, сообщéние, американец, язы́к, истóрия, общежи́тие, рубль, недéля, сестрá, дом, лабораторíя, кафетéрий, статья́, гóрод, маши́на, мéсяц, письмó

Zero Ending	-ей	-ов/-ев
дискéт	*специáльностей*	*провáйдеров*

4–11. Fill out the following chart. Write out the numeral **два/две** each time. Indicate the stresses.

***Приме́р*:**	все	два/две	сто
0. студе́нт	**все студе́нты**	**два студе́нта**	**сто студе́нтов**
00. студе́нтка	**все студе́нтки**	**две студе́нтки**	**сто студе́нток**
1. диске́та			
2. диск			
3. письмо́			
4. слова́рь			
5. врач			
6. ле́кция			
7. прова́йдер			
8. зада́ние			
9. музе́й			
10. и́мя			
11. друг			
12. подру́га			
13. предме́т			
14. стул			
15. брат			
16. сообще́ние			
17. учи́тель			
18. писа́тель			
19. день			
20. страни́ца			

Имя и фами́лия: ____________________ Число́: ____________________

4–12. Before you do this exercise, review pp. 93–94 in the textbook.

Приме́р: 3 / иностра́нный / язы́к → **три иностра́нных языка́**

1. **2** / поиско́вая / систе́ма ....
2. **5** / компью́терный / класс ....
3. **3** / лёгкая / контро́льная ....
4. **4** / ли́чная / страни́ца ....
5. **6** / компью́терная / програ́мма ....
6. **2** / мла́дший / брат ....
7. **2** / ста́ршая / сестра́ ....
8. **21** / компью́терная / диске́та ....
9. **11** / электро́нное / сообще́ние ....
10. **5** / ру́сский / вэб-сайт ....
11. **3** / компью́терная / сеть ....
12. **10** / но́вый / компа́кт диск ....

4–13. Соста́вьте предложе́ния.

Приме́р: вре́мя (ма́ло) → **У меня́ ма́ло вре́мени.**
де́ти (мно́го) → **В семье́ мно́го дете́й.**

Remember that the genitive plural is used after **мно́го** and **ма́ло** for things that can be counted; the genitive singular is used after **мно́го** and **ма́ло** for things that cannot be counted. **Не́сколько** (several) is always used with the genitive plural and only with things that can be counted.

1. друг (мно́го) — У меня́ ....
2. компью́тер (не́сколько) — В кла́ссе ....
3. рабо́та (мно́го) — У меня́ сли́шком ....
4. диске́та (мно́го) — У меня́ ....
5. программи́ст (не́сколько) — В ба́нке рабо́тает ....
6. прова́йдер (мно́го) — В Росси́и рабо́тает ....
7. дочь (не́сколько) — В семье́ ....
8. це́рковь (не́сколько) — В го́роде ....

9. поисковая систе́ма (мно́го) — В Интерне́те ....

10. студе́нт (ма́ло) — По́сле заня́тий в ко́лледже ....

11. неде́ля (не́сколько) — До экза́менов ....

12. электро́нное письмо́ (не́сколько) — Мне на́до написа́ть ....

....

13. ру́сский вэб-сайт (мно́го) — В Интерне́те ....

14. учи́тель (мно́го) — В шко́ле рабо́тает ....

15. ле́кция (ма́ло) — В э́том семе́стре ....

16. врач (мно́го) — В кли́нике ....

17. сообще́ние (мно́го) — В моём почто́вом я́щике ....

18. информа́ция (мно́го) — В Интерне́те ....

19. програ́мма (не́сколько) — У меня́ в компью́тере ....

20. вода́ (мно́го) — В океа́не ....

4–14. Ва́ши отве́ты. Напиши́те отве́ты на сле́дующие вопро́сы. Put the words in parentheses into the approrpriate case.

1. От кого́ ты получи́л/а письмо́ по электро́нной по́чте? (***ста́рые друзья́***)

....

2. От чего́ ты уста́л/а? (***контро́льные рабо́ты по ру́сскому языку́***)

....

3. Чего́ нет в магази́не? (***но́вые компью́терные монито́ры***)

....

4. Чего́ нет у тебя́? (***компью́терные ди́ски***)

....

5. Чьи электро́нные адреса́ у тебя́ есть в а́дресной кни́ге? (***университе́тские друзья́ и преподава́тели***)

....

6. Выпускники́ каки́х университе́тов рабо́тают в больни́це? (***медици́нские университе́ты***)

....

Имя и фами́лия: ______________________ Число́: ______________________

Те́ма 2. Интерне́т

Упражне́ния для слу́шания

See Web site www.prenhall.com/vputi for exercises 4–15 through 4–18.

Лекси́ческие упражне́ния

4–19. Глаго́лы. Supply the missing forms. **Mark stresses.**

подключа́ться к чему́?
English equivalent:
Aspect: ....
Conj. ....

Я подключа́юсь ....
Ты ....
Они́ ....
Past: Он ....
Она́ ....
Imperative ....

подключи́ться к чему́?
English equivalent:
Aspect: ....
Conj. ....

Я подключу́сь ....
Ты ....
Они́ ....
Past: Он ....
Она́ ....
Imperative ....

объясня́ться (в любви́)
English equivalent:
Aspect: ....
Conj. ....

Я объясня́юсь ....
Ты ....
Они́ ....
Past: Он ....
Она́ ....
Imperative ....

объясни́ться (в любви́)
English equivalent:
Aspect: ....
Conj. ....

Я ....
Ты объясни́шься ....
Они́ ....
Past: Он ....
Она́ ....
Imperative ....

появля́ться где?
English equivalent:
Aspect: ....
Conj. ....

Я появля́юсь ....
Ты ....
Они́ ....
Past: Он ....
Она́ ....
Imperative ....

появи́ться где?
English equivalent:
Aspect: ....
Conj. ....

Я ....
Ты поя́вишься ....
Они́ ....
Past: Он ....
Она́ ....
Imperative ....

4–20. Употреби́те глаго́лы. Write six or seven sentences with the verbs in 4–19. Pay attention to the case of the noun that follows each verb.

....

....

....

....

....

....

....

4–21. Give Russian equivalents for the words in parentheses.

Али́са и Интерне́т

Али́са купи́ла но́вый компью́тер, в кото́ром есть (***modem***) .... Тепе́рь она мо́жет легко́ (***be connected***) .... к Интерне́ту. Но она́ ещё не вы́брала (***provider***) .... В Аме́рике рабо́тает мно́го (***providers***) .... Марк посове́товал ей подписа́ть (***agreement***) .... с AOL, и Али́са так и сде́лала. Тепе́рь у неё есть (***Internet access***) .... и (***e-mail***) .... Она́ мо́жет отправля́ть (***messages***) .... друзья́м и находи́ть (***information***) .... по Интерне́ту с по́мощью (***search engines***) .... Али́се нра́вится ру́сский Ра́мблер, так как че́рез него́ легко́ мо́жно (***get into***) .... в мир ру́сской (***virtual reality***) ...., на ру́сские (***Web sites***) .... На (***servers***) .... росси́йских университе́тов — много (***personal Web pages***) .... студе́нтов и преподава́телей. Али́са то́же хо́чет сде́лать свою́ (***personal Web page***) .... на ру́сском языке́.

Имя и фами́лия: ______________________________ Число́: ______________________________

4–22. Ва́ши отве́ты. Напиши́те по́лные отве́ты на вопро́сы.

1. У Вас есть до́ступ к Интерне́ту?

....

2. Кто ваш прова́йдер? Каки́х прова́йдеров Интерне́та вы зна́ете?

....

3. Вы зна́ете а́дрес вэб-са́йта ва́шего университе́та/ко́лледжа? Напиши́те его́.

....

4. Вы лю́бите игра́ть в компью́терные и́гры? В каки́е и́гры вы обы́чно игра́ете?

....

5. Каки́е поиско́вые систе́мы вы зна́ете? Напиши́те их адреса́.

....

4–23. Вы в Интерне́те. Прочита́йте ли́чные страни́цы студе́нтов. See the next page.

Write your answers on a separate sheet of paper.

1. Ско́лько им лет?
2. Где они́ родили́сь и вы́росли?
3. Где у́чатся и кем хотя́т стать?
4. Каки́е у них интере́сы?

    Ле́на Но́викова
    Ната́ша Бе́лая
    Оле́г Крыле́нко
    Артём Сту́пин

5. С кем из них у вас есть о́бщие интере́сы?
6. С кем из них вы хоти́те познако́миться? Объясни́те.
7. Вы реши́ли, с кем из русских студе́нтов вы хоти́те познако́миться. Напиши́те ему́/ей электро́нное сообще́ние.
    а. расскажи́те о себе́, о свои́х интере́сах;
    б. узна́йте то, что вас интересу́ет.

Файл Правка Вид Избранное Сервис Справка
Назад Поиск Избранное Медиа
Адрес:

I. Ле́на Но́викова

Дава́й знако́миться!
Тебя́ приве́тствует Но́викова Еле́на.

Немно́го о себе́:

1. Я живу́ в То́мске и учу́сь в ТомГУ на филологи́ческом факульте́те и получа́ю профе́ссию библио́графа.
2. Мне нра́вится обща́ться с интере́сными людьми́ и узнава́ть что́-нибудь но́венькое об э́том ми́ре.
3. Люблю́ ходи́ть в туристи́ческие похо́ды и мечта́ю познако́миться с настоя́щими экстрима́лами. Пиши́те мне на e-mail: phil@novikova.ru

II. Ната́лья Бе́лая

Меня́ зову́т Бе́лая Ната́лья Серге́евна. Мне 18 лет. Я родила́сь в го́роде Усть-Каменого́рске в Казахста́не. Сейча́с я живу́ в го́роде Омске.

Три года назад я зако́нчила гуманита́рный класс шко́лы № 27. С де́тства ненави́дела матема́тику и хи́мию. После́дние 4 ме́сяца не люблю́ информа́тику. Зато́ я отли́чно зна́ю неме́цкий язы́к. Учу́сь я в Омском Госуда́рственном Университе́те на факульте́те Культу́ры и Иску́сств. Это зна́чит, что я бу́ду ме́неджером в социа́льно-культу́рной сфе́ре. Всё! Мой имэйл: NAT5@OMU.RU

III. Оле́г Крыле́нко

А вот и Я! Вы зашли́ сюда́, и пра́вильно сде́лали. Немно́го о себе́.

Моя́ гру́ппа. Я учу́сь на 5-ом ку́рсе филологи́ческого факульте́та. Я — бу́дущий библиоте́карь, хотя́ мои́ друзья́ в э́то не ве́рят. Они́ говоря́т: «Таки́х библиоте́карей как ты не быва́ет!» Так что, вряд ли я ста́ну хоро́шим библиоте́карем.

Свобо́дное вре́мя люблю́ проводи́ть в компа́нии друзе́й.

Де́тство. Роди́лся я в Таври́ческом райо́не Омской о́бласти. В де́тстве люби́л ката́ться на велосипе́де, ла́зать на дере́вья, дра́ться с ребя́тами. В о́бщем, у меня́ бы́ло весёлое де́тство.

Моя́ семья́. У меня́ замеча́тельная семья́: па́па, ма́ма, сестра́, брат и Я. Роди́тели да́ли мне хоро́шее воспита́ние и максима́льно облегчи́ли жизнь. Я их о́чень люблю́!

Мой E-mail: ub51abd@phil.omsuomskreg.ru

IV. Артём Сту́пин

Меня́ зову́т Артём Сту́пин. Я роди́лся и вы́рос в Москве́. Здесь же я жил со свои́ми роди́телями, кото́рые снима́ли ко́мнаты в разли́чных райо́нах. Я иногда́ е́здил на ле́тние кани́кулы к ба́бушке и де́душке, кото́рые жи́ли в Гро́зном.

На́ши дома́шние живо́тные — три ко́шки. Я нашёл одну́ ко́шку сам, когда́ она́ была́ ещё котёнком, зна́чит ей уже́ бо́льше десяти́ лет.

Учи́лся я в трёх моско́вских шко́лах, а пото́м четы́ре го́да в Моско́вской городско́й педагоги́ческой гимна́зии-лаборато́рии №1505. Пото́м я поступи́л на Отделе́ние теорети́ческой и прикладно́й лингви́стики Филологи́ческого факульте́та Моско́вского госуда́рственного университе́та и́мени М.В. Ломоно́сова.

Мо́жете посла́ть мне сообще́ние по сле́дующему а́дресу электро́нной по́чты: stepanin@philol.msu.

Имя и фами́лия: ______________________ Число́: ______________________

4–24. Зада́чи. Choose one or two assignments.

Найди́те в Интерне́те сле́дующую информа́цию.

1. Вы получи́ли рабо́ту в америка́нской компа́нии, кото́рая хо́чет откры́ть отделе́ние (*branch*) в Санкт-Петербу́рге.

   А. Узна́йте, каки́е прова́йдеры Интерне́та рабо́тают в Санкт-Петербу́рге и ско́лько сто́ят их услу́ги подключе́ния к Интерне́ту.

   ....

   ....

   Б. Узна́йте, каки́е моде́ли компью́теров мо́жно купи́ть сейчас в Росси́и и ско́лько они́ сто́ят.

   ....

   ....

   ....

2. Вы и ва́ши друзья́ хоти́те пое́хать в Москву́ учи́ться. У вас таки́е специа́льности: исто́рия; юриспруде́нция; му́зыка; психоло́гия. Найди́те университе́ты, куда́ вы хоте́ли бы поступи́ть.

   ....

   ....

   ....

3. Вам на́до написа́ть курсову́ю рабо́ту по исто́рии ру́сского иску́сства. Найди́те, каки́е музе́и есть в Санкт-Петербу́рге.

   ....

   ....

   ....

4–25. Ва́ши интере́сы... Depending on your own interests, decide what information you would like to find on the Russian Internet, look for it, and be ready to present it in class.

Грамма́тика

Accusative plural ◆ Вини́тельный паде́ж мно́жественного числа́

4–26. Знако́мство по Интерне́ту. Put the words in parentheses into the appropriate case.

Не́сколько (***неде́ля***) .... наза́д в библиоте́ке я встре́тила (***мой хоро́шие друзья́***) ...., Ма́шу и Рома́на, (***кото́рые***) .... я зна́ю с де́тства. Ма́ша мне рассказа́ла (***интере́сная исто́рия***) .... о своём смешно́м знако́мстве по Интерне́ту. Одна́жды ве́чером она́ начала́ иска́ть в Интерне́те (***вэб-са́йты***) ...., (***кото́рые***) .... бы́ли нужны́ ей для (***рабо́та***) .... Но ещё у неё была́ включена́ а́ська (***ICQ***). И вдруг она́ начина́ет получа́ть (***электро́нные сообще́ния***) .... от челове́ка, кото́рого зову́т Алекса́ндр. Он пи́шет, что он хо́чет получи́ть (***её фотогра́фия***) .... и начина́ет приглаша́ть (***она́***) .... в кафе́. Она́ зна́ла, что нельзя́ идти́ в кафе́ с челове́ком, (***кото́рый***) .... она́ не зна́ет. Он продолжа́ет писа́ть(***электро́нные сообще́ния***) .... и расска́зывает о себе́ и (***друзья́***). .... И вдруг Ма́ша узнаёт, что э́тот Алекса́ндр зна́ет (***её бра́тья и сестра́***) ....! Но э́то не всё. Он живёт в её до́ме на (***тре́тий эта́ж***) ....! Он то́лько неда́вно перее́хал.

Имя и фамилия: ________________ Числó: ________________

Accusative forms of numbers and words denoting quantity

4–27. Числи́тельные. Put the words in parentheses into the appropriate case. Pay attention to the adjectives and nouns that follow numerals.

1. В Интернéт-кафé я ви́дела (***две / твой сёстры***) ....
2. Вчерá мы встрéтили на лéкции (***оди́н извéстный программи́ст***) ....
....
3. Они́ купи́ли по Интернéту (***три / хорóшие компью́теры***) ....
4. Я ужé знáю (***четы́ре / хорóшие вэб-сáйты***) ....
....
5. На студéнческий вéчер мы пригласи́ли (***четы́ре / нáши люби́мые профессорá***) ....
....
6. Мы купи́ли (***два / нóвые компью́теры и оди́н при́нтер***) ....
....
7. В Чáте я встрéтил/а (***мнóго / интерéсные лю́ди***) ....
8. Я ви́жу (***три / твой рýсские сосéди***) .... кáждый день.
9. В э́том семéстре Ди́ма написáл (***три / компью́терные прогрáммы***) ....
....

Asking and answering

4–28. Закóнчите расскáз. Use the verbs **спрáшивать/спроси́ть, отвечáть/отвéтить, задавáть/задáть.** Add any necessary prepositions.

Любопы́тный мáльчик

У меня́ есть племя́нник, котóрый óчень лю́бит .... трýдные вопрóсы. Он .... вопрóсы всем и обо всём. Когдá он ви́дит сóлнце[1], он ...., почемý онó крáсное, и почемý онó свéтит[2] тóлько днём. Егó роди́тели не мóгут .... все егó вопрóсы, и поэ́тому он .... сосéдей, рóдственников — всех, кто прихóдит в дом. Иногдá я сержýсь[3] на негó, но мáма всегдá говори́т, что когдá мне бы́ло пять лет, я тóже .... мнóго вопрóсов, и бы́ло трýдно .... них.

---

[1]sun, [2]shines, [3]get mad

4–29. А. Дайте ру́сские эквивале́нты.

1. Answer the following questions.

2. I knew the answers to all the questions.

3. Have you already answered your mother's letter?

4. How did you answer the last question?

5. How many questions did he ask?

6. How should I answer this letter?

7. What should I ask them?

B. Write your own story using the verbs in 4–28 and 4–29.

Имя и фами́лия: ______________________ Числó: ______________________

Тéма 3. Наýка: извéстные росси́йские учёные

Упражнéния для слýшания

See Web site www.prenhall.com/vputi for exercises 4–30 through 4–31.

Лекси́ческие упражнéния

4–32. Глагóлы. Supply the missing forms. **Mark stresses.**

изобретáть что?
English equivalent:
Aspect: ....
Conj. ....

Я изобретáю..........
Ты..........
Они́..........
Past: Он..........
Онá..........
Imperative..........

изобрести́ что?
English equivalent:
Aspect: ....
Conj. ....

Я..........
Ты изобретёшь..........
Они́..........
Past: Он..........
Онá..........
Imperative..........

позволя́ть комý? что?
English equivalent:
Aspect: ....
Conj. ....

Я..........
Ты..........
Они́ позволя́ют..........
Past: Он..........
Онá..........
Imperative..........

позвóлить комý? что?
English equivalent:
Aspect: ....
Conj. ....

Я позвóлю..........
Ты..........
Они́..........
Past: Он..........
Онá..........
Imperative..........

ускóрить что?
English equivalent:
Aspect: ....
Conj. ....

Я..........
Ты..........
Они́ ускóрят..........
Past: Он..........
Онá..........
Imperative..........

предсказáть что?
English equivalent:
Aspect: ....
Conj. ....

Я предскажý..........
Ты..........
Они́..........
Past: Он..........
Онá..........
Imperative..........

4–33. Употреби́те глаго́лы. Write six or seven sentences with the verbs in 4–32. Pay attention to the case of the noun that follows each verb.

....

....

....

....

....

....

....

4–34. А. Зако́нчите предложе́ния. Give the appropriate Russian equivalents for the words in parentheses.

1. Оте́ц счита́ет, что ну́жно знать о жи́зни изве́стных (***scientists***) ....

2. Чита́ть биогра́фии вели́ких (***inventors***) .... о́чень интере́сно.

3. Ру́сские учёные (***made a lot of discoveries***) ....

   ....

4. Вы зна́ете, кто (***invented***) .... телефо́н?

5. Телеви́зор — э́то отли́чное и́ли ужа́сное (***invention***) ....?

6. Моя́ ба́бушка лю́бит чита́ть журна́л (***"Science and Life"***) ....

   ....

7. Она́ член мно́гих нау́чных (***associations***) ....

8. Как вы ду́маете, что мо́жет (***speed up***) .... нау́чный прогре́сс?

B. Write in Russian why you think TV is a good or bad invention.

....

....

....

....

....

....

....

Имя и фами́лия: ________________________ Число́: ____________________

Грамма́тика

Using the infinitive

4–35. Underline the appropriate infinitive.

1. Ни́на проси́ла тебя́ ***копи́ровать/скопи́ровать*** э́ту диске́ту.
2. Са́ша лю́бит ***писа́ть/написа́ть*** электро́нные пи́сьма друзья́м.
3. Я уста́ла ***отвеча́ть/отве́тить*** на твои́ пи́сьма.
4. Хва́тит ***игра́ть/сыгра́ть*** в компью́терные и́гры, пора́ ***у́жинать/поу́жинать***.
5. Снача́ла на́до ***сохраня́ть/сохрани́ть*** файл, а пото́м его́ ***закрыва́ть/закры́ть***.
6. Фили́пп не сове́тует тебе́ ***покупа́ть/купи́ть*** э́тот проце́ссор.
7. Нельзя́ всё вре́мя ***перегружа́ть/перегрузи́ть*** компью́тер.
8. Я могу́ ***прикрепля́ть/прикрепи́ть*** э́тот файл к электро́нному сообще́нию.
9. Игорь не хо́чет ***дава́ть/дать*** Ле́не свой электро́нный а́дрес.
10. Когда́ ты зако́нчишь ***распеча́тывать/распеча́тать*** курсову́ю рабо́ту?
11. Я прошу́ тебя́ не ***выключа́ть/вы́ключить*** компью́тер ка́ждую мину́ту.
12. Нельзя́ ***включа́ть/включи́ть*** компью́тер. Он, наве́рное, слома́лся.

4–36. Из пи́сем чита́телей журна́ла «Нау́ка и жизнь». Give appropriate infinitives for the verbs in parentheses. Pay attention to aspect.

Нельзя́ (to forget) .... о ко́смосе.

Хочу́ (***to write***) .... вам от и́мени всей на́шей семьи́. Журна́л «Нау́ка и жизнь» мы на́чали (***to receive***) .... 30 лет наза́д. Все э́ти го́ды продолжа́ем его́ (***to read***) .... Всегда́ ра́ды (***to see***) .... но́вый но́мер и сра́зу начина́ем его́ (***to read***) .... Мы всегда́ ожида́ем (***to find out***) .... мно́го но́вого и интере́сного. Мы говори́м вну́кам, что им поле́зно (***to read***) .... ваш журна́л, и они́ начина́ют (***to understand***) ...., что ва́жно (***to study***) .... нау́ку.

Я учи́тельница, в шко́ле начала́ (***to work***) .... 34 го́да наза́д. Я по́мню полёт Юрия Гага́рина и всегда́ сча́стлива (***to hear***) .... о но́вых полётах в ко́смос и (***to read***) .... о ста́рых, (***to look***) .... на

фотогра́фии космона́втов, (***to find out***) .... их биогра́фии.

Наде́юсь (***to read***) .... в ва́шем журна́ле но́вую информа́цию о после́дних

косми́ческих откры́тиях.

С уваже́нием, М. Спиридо́нова (г. Во́логда)

Sentence structure: The subject and the predicate

4–37. Прочита́йте текст. Underline the subject and the predicate in each sentence. On a separate sheet of paper translate the text into English.

ВЕЛИ́КИЕ НАУ́ЧНЫЕ ОТКРЫ́ТИЯ И ВЕЛИ́КИЕ ПРЕСТУПЛЕ́НИЯ — *crimes*

Изве́стно, что матема́тики *соверша́ют* свои́ гла́вные *откры́тия* о́чень молоды́ми. Эварист Галуа́, кото́рый жил во времена́ Вели́кой францу́зской револю́ции, свою́ пе́рвую рабо́ту *опубликова́л* в 18 лет. Исаа́к Ньюто́н счита́л пери́од, когда́ ему́ бы́ло 22–23 го́да, лу́чшим во́зрастом для изобрете́ний. Профе́ссором матема́тики в Ке́мбриджском университе́те он стал в 26 лет. Эйнште́йн говори́л, что кру́пный *вклад* в нау́ку мо́жно сде́лать то́лько до 30 лет. *Тео́рию относи́тельности* он опубликова́л в 26 лет.

Престу́пники, как и учёные, наибо́льших успе́хов достига́ют в молоды́е го́ды, а по́сле 35 лет не соверша́ют вели́ких *ограбле́ний.*

make discoveries
published
contribution
theory of relativity
robbery

Елизаве́та Алексе́ева
по материа́лам Интерне́та

4–38. Choose one of the texts (4–39, 4–42, or 4–45) in the textbook and write out all the sentences in which the predicate precedes the subject.

....

....

....

....

....

....

....

....

....

....

....

Имя и фамúлия: ______________________ Числó: ______________

Чтéние для информáции

4–39. И. И. Мéчников. 1) Прочитáйте текст об извéстном учёном Мéчникове. Отвéтьте на слéдующие вопрóсы.
2) Underline the subject and predicate in each sentence.

Мéчников Илья́ Ильи́ч
15 мáя 1845–15 иóля 1916

1. Что разрабóтал и сóздал Мéчников?

....

....

2. Где и когдá родúлся Мéчников?

....

3. Скóлько детéй бы́ло в семьé Мéчникова?

....

4. Какóе образовáние получúл Илья́ Ильи́ч?

....

....

5. Что преподавáл Мéчников в Санкт-Петербу́ргском университéте?

....

6. Когдá Мéчников уéхал в Парúж?

....

7. Когдá и где у́мер Мéчников?

....

Мéчников *разрабóтал* теóрию *иммунитéта*. Им былá сóздана теóрия *происхождéния многоклéточных организ́мов*. Получúл Нóбелевскую прéмию 1908 гóда. — *created; immunity* — *origin of multicellular organisms*

Илья́ Ильи́ч Мéчников родúлся на Украúне, в дерéвне Ивáновке, недалекó от Хáрькова. В семьé бы́ло пя́теро детéй, чéтверо сыновéй и однá дочь.

Мéчников отли́чно учи́лся в Хáрьковском лицéе. В 1862 году́ он окóнчил егó с золотóй медáлью и поступúл в Хáрьковский университéт на фúзико-математúческий факультéт.

В 1867 году́ Мéчников защитúл диссертáцию и получúл дóкторскую стéпень Санкт-Петербу́ргского университéта, где шесть лет преподавáл зоолóгию и анатóмию. Потóм он стал профéссором Новороссúйского университéта в Одéссе.

В 1886 г. Мéчников стал дирéктором Бактериологúческого институ́та в Одéссе. В 1887 г. уéхал в Парúж и стал *завéдовать* нóвой лаборатóрией в институ́те Луи Пастéра. Мéчников рабóтал там в течéние 28 лет и продолжáл исслéдовать иммунитéт. — *to head*

Мéчников у́мер в Парúже 15 иóля 1916 г. в вóзрасте 71 гóда.

4–40. Прочита́йте текст о вели́ком учёном И.П. Па́влове. Напиши́те вопро́сы к те́ксту, кото́рые мо́жно зада́ть уча́стникам виктори́ны[1] «Ру́сские учёные».

Па́влов Ива́н Петро́вич

14 сентября́ 1849–27 февраля́ 1936

Па́влов — вели́кий ру́сский физио́лог, кото́рый вошёл в исто́рию медици́ны как оди́н из пе́рвых *иссле́дователей усло́вных рефле́ксов.* Он впервы́е *провёл экспериме́нт* с голо́дной соба́кой, кото́рая должна́ была́ *реаги́ровать* на *звук колоко́льчика,* кото́рый ассоции́ровался с едо́й. За свои́ иссле́дования Па́влов получи́л Но́белевскую пре́мию по физиоло́гии и медици́не в 1904 году́.

researchers of conditioned; reflex; conducted; experiment; react; sound; bell

Ива́н Петро́вич Па́влов роди́лся 14 сентября́ 1849 го́да в Ряза́ни в семье́ *свяще́нника.* Он око́нчил *церко́вно-приходску́ю шко́лу,* зате́м поступи́л в *семина́рию,* но ушёл из неё в 1870 году́. Па́влов стал студе́нтом Санкт-Петербу́ргского университе́та, факульте́та хи́мии и физиоло́гии. С 1879 по 1883 год он учи́лся в аспиранту́ре и по́сле защи́ты диссерта́ции в Импера́торской медици́нской акаде́мии продо́лжил образова́ние в Герма́нии. В 1890 году́ Ива́н Па́влов стал профе́ссором Импера́торской медици́нской акаде́мии.

priest; church school theological seminary

Револю́цию 1917 го́да Па́влов встре́тил в Росси́и. В 1922 году́ Па́влов попроси́л Ле́нина разреши́ть ему *перенести́* свою́ лаборато́рию за грани́цу. Но Ле́нин счита́л, что таки́е учёные, как Па́влов, нужны́ Сове́тской Росси́и. В 1923 году́ Па́влов *посети́л* США, и когда́ верну́лся, откры́то вы́сказался о *па́губности* коммуни́зма.

to move; visited; the danger

Па́влов у́мер в Ленингра́де 27 февраля́ 1936 го́да.

Вопро́сы:

1. ....
2. ....
3. ....
4. ....
5. ....
6. ....
7. ....
8. ....
9. ....

---

[1] Game show

Имя и фами́лия: ______________________________ Числó: ______________________

Чтéние для удовóльствия

4–41. Прочитáйте продолжéние расскáза А.И. Купри́нá «Слон».

СЛОН (продолжéние)

Часть 1

1	… слонá? Тóлько не тогó, котóрый *нарисóван* на *карти́нке*… Мóжно?	*drawn, sketched*
2	— Конéчно, моя́ дéвочка, конéчно, мóжно.	
3	Она идёт в кабинéт и говори́т пáпе, что дéвочка хóчет слонá. Пáпа	
4	*тотчáс же надевáет* пальтó и шля́пу и кудá-то уезжáет. Чéрез полчасá	*immediately; puts on;*
5	он возвращáется с *дорогóй*, краси́вой *игрýшкой*. Это большóй *сéрый*	*expensive; toy; gray*
6	слон. Но дéвочка гляди́т на игрýшку так же *равнодýшно* и говори́т	*indifferently*
7	*вя́ло:*	*unenthusiastically*
8	— Нет. *Это совсéм не то*. Я хотéла *настоя́щего,* живóго слонá, а э́тот	*That's not it at all; real*
9	*мёртвый.*	*dead*

Пóняли ли вы текст? + прáвильно, — неправи́льно

______ 1. Дéвочка говори́т: «Мáма, а мóжно мне слонá?»
______ 2. Онá хóчет такóго слонá, котóрый нарисóван на карти́нке.
______ 3. Мáма говори́т дéвочке, что слонá нет.
______ 4. Мáма идёт в кабинéт к пáпе и говори́т емý, что дéвочка хóчет слонá.
______ 5. Пáпа сади́тся в крéсло и начинáет дýмать.
______ 6. Папа возвращáется с дорогóй, краси́вой игрýшкой.
______ 7. Это большóй, сéрый слон.
______ 8. Дéвочка смóтрит на слонá с востóргом.
______ 9. Дéвочке нрáвится слон.
______ 10. Дéвочка говори́т, что э́то совсéм не то, что онá хотéла.
______ 11. Дéвочка хотéла настоя́щего, живóго слонá.
______ 12. Дéвочка говори́т, что э́тот слон мёртвый.

Часть 2

10	— Ты *погляди́* тóлько, Нáдя, — говори́т пáпа. — Мы егó сейчáс	*посмотри́*
11	*заведём,* и он бýдет совсéм, совсéм как живóй.	*wind up*
12	Слонá завóдят *клю́чиком,* и он, покáчивая головóй и *помáхивая*	*little key; shaking*
13	хвостóм, мéдленно идёт по столý. Дéвочке э́то *совсéм* не интерéсно и	*at all*
14	дáже скýчно, но, чтóбы не *огорчи́ть* отцá, онá *шéпчет крóтко:*	*disappoint; whispers; meekly*
15	— Я тебя́ óчень, óчень благодарю́, ми́лый пáпа. Я дýмаю, ни у когó	
16	нет такóй интерéсной игрýшки… Тóлько… пóмнишь… ведь ты давнó	
17	*обещáл свози́ть* меня́ в *звери́нец* посмотрéть на настоя́щего слонá…	*promised; to take; menagerie*
18	и *ни рáзу не повёз…*	*not even once take (me)*

Пóняли ли вы текст? + прáвильно, — неправи́льно

_______ 1. Дéвочка говори́т пáпе спаси́бо за слонá.
_______ 2. Дéвочка дýмает, что ни у когó нет такóй игрýшки.
_______ 3. Дéвочка дýмает, что у всех детéй есть такáя игрýшка.

_______ 4. Па́па обеща́л свози́ть де́вочку в звери́нец посмотре́ть на настоя́щего слона́.
_______ 5. Па́па свози́л де́вочку в звери́нец посмотре́ть на настоя́щего слона́.
_______ 6. Де́вочка хоте́ла уви́деть настоя́щего слона́.

Часть 3

19 — Но, послу́шай же, ми́лая моя́ де́вочка, пойми́, что э́то невозмо́жно.
20 Слон о́чень большо́й, он до *потолка́*... И пото́м, где я его́ *доста́ну*? — *ceiling; get*
21 — Па́па, *да* мне не ну́жно тако́го большо́го... Ты мне *привези́* хоть — *but; bring*
22 ма́ленького, то́лько живо́го. Ну, *хоть вот,* вот тако́го... Хоть — *at least*
23 *слонёнышка.* — *a tiny little elephant*
24 — Ми́лая де́вочка, я рад всё для тебя́ сде́лать, но э́того я не могу́.
25 Де́вочка гру́стно улыба́ется, закрыва́ет глаза́ и ше́пчет:
26 — Я уста́ла... Извини́ меня́, па́па...
27 Че́рез два часа́ оте́ц На́ди сиди́т в звери́нце, в пе́рвом *ряду́.* — *row*
28 *Представле́ние* ока́нчивается. На́дин оте́ц *подхо́дит* к то́лстому — *performance; approaches*
29 не́мцу, *хозя́ину* звери́нца. — *owner*
30 — Извини́те, пожа́луйста, — говори́т На́дин оте́ц. — Не мо́жете ли
31 вы *отпусти́ть* ва́шего слона́ ко мне домо́й на не́которое вре́мя? — *release (here: lend)*
32 Не́мец от *удивле́ния* широко́ открыва́ет глаза́ и да́же *рот.* — *surprise; mouth*
33 — Отпусти́ть? Слона́? Домо́й? Я вас не понима́ю.
34 Но оте́ц *объясня́ет,* в чём де́ло: его́ еди́нственная дочь, На́дя, больна́ — *explains*
35 како́й-то стра́нной боле́знью, кото́рой да́же доктора́ не понима́ют, как
36 сле́дует. Сего́дня она́ захоте́ла ви́деть живо́го слона́. *Неуже́ли* э́то — *Can it really be that*
37 невозмо́жно сде́лать?
38 Не́мец *хму́рится* и спра́шивает: — *frowns*
39 — Гм... А ско́лько ва́шей де́вочке лет?
40 — Шесть.
41 — Гм... Мое́й Ли́зе то́же шесть. Гм... Но, зна́ете, вам э́то бу́дет до́рого
42 сто́ить. Придётся *привести́* слона́ но́чью и то́лько на сле́дующую ночь — *bring*
43 *увести́ обра́тно.* Днём вам э́то бу́дет до́рого сто́ить. Днём нельзя́. — *take back*

(оконча́ние сле́дует)

По́няли ли вы текст? + пра́вильно, — непра́вильно

_______ 1. Де́вочка хо́чет, что́бы па́па привёл домо́й настоя́щего слона́.
_______ 2. Па́па говори́т, что мо́жно привести́ домо́й настоя́щего слона́.
_______ 3. Де́вочка говори́т, что ей не ну́жно большо́го слона́.
_______ 4. Де́вочка хо́чет большо́го слона́.
_______ 5. Па́па говори́т, что он не мо́жет привести́ слона́.
_______ 6. Де́вочка закрыва́ет глаза́ и ше́пчет: «Я уста́ла, извини́ меня́ па́па».
_______ 7. Па́па идёт спать.
_______ 8. Че́рез два часа́ па́па сиди́т в звери́нце, в пе́рвом ряду́.
_______ 9. Не́мец не удивлён, что На́дин оте́ц про́сит отпусти́ть слона́ домо́й к На́де.
_______ 10. Оте́ц На́ди объясняет, в чём де́ло.
_______ 11. Не́мец говори́т, что у него́ есть дочь и сын.
_______ 12. Не́мец говори́т, что па́пе э́то бу́дет до́рого сто́ить.
_______ 13. Не́мец говори́т, что приведёт слона́ днём.
_______ 14. Не́мец говори́т, что приведёт слона́ но́чью.

Как вы́учить слова́

4–42. Порабо́таем над слова́ми э́той гла́вы.

Step 1. Употреби́те слова́. Build clusters around these words.

1. компью́тер
2. сохрани́ть/сохраня́ть файл
3. распеча́тывать/распеча́тать файл
4. копи́ровать/скопи́ровать файл
5. прова́йдер
6. компью́терная сеть
7. включа́ть-выключа́ть
8. до́ступ к Интерне́ту
9. вэб-страни́ца
10. электро́нная почта

Step 2. Как сказа́ть. Be sure you know how to ask and say:

1. What is your e-mail address?
2. My e-mail is olena@aol.com;
3. Give me your Web-page address;
4. My personal Web-page address is www.carshe.com;
5. Send me this information by e-mail;
6. I found this information on the Internet;
7. Could you please copy this file on a CD for me?
8. Could you please print this information for me?
9. My computer is frozen!

Step 3. Обобщи́м. Say everything you can about your computer and your personal Web-page.

Реши́те кроссво́рд. Мой компью́тер

Across По горизонта́ли

4. mouse pad
5. message
6. to print
9. to search
10. to delete
13. to restart
14. to type
15. network
18. link
19. keyboard

Down По вертика́ли

1. program
2. provider
3. search engine
5. to download
7. to copy
8. mouse
11. monitor
12. to send
16. access
17. screen

To review Chapters 3 and 4 see Web site www.prenhall.com/vputi.

Имя и фами́лия: ______________________ Число́: ______________________

Дом, в кото́ром мы живём

Те́ма 1. Мы сня́ли кварти́ру

Упражне́ния для слу́шания

See Web site www.prenhall.com/vputi for exercises 5–1 through 5–5.

Лекси́ческие упражне́ния

5–6. Глаго́лы. Supply the missing forms. **Mark stresses.**

убира́ть что? Aspect: ....
English equivalent: Conj. ....

Я убира́ю..............
Ты..............
Они́..............
Past: Он..............
Она́..............
Imperative..............

убра́ть что? Aspect: ....
English equivalent: Conj. ....

Я уберу́..............
Ты..............
Они́..............
Past: Он..............
Она́..............
Imperative..............

ста́вить что? куда́? Aspect: ....
English equivalent: Conj. ....

Я ста́влю..............
Ты..............
Они́..............
Past: Он..............
Она́..............
Imperative..............

поста́вить что? куда́? Aspect: ....
English equivalent: Conj. ....

Я..............
Ты поста́вишь..............
Они́..............
Past: Он..............
Она́..............
Imperative..............

класть что? кудá?	Aspect: ....
English equivalent:	Conj. ....

Я кладý..

Ты..

Они́..

Past: Он..

Онá..

Imperative..

положи́ть что? кудá?	Aspect: ....
English equivalent:	Conj. ....

Я..

Ты полóжишь..

Они́..

Past: Он..

Онá..

Imperative..

5–7. Употреби́те глагóлы. A. Write six or seven sentences with the verbs in 5–6. Pay attention to the case of the noun that follows each verb.

....

....

....

....

....

....

....

....

....

B. Write six or seven questions with the same verbs.

....

....

....

....

....

....

....

....

....

Имя и фами́лия: ______________________________ Число́: ______________________

5–8. Посмотри́те на планиро́вки кварти́р.

А. Напиши́те по-ру́сски, что есть в кварти́ре A и в кварти́ре D2.

Rent: $1,200/mo

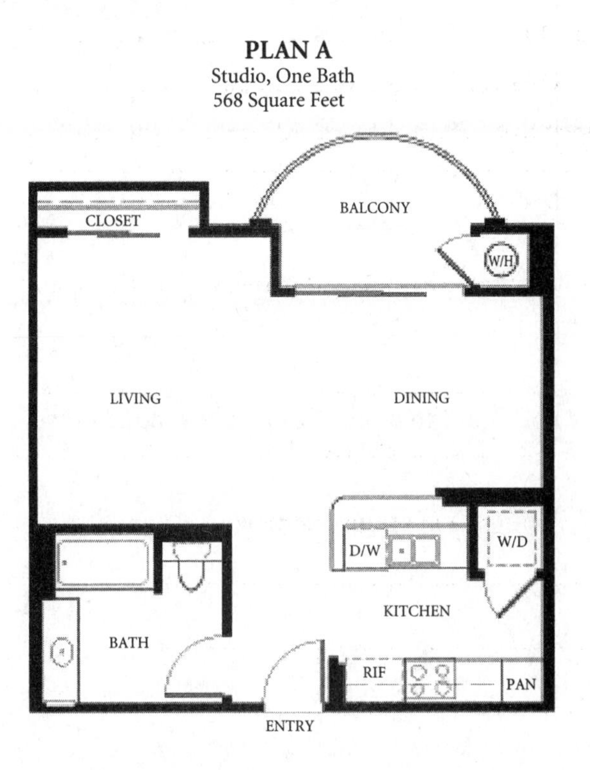

1. ....
2. ....
3. ....
4. ....
5. ....
6. ....

Rent: $1,700/mo

1. ....
2. ....
3. ....
4. ....
5. ....
6. ....
7. ....

Б. Каку́ю кварти́ру вы хоти́те снять? Напиши́те почему́. Use a separate sheet of paper.

5–9. В како́й ко́мнате…? Complete the sentences. Pay attention to case endings.

Мы обе́даем в ....

Мы спим в ....

Мы принима́ем душ в ....

Мы разгова́риваем с гостя́ми в ....

Мы гото́вим еду́ на ....

Я гото́влюсь к заня́тиям в ....

Я одева́юсь в ....

Я смотрю́ телеви́зор в ....

Я обы́чно говорю́ по телефо́ну в ....

5–10. Како́й/кака́я у вас…? Use adjectives to describe these nouns. Try to think of more than one adjective for each. Here are some adjectives you may want to use:

просто́рный, те́сный, не/ую́тный, чи́стый, гря́зный, не/удо́бный, све́тлый, тёмный, чуде́сный, ти́хий.

балко́н ....

холл ....

гардеро́бная ....

столо́вая ....

ва́нная ....

спа́льня ....

ку́хня ....

гости́ная ....

5–11. Опиши́те дом. On a separate sheet of paper, describe a house where your parents, grandparents, or friends live. Use the nouns and adjectives from the previous exercise.

Имя и фами́лия: ______________________ Число́: ______________________

Грамма́тика

The instrumental case ◆ Твори́тельный паде́ж

5–12. Зако́нчите предложе́ния. Put the words in parentheses into the instrumental case.

1. Ле́на о́чень дово́льна (***но́вая кварти́ра***) ....
2. Сосе́ди всегда́ недово́льны (***мы***) ....
3. Мы с (***моя́ подру́га Са́ша***) ....
   сня́ли но́вую кварти́ру.
4. Ка́тя с (***муж и его́ сестра́***) ....
   перее́хали на се́вер Росси́и.
5. Мой брат купи́л но́вую ме́бель, но его́ жена́ не о́чень дово́льна (***эта́ но́вая ме́бель***) ....
   ...., так как она́ о́чень неудо́бная.
6. Мы с (***роди́тели***) .... реши́ли пойти́ на вы́ставку ме́бели
   в воскресе́нье.
7. Све́та познако́милась с (***мой двою́родный брат***) ....
   .... на ле́кции по диза́йну интерье́ра.
8. —Вы не знако́мы с (***мой бли́зкий друг, И́горь***) ....
   ....? — Нет, мы не знако́мы с (***он***) ....

Using the instrumental case to express place

5–13. Зако́нчите предложе́ния. Give Russian equivalents for the words in parentheses. Identify the case of the nouns in parentheses.

1. Мы обы́чно у́жинаем всей семьёй (***at the big table***) ....
   .... в столо́вой. (case:__________)
2. (***On the table***) .... всегда́ стоя́т цветы́ в ва́зе. (case:__________)
3. (***Above the table***) .... виси́т больша́я зелёная ла́мпа. (case:__________)
4. Де́ти пе́рвыми садя́тся (***at the table***) ...., (case:__________)
   но встаю́т после́дними (***from the table***) .... (case:__________)

5. Мой мла́дший брат, кото́рому три го́да, сиди́т (***between*** (***our***) ***mother and father***) ....

.... (case:_________)

6. Я обы́чно сижу́ (***next to my sister***) .... (case:_________)

7. Но сейча́с она́ уе́хала (***abroad***) ...., в Пари́ж. (case:_________)

8. На́ша ба́бушка живёт (***abroad***) ...., в Пари́же. (case:_________)

9. Когда́ мы у́жинаем, на́ша соба́ка Ша́рик всегда́ сиди́т (***under the table***) ....

.... (case:_________)

10. Мы всегда́ помога́ем ма́ме и убира́ем посу́ду (***from the table***) .... (case:_________)

5–14. Где что нахо́дится? Give Russian equivalents of the words in parentheses. Remember to use the correct cases.

1. В их до́ме гара́ж (***in front of the house***) ....

2. Ка́тя пове́сила портре́т Пу́шкина (***over the couch***) ....

3. Шкаф с кни́гами стои́т (***between the bed and the table***) ....

4. Журна́льный сто́лик стои́т (***in front of the couch***) ....

5. Кре́сла стоя́т (***next to the window***) ....

6. Дом нахо́дится (***next to the park***) ....

7. (***In front of the house***) .... — бассе́йн.

8. (***Behind the house***) .... — большо́й сад.

9. Они купи́ли дом (***near Moscow***) ....

10. У них есть дом (***in the suburbs***) ....

5–15. Моя́ кварти́ра. A Russian friend is curious about what an American house looks like. On a separate sheet of paper, use the verbs **лежа́ть, стоя́ть, висе́ть** to describe the furniture in your house or apartment. Remember the word order. A common Russian descriptive sentence starts with the location.

> ***Приме́р:*** *Над столо́м виси́т ла́мпа. Ря́дом со столо́м стои́т шкаф.*

Имя и фами́лия: ______________________ Число́: ______________________

Те́ма 2. Дом, в кото́ром хорошо́ отдыха́ть

Упражне́ния для слу́шания

See Web site www.prenhall.com/vputi for exercises 5–16 through 5–20.

Лекси́ческие упражне́ния

5–21. Глаго́лы. Supply the missing forms.

мыть
English equivalent:
Aspect: ....
Conj. ....

Я..........
Ты мо́ешь..........
Они́..........
Past: Он..........
Она́..........
Imperative..........

вы́мыть
English equivalent:
Aspect: ....
Conj. ....

Я вы́мою..........
Ты..........
Они́..........
Past: Он..........
Она́..........
Imperative..........

стира́ть
English equivalent:
Aspect: ....
Conj. ....

Я стира́ю..........
Ты..........
Они́..........
Past: Он..........
Она́ стира́ла..........
Imperative..........

гла́дить
English equivalent:
Aspect: ....
Conj. ....

Я..........
Ты..........
Они́ гла́дят..........
Past: Он..........
Она́..........
Imperative..........

выноси́ть (му́сор)
English equivalent:
Aspect: ....
Conj. ....

Я выношу́..........
Ты..........
Они́..........
Past: Он..........
Она́..........
Imperative..........

вы́нести (му́сор)
English equivalent:
Aspect: ....
Conj. ....

Я вы́несу..........
Ты..........
Они́..........
Past: Он..........
Она́ вы́несла..........
Imperative..........

5–22. Употреби́те глаго́лы. Write six or seven sentences with the verbs from **5–21.** Pay attention to the case of the noun that follows each verb.

....

....

....

....

....

....

....

....

....

5–23. Дом и кварти́ра со все́ми удо́бствами. Ваш друг из Росси́и хо́чет снять кварти́ру в Лос-Андже́лесе. Помоги́те ему́. Напиши́те по-ру́сски, что есть в кварти́ре, кото́рую он хо́чет снять, и что есть в до́ме, в кото́ром нахо́дится кварти́ра.

Apartment Features

- High-speed Internet access ....
  ....
- Balcony ....
- Large windows ....
- Cozy kitchen & bath ....
  ....
- New stove ....
- Dishwasher ....
- Refrigerator ....
- Microwave ....
- Wooden kitchen cabinets ....
  ....
- Washing machine ....
- Air conditioner ....
- Heating ....
- Cold/hot water ....
  ....

Community Features

- Garage ....
- Cable/Satellite TV ....
  ....
- Fitness center ....
- Yard ....
- Swimming pool ....
- Yoga classes ....

Имя и фами́лия: ______________________ Число́: ______________________

5–24. Зада́йте вопро́сы. Give Russian equivalents of the questions, then answer them in Russian in complete sentences.

1. How often do you do your laundry?

....

....

2. Do you like to cook?

....

....

3. What do you do every day: wash dishes, iron clothes, vacuum?

....

....

....

4. Who cleans the apartment (the house) where you live? How often is it cleaned?

....

....

....

5. How many rooms are there in your house?

....

....

6. Do you have a roommate? Do you like your roommate?

....

....

7. What do you have in your neighborhood: stores, pharmacy, dry cleaners, etc.?

....

....

....

5–25. Напиши́те, что вы де́лали до́ма в де́тстве. Вы помога́ли роди́телям? Что вы люби́ли де́лать, а что вы терпе́ть не могли́ де́лать? Use a separate sheet of paper.

Грамма́тика

More on the instrumental case

5–26. A. Зна́ете ли вы? Put the words in parentheses into the instrumental case.

1. Ломоно́сов был (***пе́рвый ру́сский учёный***) ....

2. Толсто́й и Достое́вский бы́ли (***вели́кие ру́сские писа́тели***) ....
....

3. Фо́лкнер был (***вели́кий америка́нский писа́тель***) ....
....

4. Джо́рдж Вашингто́н был (***пе́рвый америка́нский президе́нт***) ....
....

5. Менделе́ев был (***вели́кий ру́сский хи́мик***) ....

6. Со́фья Ковале́вская была́ (***член–корреспонде́нт***) ....
Петербу́ргской акаде́мии нау́к.

7. Влади́мир Го́ровиц был (***изве́стный америка́нский пиани́ст***) ....
.... кото́рый роди́лся в Росси́и.

B. Reread 6–21 in the Textbook and find the sentences that contain the instrumental case. Translate these sentences into English.

1. ....
....

2. ....
....

3. ....
....

4. ....
....

Имя и фами́лия: ________________________ Число́: ____________

5–27. Коро́ткие исто́рии. Put the words in parentheses into the instrumental case.

1. Моя́ сестра́ у́чится в аспиранту́ре. Она́ занима́ется (***африка́нская исто́рия***) .... и хо́чет стать (***профе́ссор***) .... исто́рии. Она́ живёт в аспира́нтском общежи́тии и о́чень дово́льна (***своя́ ко́мната***) ....

2. Ко́ля у́чится на юриди́ческом факульте́те. Он занима́ется (***междунаро́дное пра́во***) .... и бу́дет (***адвока́т***) .... Ко́ля снима́ет кварти́ру в но́вом до́ме и о́чень дово́лен (***своя́ больша́я но́вая кварти́ра***) .... на пя́том этаже́.

3. Аня у́чится в медици́нском университе́те. Она занима́ется (***стоматоло́гия***) .... и бу́дет рабо́тать (***зубно́й врач***) .... Она́ о́чень дово́льна (***свои́ преподава́тели***) ....

4. Аня интересу́ется (***ру́сская литерату́ра и мирова́я исто́рия***) .... Она́ живёт у роди́телей и о́чень дово́льна (***дом и своя́ ко́мната***) ....

5. Зи́на у́чится на факульте́те журнали́стики. Она́ занима́ется (***междунаро́дная журнали́стика***) .... и бу́дет рабо́тать (***журнали́ст***) .... Она́ интересу́ется (***поли́тика и иностра́нные языки́***) .... Зи́на о́чень дово́льна (***свои́ заня́тия и преподава́тели***) ....

5–28. Кем вы хоти́те стать? Put the words in parentheses into the instrumental case.

1. Мой ста́рший брат рабо́тает (***инжене́р***) ....,
   а средний брат ста́нет (***преподава́тель***) .... матема́тики.
2. Моя́ мать была́ (***медици́нская сестра́***) ....,
   а пото́м ста́ла (***де́тский врач***) ....
3. В де́тстве я хоте́л быть (***космона́вт***) ....,
   а сейча́с хочу́ стать (***архите́ктор***)..
4. Моя́ сестра́ занима́ется (***му́зыка***) .... и хо́чет
   стать (***пиани́стка***) ....
5. —А (***кто***) .... вы хоти́те стать? — Я хочу́ стать ....

5–29. Напиши́те отве́ты на вопро́сы. Put the words into the instrumental case.

1. С кем вы отдыха́ете ле́том?
   моя́ семья́ ....
   на́ши друзья́ ....
   ро́дственники Та́ни ....
   знако́мые Ле́ны ....
2. С кем вы ча́сто говори́те по телефо́ну?
   его́ ста́рый оте́ц ....
   её мать ....
   наш ста́рший брат ....
   их двою́родная сестра́ ....
   наш де́душка ....
   мой дя́дя Ко́ля ....
3. С кем вы поздоро́вались?
   наш дека́н ....
   его́ секрета́рь ....
   изве́стный писа́тель ....

Имя и фами́лия: ______________________ Число́: ______________

5–30. Кото́рый. Put the relative pronoun **кото́рый** in the appropriate form.

1. Толсто́й — э́то писа́тель, (***кото́рый***) .... я интересу́юсь!
2. Это студе́нт, (***кото́рый***) .... преподава́тели не дово́льны!
3. Это ру́чка, (***кото́рая***) .... я люблю́ писа́ть.
4. Лю́ба, с (***кото́рая***) .... мы знако́мы 15 лет, ста́ла президе́нтом ассоциа́ции выпускнико́в на́шего университе́та.
5. Докла́д, над (***кото́рый***) .... я рабо́тал две неде́ли, не понра́вился профе́ссору.
6. Кто э́та де́вушка, над (***кото́рая***) .... ребя́та всегда́ смею́тся?
7. Челове́к, с (***кото́рый***) .... он поздоро́вался, дире́ктор на́шего институ́та.
8. Ле́на, за (***кото́рая***) .... мы должны́ бы́ли зае́хать, реши́ла оста́ться до́ма.
9. Ли́за, с (***кото́рая***) .... случи́лась э́та неприя́тная исто́рия, живёт ря́дом со мной.
10. Са́ша и Ира, с (***кото́рые***) .... я учи́лась в шко́ле, живу́т тепе́рь в Чика́го.

Те́ма 3. Дом-музе́й

Упражне́ния для слу́шания

See Web site www.prenhall.com/vputi for exercises 5–31 through 5–33.

Лекси́ческие упражне́ния

5–34. До́мик Петра́ Пе́рвого. On a separate sheet of paper write a short description of Peter's house (Textbook, p. 128). Use the following words:

высо́кий, ни́зкий, зда́ние, кабине́т, ка́менный, кра́сить/покра́сить, обяза́тельно, явля́ться чем.

5–35. Продаётся дом... Your family is moving and your house is for sale. One of the buyers is Russian and he/she asks for a description of the house in Russian. Answer the questions below and add more information. Use a separate sheet of paper.

1. Дом нахо́дится в го́роде и́ли за́ городом?
2. В како́м году́ был постро́ен дом?
3. Дом деревя́нный и́ли кирпи́чный?
4. Ремонти́ровали ли э́тот дом когда́-нибу́дь? Когда́ его́ ремонти́ровали в после́дний раз? Когда́ его́ кра́сили?
5. Есть ли в до́ме кондиционе́р и отопле́ние?
6. Ско́лько этаже́й в до́ме?
7. Ско́лько спа́лен в до́ме?
8. Ско́лько ва́нных в до́ме?
9. Есть ли гара́ж? На ско́лько маши́н?
10. Большо́й ли двор? Что есть во дворе́?
11. Есть ли в до́ме посудомо́ечная маши́на и микроволно́вая печь?
12. Где нахо́дится стира́льная маши́на?

Грамма́тика

Using aspect in the future tense ◆ Ви́ды глаго́ла в бу́дущем вре́мени

5–36. Fill in the blanks with the appropriate form of the verb.

Приме́р: — Ты купи́л/а уче́бники?
— Нет, не́ было вре́мени, куплю́ на сле́дующей неде́ле.

1. — Ты **отве́тил/а** на письмо́?
— Нет, у меня́ не́ было вре́мени, ... в суббо́ту.
2. — Ты **рассказа́л/а** преподава́телю о свои́х пробле́мах?
— Нет, преподава́тель был за́нят, ... сего́дня и́ли за́втра.
3. — Ты **пригласи́л/а** Ка́тю на день рожде́ния?
— Нет, не ви́дел/а её. Ду́маю, что сего́дня уви́жу её и ....
4. — Ты **слу́шала** кассе́ту с диало́гом?
— Нет, сего́дня ве́чером ....
5. —Вы **сказа́ли** студе́нтам о собра́нии?
— Ещё нет, ... им сего́дня по́сле обе́да.
6. — Вы **взя́ли** кни́ги в библиоте́ке?
— Нет, вчера́ мы бы́ли о́чень за́няты. .... их сего́дня.
7. — Ты уже́ до́лго **чита́ешь** э́ту кни́гу?
— А что?
— Когда́ ты .... её, скажи́ мне. Я то́же хочу́ её ....
8. — Ты уже́ **почини́л** магнитофо́н?
— Нет ещё. А что?
— Когда́ ты .... его́, хочу́ попроси́ть тебя́ .... мои́ часы́.
9. Сего́дня мне на́до **купи́ть** уче́бник. Когда́ я .... уче́бник, я сра́зу начну́ занима́ться.

Имя и фами́лия: ____________________ Число́: ____________________

5–37. Вот така́я ситуа́ция. Что вы напи́шете?

Приме́р: **возвраща́ться/верну́ться** отку́да?

Your friend is leaving for Russia for several months. You want to know when he/she will get back. → ***Когда́ ты вернёшься из Москвы́?***

1. **писа́ть/написа́ть** кому́ о чём?
   Mark is going to Canada. He has a friend in Toronto. You want to know if Mark is going to write his friend before he leaves.
   ....

2. **дава́ть/дать** кому́ что?
   Your friend has promised to give you a book. You want to know when he/she will give it to you.
   ....

3. **идти́/пойти́** куда́?
   Your friend has promised to go to a new movie with you. You want to know when the two of you will go see the movie.
   ....

4. **отвеча́ть/отве́тить** кому́?
   You've been asking your friend a certain question over and over again. You hope he/she will give you an answer soon.
   ....

5. **возвраща́ть/верну́ть** что кому́?
   Your friend has borrowed (**взять у кого́?**) a book from you. You want to know when he/she will return it to you.
   ....

6. **де́лать/сде́лать** что?
   Ask your friends what they intend to do on Sunday.
   ....

7. **дава́ть/дать отве́т** кому́?
   A friend has invited you home for the holidays, but you still haven't made up your mind to accept. Tell your friend that you will give him/her an answer tomorrow or the day after tomorrow.
   ....

8. **плати́ть/заплати́ть** за кварти́ру?
   You and your roommate haven't paid your monthly rent yet. Tell your roommate that you'll do it tomorrow.
   ....

9. **убира́ть/убра́ть; выноси́ть/вы́нести му́сор; мыть/помы́ть посу́ду; стира́ть/постира́ть**
   You and a couple of friends are planning on renting a house. Ask who is going to do various chores, i.e., do the housecleaning, take out the garbage, do the dishes, do the laundry.
   ....
   ....

Types of simple sentences ◆ Ти́пы просто́го предложе́ния

5–38. Приду́майте предложе́ния. Read the topic "Types of simple sentences" (Textbook, pp. 130–132) and make up your own sentences for each type of simple sentence.

1. ....
2. ....
3. ....
4. ....
5. ....
6. ....
7. ....
8. ....

5–39. Прочита́йте и переведи́те на англи́йский язы́к. Before translating, identify the subject and the predicate and the type of sentence.

1. Сниму́ 1-ко́мнатную кварти́ру с ме́белью на два го́да. Тел. 8-910-402-52-24.

....

....

2. Сниму́ ко́мнату и́ли 1-ко́мнатную кварти́ру, мо́жно с сосе́дкой. Ме́бель у ме́ня есть, поэ́тому нужна́ кварти́ра без ме́бели. Я там практи́чески не бу́ду жить, а бу́ду приходи́ть 2-3 ра́за в ме́сяц. Имэ́йл: natasha@mail.ru

....

....

....

3. Сниму́ ко́мнату. Молодо́й челове́к, 24 го́да, рабо́таю анали́тиком в фармацевти́ческой компа́нии. Не пью́ и не курю́. Звони́те 787-90-29. Ива́н

....

....

....

Имя и фами́лия: ______________________ Число́: ______________________

Чте́ние для информа́ции

Музе́й-кварти́ра Достое́вского в Петербу́рге

5–40. Пе́ред чте́нием. Before reading, determine the meaning of the underlined words and expressions:

в сове́тские го́ды	де́тская (ко́мната)
коммуна́льная кварти́ра	эпилепти́ческий
откры́тие	

5–41. Бы́строе чте́ние. Scan the text and give a short summary in English of what it is about.

В нача́ле октября́ 1878 г. Фёдор Миха́йлович Достое́вский с семьёй перее́хал в дом № 5 по Кузне́чному *переу́лку,* в кварти́ру №. 10, и про́жил здесь до дня свое́й сме́рти — 28 января́ 1881 г.

переу́лку — lane (small street)

В сове́тские го́ды в до́ме на Кузне́чном бы́ли обы́чные коммуна́льные кварти́ры, *т.е.* кварти́ры, в ка́ждой из кото́рых жи́ли не́сколько семе́й. Ку́хня и ва́нная бы́ли *о́бщими.*

т.е.(то есть) — i.e.; *о́бщими* — shared/common

В 1956 году́ на э́том до́ме была́ устано́влена мемориа́льная доска́. А 11 ноября́ 1971 го́да, в день рожде́ния Достое́вского, *состоя́лось торже́ственное* откры́тие литерату́рно-мемориа́льного музе́я писа́теля.

состоя́лось — took place; *торже́ственное* — gala

Жена́ Достое́вского, Анна Григо́рьевна, писа́ла: «Кварти́ра на́ша состоя́ла из шести́ ко́мнат, грома́дной *кладо́вой* для книг, *пере́дней* и ку́хни и находи́лась во второ́м этаже́. Семь о́кон выходи́ли на Кузне́чный переу́лок».

кладо́вой; пере́дней — pantry; hallway

Когда́ семья́ Достое́вских перее́хала в дом на Кузне́чном, до́чери писа́теля Лю́бе бы́ло 9 лет, сы́ну Фе́де — 7. Достое́вский был жена́т два́жды. В пе́рвом *бра́ке* дете́й у него́ не́ было. Во второ́м бра́ке у Достое́вских родило́сь че́тверо дете́й. Пе́рвая дочь Со́нечка родила́сь в 1868 году́ в Жене́ве и умерла́ че́рез три ме́сяца. В 1869 в Дре́здене появи́лась Лю́ба, в 1871 году́ в Петербу́рге роди́лся Фёдор, в 1875 году́ в Ста́рой Ру́ссе, где семья́ Достое́вских проводи́ла ле́то, роди́лся Алёша. Весно́й 1878 го́да трехле́тний Алёша у́мер от эпилепти́ческого *припа́дка.* «Фёдор Миха́йлович осо́бенно люби́л Лёшу, почти́ боле́зненною любо́вью, то́чно *предчу́вствуя,* что его́ ско́ро *лиши́тся*».

бра́ке — marriage; *припа́дка* — attack; *предчу́вствуя* — having a presentiment; *лиши́тся* — lose

5–42. Прочита́йте текст 5–41 ещё раз. Отве́тьте на сле́дующие вопро́сы.

1. Когда́ Фёдор Достое́вский перее́хал с семьёй в дом № 5 по Кузне́чному переу́лку?
2. Ско́лько лет про́жили Достое́вские в э́той кварти́ре?
3. Что тако́е коммуна́льные кварти́ры?
4. В како́м году́ была́ устано́влена мемориа́льная доска́ на до́ме № 5 по Кузне́чному переу́лку?
5. В како́м году́ произошло́ откры́тие Литерату́рно-мемориа́льного музе́я Достое́вского?
6. На како́м этаже́ находи́лась кварти́ра?
7. Ско́лько ко́мнат и каки́е ко́мнаты бы́ли в кварти́ре?
8. Ско́лько дете́й бы́ло у Достое́вского и его́ второ́й жены́?
9. Что вы узна́ли о де́тях Достое́вского из э́того те́кста?

5–43. Перево́д. Write a translation of the paragraph starting with «Когда́ семья́ Достое́вского перее́хала…» and ending with «от эпилепти́ческого припа́дка». Compare the word order in the Russian text and in your translation.

5–44. Прочита́йте сле́дующую часть те́кста и отве́тьте на вопро́сы.

1. Почему́ Достое́вский с семьёй пересели́лись в Кузне́чный переу́лок?
2. Был ли Достое́вский хоро́шим отцо́м? Занима́лся ли он воспита́нием дете́й?
3. Что вы узна́ли о до́чери Достое́вского Любо́ви Фёдоровне?
   a. Кем она́ ста́ла?
   b. Каку́ю кни́гу написа́ла?
   c. Кака́я уника́льная информа́ция есть в э́той кни́ге?

«*Верну́вшись* о́сенью в Петербу́рг из Ста́рой Ру́ссы, мы не реши́лись оста́ться на кварти́ре, где всё бы́ло *полно́ воспомина́ниями* о на́шем ма́льчике, и посели́лись в Кузне́чном переу́лке…», — писа́ла в свои́х *воспомина́ниях* Анна Григо́рьевна Достое́вская.

Достое́вский был о́чень *лю́бящим* отцо́м, он счита́л, что без дете́й *нет смы́сла* в жи́зни. Он занима́лся воспита́нием и образова́нием дете́й. Фёдор Миха́йлович нере́дко чита́л де́тям *вслух* кни́ги ру́сских и европе́йских писа́телей, кото́рых сам знал и люби́л: Пу́шкина, Жуко́вского, Карамзина́, Го́голя, Ди́ккенса, Го́фмана, Ши́ллера, Гюго́, знако́мил их с Би́блией по кни́ге, кото́рую по́мнил с де́тства.

Любо́вь Фёдоровна Достое́вская (1869–1926) ста́ла писа́тельницей, а́втором расска́зов и по́вестей. Она́ написа́ла кни́гу об отце́ «Достое́вский в *изображе́нии* его́ до́чери», в кото́рой есть нема́ло уника́льных *све́дений* об *о́бразе жи́зни, черта́х хара́ктера* Ф. М. Достое́вского. С 1913 г. Любо́вь Фёдоровна жила́ за грани́цей. Умерла́ в се́верной Ита́лии.

on returning
full of memories
memoirs
loving/affectionate; there is no point
aloud
representation; information; lifestyle; character traits

5–45. Перево́д. Write a translation of the paragraph starting with «Достое́вский был о́чень лю́бящим…» and ending with «по́мнил с де́тства». Compare the word order in the Russian text and in your translation.

Имя и фами́лия: ______________________________ Число́: ______________________

Чте́ние для удово́льствия

5–46. Прочита́йте оконча́ние расска́за Алекса́ндра Ива́новича Купри́на «Слон».

Слон (оконча́ние)

Часть 1

1	Но́чью слона́ веду́т в го́сти к больно́й де́вочке.	
2	Его́ приво́дят в столо́вую, отку́да зара́нее *вы́несена* вся ме́бель. Кладу́т	*taken out*
3	пе́ред ним све́жей *морко́ви, капу́сты* и *ре́пы*. Не́мец *располага́ется* ря́дом,	*carrots; cabbage; turnips; settles down; extinguish;*
4	на дива́не. *Ту́шат огни́*, и все ложа́тся спать.	*lights; at daybreak*
5	На друго́й день де́вочка просыпа́ется *чуть свет* и пре́жде всего́	
6	спра́шивает:	
7	— А что же слон? Он пришёл?	
8	— Пришёл, — отвеча́ет ма́ма, — но то́лько он *веле́л*, что́бы На́дя	*сказа́л*
9	снача́ла *умы́лась*, а пото́м съе́ла *яйцо́ всмя́тку* и вы́пила горя́чего молока́.	*wash up; soft-boiled egg*
10	— А он до́брый?	
11	— Он до́брый. *Ку́шай*, де́вочка. Сейча́с мы пойдём к нему́.	*eat*
12	Слон *ока́зывается* гора́здо бо́льше, чем ду́мала На́дя, когда́ *разгля́дывала*	*turns out to be; смотре́ла на него́*
13	его́ на карти́нке. Ро́стом он то́лько чуть-чу́ть пони́же двери́, а в длину́	
14	занима́ет полови́ну столо́вой. Но́ги то́лстые. Дли́нный хвост. Уши больши́е	
15	и вися́т вниз. Глаза́ совсе́м *кро́шечные*, но у́мные и до́брые.	*tiny*
16	Де́вочка *во́все* не *испу́гана*. Она́ то́лько немно́жко *поражена́ грома́дной*	*not at all; frightened;*
17	*величино́й* живо́тного.	*astounded; huge; size*
18	Хозя́ин слона́ говори́т:	
19	— До́брого у́тра, *ба́рышня*. Пожа́луйста, не бо́йтесь. То́мми о́чень	*young lady*
20	до́брый и лю́бит дете́й.	
21	Де́вочка *протя́гивает* не́мцу свою́ ма́ленькую *бле́дную* ру́чку.	*extends; pale*
22	— Здра́вствуйте, как вы пожива́ете? — отвеча́ет она́. — Я во́все	
23	*ни ка́пельки* не бою́сь. А как его́ зову́т?	*not a bit*
24	— То́мми.	
25	— Здра́вствуйте, То́мми, — произно́сит де́вочка и *кла́няется* голово́й.	*nods*

По́няли ли вы текст? + пра́вильно, — непра́вильно

_______ 1. Слона́ веду́т к де́вочке но́чью.
_______ 2. То́мми приво́дят в гости́ную.
_______ 3. Пе́ред слоно́м кладу́т све́жие о́вощи.
_______ 4. Не́мец бу́дет спать на дива́не.
_______ 5. В до́ме ту́шат огни́.
_______ 6. Де́вочка просну́лась ра́но у́тром.
_______ 7. Она́ забы́ла о слоне́.
_______ 8. Она́ не хоте́ла за́втракать.
_______ 9. Она́ съе́ла яйцо́ и вы́пила молока́.
_______ 10. Де́вочка не боя́лась слона́.
_______ 11. Хозя́ин сказа́л, что слон о́чень злой.

Часть 2

26	*Оттого́*, что слон тако́й большо́й, она́ не *реша́ется* говори́ть ему́ на «ты».	*потому́ что; doesn't dare*
27	— Как вы спа́ли э́ту ночь?	
28	— Ведь он всё понима́ет? — спра́шивает де́вочка не́мца.	
29	— О, *реши́тельно* всё, ба́рышня!	*absolutely*
30	— Но то́лько он не говори́т?	

31	— Да, вот то́лько не говори́т. У меня́, зна́ете, есть то́же одна́ до́чка,	
32	*така́я же ма́ленькая,* как и вы. Её зову́т Ли́за. То́мми с ней большо́й, о́чень	*just as little*
33	бо́льшой *прия́тель.*	*друг*
34	— А вы, То́мми, уже́ пи́ли чай? — спра́шивает де́вочка слона́. Не́мец	
35	смеётся. Он сам тако́й большо́й, то́лстый и доброду́шный, как слон, и На́де	
36	ка́жется, что они́ о́ба похо́жи друг на дру́га.	
37	— Нет, он не пил ча́ю, ба́рышня. Но он с удово́льствием пьёт са́харную	
38	во́ду. Та́кже он о́чень лю́бит *бу́лки.*	*rolls*
39	Когда́ все бу́лки *съе́дены,* На́дя знако́мит слона́ со свои́ми *ку́клами:*	*eaten up; dolls*
40	— Посмотри́те, То́мми, вот э́та *наря́дная* ку́кла — э́то Со́ня. Она́ о́чень	*nicely dressed*
41	до́брый ребёнок, но немно́жко *капри́зна* и не хо́чет есть суп. А э́то Ната́ша	*capricious*
42	— Со́нина дочь. Она́ уже́ начина́ет учи́ться и зна́ет почти́ все бу́квы. А вот	
43	э́то — Матрёшка. Это моя́ са́мая пе́рвая ку́кла. Ви́дите, у неё нет но́са и нет	
44	бо́льше воло́с. Ну, так дава́йте игра́ть, То́мми: вы бу́дете па́пой, а я ма́мой,	
45	а э́то бу́дут на́ши де́ти.	
46	То́мми *согла́сен.*	*agrees*

По́няли ли вы текст? + пра́вильно, — непра́вильно

_______ 1. Де́вочка говори́т слону́ «вы», потому́ что она́ его́ бои́тся.
_______ 2. Де́вочка говори́т слону́ «вы», потому́ что он тако́й большо́й.
_______ 3. Де́вочка здоро́вается со слоно́м за́ руку.
_______ 4. Слон уме́ет говори́ть.
_______ 5. Хозя́ин слона́ говори́т, что его́ до́чка Ли́за не лю́бит слона́.
_______ 6. Де́вочка хо́чет знать, пил ли не́мец чай.
_______ 7. Слон ест сла́дкие бу́лки и пьёт во́ду.
_______ 8. Де́вочка игра́ет со слоно́м.

Часть 3

47	*Наступа́ет* час обе́да, но де́вочку ника́к нельзя́ *оторва́ть* от слона́. На	*approaches; tear away*
48	*по́мощь* прихо́дит не́мец:	*to the rescue, to help*
49	— Позво́льте, я всё э́то устро́ю. Они́ пообе́дают вме́сте.	
50	Он *прика́зывает* слону́ сесть. Слон *послу́шно* сади́тся. *Напро́тив* его́	*orders; obediently; opposite*
51	сади́тся де́вочка. Ме́жду ни́ми ста́вят стол, и но́вые друзья́ начина́ют	
52	обе́дать. Де́вочка ест суп из ку́рицы и котле́тку, а слон — ра́зные о́вощи и	
53	сала́т. Зате́м они́ получа́ют сла́дкое — де́вочка ча́шку кака́о, а слон	
54	полови́ну то́рта.	
55	Наступа́ет ве́чер. По́здно. Де́вочке пора́ спать. Одна́ко её невозмо́жно	
56	*оттащи́ть* от слона́. Она́ так и засыпа́ет о́коло него́, и её уже́ со́нную	*pull away*
57	отво́зят в де́тскую. Она́ да́же не слы́шит, как её раздева́ют.	
58	В э́ту ночь На́дя *ви́дит во сне,* что она́ жени́лась на То́мми, и у них	*has a dream*
59	мно́го дете́й, ма́леньких, весёлых *слоня́ток.* Слон, кото́рого но́чью *отвели́*	*baby elephants; took back*
60	в звери́нец, то́же ви́дит во сне ми́лую, *ла́сковую* де́вочку.	*affectionate*
61	Утром де́вочка просыпа́ется *бо́драя,* све́жая и, как в *пре́жние* времена́,	*cheerful; former, previous*
62	когда́ она́ была́ ещё здоро́ва, *кричи́т* на весь дом, гро́мко и *нетерпели́во:*	*shouts; impatiently*
63	*— Мо—лоч—ка́!*	*Give me some milk!*
64	*Услы́шав* э́тот крик, ма́ма *ра́достно кре́стится* у себя́ в спа́льне.	*on hearing; joyfully; crosses herself; yesterday's events*
65	Но де́вочка тут же вспомина́ет о *вчера́шнем* и спра́шивает:	
66	— А слон?	

Имя и фами́лия: ______________________ Число́: ______________________

67 Ей объясня́ют, что слон ушёл домо́й *по дела́м*, что у него́ есть де́ти, *on business*
68 кото́рых нельзя́ оставля́ть *одни́х*, что он проси́л *кла́няться* На́де и что он *alone; give his regards*
69 ждёт ее к себе́ в го́сти, когда́ она́ бу́дет здоро́ва.
70 Де́вочка *хи́тро* улыба́ется и говори́т: *slyly*
71 — Переда́йте То́мми, что я уже́ совсе́м здоро́ва!

По́няли ли вы текст? + пра́вильно, — непра́вильно

_______ 1. Де́вочка и слон обе́дают вме́сте.
_______ 2. Де́вочка опя́ть не хо́чет ничего́ есть.
_______ 3. Слон ест суп, а де́вочка ест сала́т.
_______ 4. Де́вочка не хо́чет, что́бы слон уходи́л.
_______ 5. Де́вочка не хо́чет бо́льше игра́ть со слоно́м.
_______ 6. Де́вочка засыпа́ет на свое́й крова́ти.
_______ 7. Де́вочка засыпа́ет в той ко́мнате, где она́ игра́ла со слоно́м.
_______ 8. Де́вочка ви́дит во сне, что она́ вы́шла за́муж за То́мми.
_______ 9. Де́вочка ви́дит во сне, что у них с То́мми нет дете́й.
_______ 10. Утром де́вочка просыпа́ется бо́драя и све́жая.
_______ 11. Ма́ма ра́да, что де́вочка уже́ здоро́ва.
_______ 12. Слон оста́лся жить у На́ди.
_______ 13. Слона́ отвели́ в звери́нец.
_______ 14. Де́вочка передала́ То́мми, что она́ ещё больна́.

Как вы́учить слова́

5–47. Порабо́таем над слова́ми э́той гла́вы. See 1–43 in Chapter 1 for recommendations on how to work with the vocabulary.

Step 1. Употреби́те слова́. Build clusters around these words.

1. гость
2. гря́зный
3. спа́льня
4. убира́ть
5. кани́кулы
6. шу́мно
7. общежи́тие
8. гото́вить
9. столо́вая
10. ме́бель

Step 2. Как сказа́ть.
A. Check yourself to see whether you know how to say that:

1. I live in a new/old apartment;
2. I have a good/awful roommate;
3. the apartment has a nice view;
4. the apartment is cozy and clean;
5. I never/seldom/often clean my room and do the dishes;
6. I live on the … floor in a … apartment building;
7. There are … rooms in the house. The rooms are …
8. I've moved/am moving to a new house/apartment;
9. I pay … a month for my apartment/room.

B. List all the rooms in a large house.
C. List all the furniture you have in your apartment/room.
D. Do you remember what prepositions to use?

го́род	в го́роде
о́зеро	
океа́н	
го́ры	
дере́вня	
фе́рма	

E. What chores do you have to do at home? Which do you enjoy least? Which do you enjoy most?

Step 3. Обобщи́м. Think of what you like most about living with your parents and what you like least. What do you like most and least about living on your own?

Реши́те кроссво́рд. Дом, в кото́ром мы живём

Across По горизонта́ли

3 walls
4 dining room
5 window
6 chair
9 kitchen
11 floor
12 lamp
14 bed
15 bathroom
16 stove
17 ceiling

Down По вертика́ли

1 armchair
2 cold water
3 table
6 chairs
7 refrigerator
8 bedroom
9 carpet
10 closet
13 living room
14 study, office

Имя и фами́лия: ______________________ Число́: ______________________

Глава́ 6

Что вы за челове́к?

Те́ма 1. Как описа́ть челове́ка

Упражне́ния для слу́шания

See Web site www.prenhall.com/vputi for exercise 6–1.

Лекси́ческие упражне́ния

6–2. Глаго́лы. Supply the missing forms. **Mark stresses.**

прилета́ть куда́?/отку́да? Aspect: ....
English equivalent: Conj. ....

Я..........
Ты прилета́ешь..........
Они́..........
Past: Он..........
Она́..........
Imperative..........

прилете́ть куда́?/отку́да? Aspect: ....
English equivalent: Conj. ....

Я прилечу́..........
Ты..........
Они́..........
Past: Он..........
Она́..........
Imperative..........

подойти́ к чему́?/кому́? Aspect: ....
English equivalent: Conj. ....

Я подойду́..........
Ты..........
Они́..........
Past: Он подошёл..........
Она́..........
Imperative..........

вы́глядеть как? Aspect: ....
English equivalent: Conj. ....

Я..........
Ты вы́глядишь..........
Они́..........
Past: Он..........
Она́..........
Imperative..........

объяснять комý? что? English equivalent:	Aspect: .... Conj. ....
Я объясня́ю............	
Ты............	
Они́............	
Past: Он............	
Она́............	
Imperative............	

вы́ехать откýда? English equivalent:	Aspect: .... Conj. ....
Я вы́еду............	
Ты............	
Они́............	
Past: Он............	
Она́............	
Imperative............	

6–3. Употреби́те глагóлы. Write six or seven sentences with the verbs in 6–2. Pay attention to the case of the noun that follows each verb.

....

....

....

....

....

....

....

....

6–4. Рабóта модéли. Вы хоти́те рабóтать модéлью. Запóлните анкéту агéнства модéлей.

1. Вóзраст	
2. Рост[1]	
3. Цвет глаз	
4. Цвет волóс	
5. Фигýра	
6. Тóлько для мужчи́н: есть ли бородá и усы́	

[1]foot–фут; inch–дюйм

Имя и фами́лия: ________________________ Число́: ____________________

6–5. Фотогра́фии. Опиши́те Татья́ну Петро́вну и Игоря Ива́новича.

....

....

....

....

....

....

....

....

....

....

....

....

6–6. Запи́ска. You are supposed to go to the airport to meet your Russian instructor, but you can't go. Write a note asking a friend to go in your place, and tell him/her what your instructor looks like. Use a separate sheet of paper.

6–7. Напиши́те письмо́ дру́гу/подру́ге.

Дорого́й/ая ....!

Хочу́ рассказа́ть тебе́ исто́рию.

Вчера́ ве́чером (***several times***) .... звони́ла Люба, но я (***wasn't home***).

.... Когда́ я (***came back***) ...., я (***gave her a call***)

.... Она́ сказала́, что приезжа́ет её подру́га из Воро́нежа и она́ хо́чет

(***to meet her***) .... в аэропорту́, но не мо́жет. Не могу́ ли я? (***Certainly***)

......................................, я то́же за́нят/занята́. (***But what can I do***!) ....!

Люба (***explained***) ...., что её подру́га Ма́ша (***average height***)

...., (***not too thin***) .... (***She has long curly hair***)

....

Самолёт .... (***will arrive***) в 14.00 часо́в. Я (***left***) .... из

до́ма (***early***) ...., но на (***highway***) .... бы́ло

тако́е (***traffic***) ...., что я (***was late***) ....

В аэропорту́ я на́чал/а́ (***look for***) .... Ма́шу. Вдруг я

уви́дел/а де́вушку, кото́рая (***looked like***) .... Ма́ша.

Я (***approached***) .... к ней и сказа́л : «Прости́те, вы не

Ма́ша?» Она́, ка́жется, не зна́ла ни ру́сского, ни англи́йского.

Я уже́ собира́лся/ась звони́ть Любе, но вдруг услы́шал, как ря́дом со мной дво́е ребя́т говоря́т

по-ру́сски. (***I was lucky***) ....! Это была́ Ма́ша и ещё оди́н па́рень,

кото́рый (***arrived***) .... вме́сте с ней. (***Really***) ...., всё

хорошо́, что хорошо́ конча́ется!

Грамма́тика

The dative case ◆ Да́тельный паде́ж

The dative case without prepositions

6–8. Ско́лько им лет?

Приме́р: наш оте́ц — 47 → **На́шему отцу́ со́рок семь лет.**

1. ва́ша мать — 51 ....
2. моя́ ба́бушка — 72 ....
3. Васи́лий Серге́евич — 84 ....
4. Любо́вь Фёдоровна — 38 ....
5. их мла́дший брат — 13 ....
6. твоя́ мла́дшая сестра́ — 3 ....

Имя и фами́лия: ______________________ Число́: ______________

6–9. Отве́тьте на вопро́сы.

1. **— Кому́ вы ча́сто звони́те?**

— Мой оте́ц и моя́ мать ....

— Ба́бушка и де́душка ....

— Мой друг и моя́ подру́га ....

2. **— Кому́ вы ча́сто помога́ете?**

— Сосе́д по ко́мнате ....

— Моя́ мла́дшая сестра́ ....

— Мои́ друзья́ и роди́тели ....

6–10. Запо́лните про́пуски. Put the words in parentheses into the appropriate case.

1. Я обеща́л/а (***мои́ роди́тели***) .... ча́сто звони́ть.
2. Вчера́ на уро́ке мы расска́зывали (***наш преподава́тель***) ....

   .... о свое́й семье́ и до́ме.
3. На про́шлой неде́ле я купи́л/а пода́рки (***все друзья́ и подру́ги***) ....

   ....
4. (***Э́ти студе́нты***) .... преподаёт матема́тику

   о́чень хоро́ший преподава́тель.
5. (***Я***) .... сего́дня бы́ло о́чень интере́сно на уро́ке ру́сского языка́.
6. (***Он***) .... на́до написа́ть письмо́ (***Серге́й***) ....
7. Я хочу́ показа́ть э́ти фотогра́фии (***свои́ сосе́ди***) ....
8. Я не бу́ду отвеча́ть (***ты***) .... на э́тот вопро́с!

6–11. Напиши́те, что вам нра́вится, а что вы лю́бите.

Приме́р: кварти́ра → Мне нра́вится моя́ кварти́ра.

мои́ сосе́ди ....

моя́ ку́хня ....

джаз ....

но́вый аэропо́рт ....

мои́ роди́тели ....

6–12. Пора́ и на́до. Use the adverbs *пора́* or *на́до* to complete the following sentences. Put the words in parentheses into the correct case.

1. Сейча́с 8.00 утра́. Заня́тия начина́ются в 9.00. (***Ва́ня***) .... е́хать в университе́т!
2. Ни́на занима́лась всю ночь и о́чень уста́ла. (***Она́***) .... отдохну́ть!
3. Сего́дня Марк до́лжен е́хать в бассе́йн в 9 часо́в. Но в э́то вре́мя большо́е движе́ние на шоссе́.

   Поэ́тому (***он***) .... вы́ехать и́з дому в 8 часо́в.
4. Ско́ро у моего́ дру́га день рожде́ния. (***Я***) .... купи́ть ему́ пода́рок.
5. Я до́лжен/должна́ встре́тить Ка́тю сего́дня. Она́ прилета́ет в 6.00. Сейча́с уже́ 5.20. Извини́,

   но (***я***) .... е́хать в аэропо́рт!

6–13. Мо́жно/нельзя́. Answer the questions in the negative and explain why. Remember that the opposite of *мо́жно* is *нельзя́*.

Приме́р: — Мо́жно к вам зайти́ сего́дня ве́чером? →
— Нет, извини́те, сего́дня ве́чером нельзя́. Я бу́ду гото́виться к контро́льной.

1. — Мо́жно с ва́ми поговори́ть?

   ....
2. — Мо́жно сего́дня позвони́ть вам ве́чером?

   ....
3. — Мо́жно взять ва́шу маши́ну, что́бы пое́хать в аэропо́рт?

   ....
4. — Мо́жно узна́ть, где вы живёте?

   ....

Имя и фами́лия: ______________________ Число́: ______________________

6–14. Мне придётся/мне пришло́сь. Using the verbs *приходи́ться/прийти́сь,* complete the following sentences. Put the words in parentheses into the correct case.

1. (***Мы***) .... рассказа́ть, как вы́глядит Ле́на.
2. (***Брат***) .... всё объясни́ть мои́м роди́телям за́втра.
3. (***Ната́ша***) .... вчера́ е́хать в аэропо́рт но́чью.
4. (***Де́душка***) .... встре́тить вну́ка за́втра ве́чером.
5. (***Роди́тели***) .... вы́ехать и́з дому ра́но.

6–15. Что вам хо́чется сде́лать? Use the verbs in parentheses to answer the questions in complete sentences.

1. Вы не спа́ли всю ночь, а у́тром прилета́ет ваш брат. Что́ вам не хо́чется де́лать?

   (***to go to the airport***) ....

2. Вы мно́го занима́лись в э́том семе́стре. Что́ вам хо́чется сде́лать?

   (***to get a rest***) ....

3. Вы заболе́ли. У вас температу́ра. Что вам не хо́чется де́лать?

   (***to eat***) ....

4. За́втра прилета́ет ва́ша подру́га из Москвы́. Что вам хо́чется сде́лать?

   (***to meet her***) ....

6–16. Переведи́те на ру́сский язы́к.

1. They don't have any place to go ....
2. I don't have any place to sleep ....
3. We have nothing to say ....
4. I don't have any time to talk to you ....
5. She has nothing to do ....
6. Sasha doesn't have any time to help you ....
7. They have nothing to talk about ....

The dative case with the preposition ПО

6–17. Зако́нчите предложе́ния. Put the words in parentheses into the appropriate case. Don't forget the prepositions!

1. Ко́ля лю́бит ходи́ть (***музе́и***) ....

2. Све́та мечта́ет путеше́ствовать (***Росси́я***) ....

3. Я люблю́ смотре́ть переда́чу «Красота́» (***телеви́зор***) ....

4. Мари́на слу́шала му́зыку Чайко́вского (***ра́дио***) ....

5. Мы с Ирой лю́бим ходи́ть (***магази́ны***) ....

6. Вся семья́ собира́ется в гости́ной (***вечера́***) ....

7. Познако́мься, э́то моя́ подру́га (***университе́т***) ....!

The conjunction КАК ◆ Союз КАК

6–18. Да́йте ру́сские эквивале́нты.

1. "What time did you get home last night? I didn't hear you come in."

   ....

   ....

2. "I saw them drinking coffee in the cafeteria."

   ....

   ....

3. "I saw her playing tennis."

   ....

   ....

4. "I saw them buying bread at the store."

   ....

   ....

5. "I heard Katya talking on the phone with her parents."

   ....

   ....

Имя и фами́лия: ______________________ Число́: ______________________

Те́ма 2. Скажи́ мне, кто твой друг, и я скажу́, кто ты

Упражне́ния для слу́шания

See Web site www.prenhall.com/vputi for exercises 6–19 through 6–21.

Лекси́ческие упражне́ния

6–22. Глаго́лы. Give the missing forms for the verbs.

врать кому́? Aspect: ....
English equivalent: Conj. ....

Я вру..........
Ты..........
Они́..........
Past: Он..........
Она́..........
Imperative..........

улыбну́ться кому́? Aspect: ....
English equivalent: Conj. ....

Я..........
Ты..........
Они́ улыбну́тся..........
Past: Он..........
Она́..........
Imperative..........

обща́ться с кем? Aspect: ....
English equivalent: Conj. ....

Я обща́юсь..........
Ты..........
Они́..........
Past: Он..........
Она́..........
Imperative..........

улыба́ться кому́? Aspect: ....
English equivalent: Conj. ....

Я улыба́юсь..........
Ты..........
Они́..........
Past: Он..........
Она́..........
Imperative..........

6–23. Употреби́те глаго́лы. Write four or five sentences with the verbs in 6–22. Pay attention to the case of the noun that follows each verb.

....

....

....

....

....

....

....

6–24. Каки́ми они́ должны́ быть... Write down what character traits are important for the following people.

1. Учи́тель до́лжен быть ....

2. Бизнесме́н до́лжен быть ....

3. Продаве́ц (*salesman*) до́лжен быть ....

4. Врачи́ должны́ быть ....

5. Официа́нт/ка (*waiter/waitress*) до́лжен/должна́ быть ....

6. Юри́ст до́лжен быть ....

7. Друзья́ должны́ быть ....

6–25. Фо́рум в Интерне́те. Те́ма обсужде́ния: «Каки́е черты́ вам нра́вятся и́ли не нра́вятся в ва́шем хара́ктере и в хара́ктере други́х люде́й?» Write down on a separate sheet of paper what you think.

6–26. Вот така́я ситуа́ция. You are taking your best friend to dinner with some Russian friends and you want to phone them and tell them about him/her. You want to tell them that *he/she's your best friend, you grew up together in the same town and went to the same school, and now you go to the same university/college. People think he/she's very nice, you think he/she's a very capable and smart person.* Write out on a separate sheet of paper what you will say about your best friend.

Имя и фами́лия: ______________________ Число́: ______________________

Грамма́тика

Reflexive constructions

The reflexive pronoun себя́ (себе́, собо́й)

6–27. О себе́... On a separate sheet of paper, give Russian equivalents of the following sentences. Use the reflexive pronoun **себя́** in the appropriate case.

1. Look at yourself!
2. Nina fixed herself breakfast today.
3. My mom told me that I should not think only about myself!
4. Sveta hates herself today.
5. How are you feeling?
6. I will be in my dorm room after 6 p.m.

Verbs with the reflexive particle –СЯ

6–28. Како́й глаго́л? Choose the correct verb and put it into the appropriate form.

1. возвраща́ться/возвраща́ть

   а. Она́ никогда́ не .... книг, кото́рые берёт у меня́.

   б. Почему́ ты всегда́ так по́здно .... из университе́та?

2. познако́миться/познако́мить

   а. Где ты .... с э́тими людьми́?

   б. Хо́чешь, я вас ....?

   в. Когда́ ты .... нас?

3. слома́ться/слома́ть

   а. Когда́ у тебя́ .... маши́на?

   б. Как вы .... компью́тер?

   в. Кто всё ....?

4. извини́ться/извини́ть

   а. Как вы могли́ так разгова́ривать с ней? Этого нельзя́ ....

   б. Я не могу́ .... вас.

   в. Вы должны́ передо мно́й ....

5. гото́виться/гото́вить

   а. Что ты ....?

   б. К чему́ ты ....?

6. начина́ться/начина́ть

   а. Почему́ ты так по́здно .... занима́ться?

   б. В кото́ром часу́ .... экза́мен?

7. писа́ться/писа́ть

   а. Я не зна́ю, как .... его́ фами́лия.

   б. Она́ о́чень хорошо́ .... по-ру́сски.

8. учи́ться/учи́ть

   а. Я .... но́вые слова́ ка́ждый день.

   б. Окса́на хорошо́ ....

6–29. Приду́майте. Make up your own sentences with the following verbs:

боя́ться, здоро́ваться, нра́виться, просыпа́ться, случа́ться, улыба́ться, смея́ться.

....

....

....

....

....

....

....

....

....

....

....

....

....

....

....

Имя и фами́лия: ______________________ Число́: ______________

Те́ма 3. Свида́ние

Упражне́ния для слу́шания

See Web site www.prenhall.com/vputi for exercises 6–30 through 6–31.

Лекси́ческие упражне́ния

6–32. Глаго́лы. Give the missing forms for the verbs.

приду́мать что? Aspect: ....
English equivalent: Conj. ....

Я приду́маю..........
Ты..........
Они́..........
Past: Он..........
Она́..........
Imperative..........

оби́деться на кого́? Aspect: ....
English equivalent: Conj. ....

Я оби́жусь..........
Ты..........
Они́..........
Past: Он..........
Она́..........
Imperative..........

подари́ть кому́? что? Aspect: ....
English equivalent: Conj. ....

Я..........
Ты..........
Они́ пода́рят..........
Past: Он..........
Она́..........
Imperative..........

помири́ться с кем? Aspect: ....
English equivalent: Conj. ....

Я помирю́сь..........
Ты..........
Они́..........
Past: Он..........
Она́..........
Imperative..........

реши́ть что? Aspect: ....
English equivalent: Conj. ....

Я..........
Ты реши́шь..........
Они́..........
Past: Он..........
Она́..........
Imperative..........

поздравля́ть кого́? Aspect: ....
English equivalent: Conj. ....

Я поздравля́ю..........
Ты..........
Они́..........
Past: Он..........
Она́..........
Imperative..........

ссóриться с кем? Aspect: ....
English equivalent: Conj. ....

Я ссóрюсь..................
Ты..................
Они́..................
Past: Он..................
Онá..................
Imperative..................

влюби́ться в когó? Aspect: ....
English equivalent: Conj. ....

Я влюблю́сь..................
Ты..................
Они́..................
Past: Он..................
Онá..................
Imperative..................

6–33. Употреби́те глагóлы. A. Write eight or nine sentences with the verbs in 6–32. Pay attention to the case of the noun that follows each verb.

....

....

....

....

....

....

....

....

....

....

....

B. Write five or six questions with the same verbs.

....

....

....

....

....

....

....

Имя и фами́лия: ______________________ Число́: ______________________

6–34. Впиши́те слова́. Give the appropriate Russian equivalents for the words in parentheses.

1. Так что вы (***decided***) ....?
2. Вчера́ мы с Игорем (***had a fight***) ...., но сего́дня уже́

   (***made up***) ....!
3. У меня́ есть причи́на, почему́ я не могу́ прийти́ на (***meeting***) ....
4. У вас бу́дет (***chance***) .... позвони́ть мне по́сле заня́тий?
5. Макси́м (***made up***) .... сто причи́н, почему́ он не хо́чет жени́ться на Ле́не.
6. Ты (***wished her happy birthday***) ....?

   Ка́кой пода́рок ты ей (***gave***) ....?
7. У Са́ши была́ (***opportunity***) .... пое́хать в Москву́ учи́ться, но он не захоте́л.
8. Иногда́ ужа́сно хо́чется (***change***) .... всю свою́ жизнь.
9. Ты зна́ешь, я, ка́жется, (***fell in love***) ....
10. Ты не пошла́ на (***date***) ....? Твои́ пла́ны

    (***changed***) ....?
11. Не на́до да́же (***to try***) .... измени́ть люде́й.
12. У них родила́сь дочь, и они́ (***named her***) .... Све́та.

6–35. Да́йте ру́сские эквивале́нты. Use a separate sheet of paper.

"Why are you so upset, why are you so quiet all the time? Are you in a bad mood?"
"My best friend doesn't want to talk to me. He/she is upset with me."
"What happened?"
"We had a date last night. He/she was in a bad mood and wouldn't talk. I asked what the matter was, and he/she said he/she didn't want to talk about it. Today he/she won't talk to me."
"Don't worry about it. Those things happen. You'll make up."

6–36. Письмо́ в реда́кцию. You work for a Russian newspaper answering letters to Дорога́я Ма́ша, a Russian equivalent to Dear Abby or Ann Landers. On a separate sheet of paper give your advice. Use the following words:

свида́ние, име́ть возмо́жность, приду́мывать/приду́мать, причи́на, заче́м, изменя́ть/измени́ть, измени́ться, извиня́ться/извини́ться, понима́ть/поня́ть, про́бовать/попро́бовать.

Дорога́я Ма́ша!

Мне 19 лет. Уже́ три го́да я встреча́юсь с челове́ком, без кото́рого не могу́ жить. Но мои́ роди́тели не разреша́ют мне его́ ви́деть. Они́ говоря́т, что он мне искале́чит (*ruin*) жизнь. Ему́ 31 год, он жена́т и у него́ есть ребёнок. Он до́брый и весёлый, и мне с ним хорошо́. Я зна́ю, что он лю́бит меня́. Но он не мо́жет развести́сь с жено́й, потому́ что не хо́чет бро́сить сы́на. Посове́туйте, что мне де́лать.

А.В., го́род Сара́тов

Грамма́тика

Aspect and tense in "when" and "if" clauses ♦ Вид и вре́мя в предложе́ниях с «когда́» и «е́сли»

6–37. А. Если.../Когда́... Use the correct form of the verbs in parentheses.

1. Са́ша и Ко́ля поже́нятся, когда́ (***зака́нчивать/зако́нчить***) .... университе́т.
2. Мы поссо́римся, е́сли ты сейча́с (***уходи́ть/уйти́***) .... !
3. Вы поми́ритесь, когда́ ты (***извиня́ться/извини́ться***) .... за то, что ты сде́лал.
4. Позвони́ мне, когда́ ты (***реша́ть/реши́ть***) .... встре́титься со мной, что́бы поговори́ть.
5. Светла́на позвони́т тебе́ за́втра, е́сли (***име́ть***) .... возмо́жность.
6. Я бу́ду обща́ться с тобо́й, то́лько когда́ ты (***изменя́ть/измени́ть***) .... своё поведе́ние и отноше́ние ко мне!

B. Write a paragraph (eight to ten sentences) about what you will do if or when something happens. Use the vocabulary from Chapter 6.

....

....

....

....

....

....

Имя и фами́лия: ______________________ Число́: ______________________

Real and unreal conditions ◆ Усло́вное наклоне́ние

6–38. Что бы вы хоте́ли? Write what someone would like to do and why it is impossible.

Приме́р: *Я хочу́ по́сле заня́тий пойти́ в бассе́йн.* → ***Я хоте́ла бы пойти́ по́сле заня́тий в бассе́йн, но не могу́, потому́ что мне на́до рабо́тать.***

1. Дима поссо́рился со свое́й де́вушкой и хо́чет помири́ться с ней.

....

....

2. Мы хоти́м пое́хать в Росси́ю во вре́мя ле́тних кани́кул.

....

....

3. Они́ хотя́т пожени́ться.

....

....

4. Я хочу́ подари́ть тебе́ миллио́н кра́сных роз.

....

....

5. Ве́ра хо́чет сдать все экза́мены в ма́е и уе́хать в Ялту.

....

....

6. Ми́ша хо́чет зарабо́тать мно́го де́нег и купи́ть себе́ маши́ну и большо́й дом в гора́х.

....

....

Чте́ние для информа́ции

6–39. Хочу́ познако́миться. В ру́сском Интерне́те есть сайт «Романти́ческие знако́мства». Below you will find the information for two men and two women. Write your answers on a separate sheet of paper.

1. Look over the questionnaires and decide whether there may be a good match among them.
2. Read each questionnaire carefully and evaluate each person. Be prepared to support your opinion.
3. Write a paragraph about the person you like best or least.

Note:

Height (рост) is in centimeters [1 foot (ft.) = 12 inches = 30,48 см], so the height of 182 cm corresponds to approximately 5'9".

Weight is in kilograms [1 pound (lb.) фунт = 16 ounces = 453,59 г], so 71 kg is approximately 157 lb.

Вре́дные привы́чки (в/п) — bad habits

Зна́ки зодиа́ка по-ру́сски

ОВЕ́Н (21 ма́рта–20 апре́ля)
ТЕЛЕ́Ц (21 апре́ля–20 ма́я)
БЛИЗНЕЦЫ́ (21 ма́я–21 ию́ня)
РАК (22 ию́ня–22 ию́ля)
ЛЕВ (23 ию́ля–23 а́вгуста)
ДЕ́ВА (24 а́вгуста–23 сентября́)
ВЕСЫ́ (24 сентября́–23 октября́)
СКОРПИО́Н (24 октября́–22 ноября́)
СТРЕЛЕ́Ц (23 ноября́–21 декабря́)
КОЗЕРО́Г (22 декабря́–20 января́)
ВОДОЛЕ́Й (21 января́–20 февраля́)
РЫ́БЫ (21 февраля́–20 ма́рта)

АНКЕ́ТА ЗНАКО́МСТВА

АНКЕ́ТА № 1

Имя	Илья́
Цель знако́мства	Романти́ческое знако́мство
Го́род	
E-mail	Ilya@mail.ru
Образова́ние	Вы́сшее
Во́зраст	26 лет
Рост	182
Вес	71
Знак зодиа́ка	Стреле́ц
Увлече́ния	Исто́рия, похо́ды, гита́ра, путеше́ствия
О себе́	Хо́лост[1]. Вре́дных привы́чек не име́ю. Симпати́чный, весёлый, романти́чный. По профе́ссии фина́нсовый ме́неджер.
О партнёре	Стро́йная, у́мная, хоро́шая де́вушка. Без в/п. Лю́бит путеше́ствовать, ходи́ть в музе́и, чита́ть.

[1]не жена́т

Имя и фами́лия: ______________________ Число́: ______________________

АНКЕ́ТА № 2

Имя	Ната́лья
Цель знако́мства	заму́жество
Го́род	Владивосто́к
E-mail	Написа́ть письмо́
Образова́ние	сре́днее
Во́зраст	32
Рост	168
Вес	56
Знак зодиа́ка	козеро́г
Увлече́ния	Дома́шнее хозя́йство, люблю́ гото́вить, шить, вяза́ть, иногда́ люблю́ танцева́ть
О себе	Хоро́шая, до́брая, терпели́вая, бу́ду помога́ть му́жу во всём. Рабо́таю в де́тском саду́, люблю́ дете́й и живо́тных. Хоте́ла бы сиде́ть до́ма, забо́титься о му́же и де́тях.
О партнёре	Во́зраст не ва́жен, хоро́ший до́брый челове́к, мо́жно с детьми́

АНКЕ́ТА № 3

Имя	Ива́н Влади́мирович
Цель знако́мства	жени́тьба
Го́род	Екатеринбу́рг
E-mail	Написа́ть письмо́
Образова́ние	Вы́сшее — инжене́р
Во́зраст	Не о́чень молодо́й
Рост	164
Вес	78
Знак зодиа́ка	Не уве́рен
Увлече́ния	Чте́ние, класси́ческая му́зыка, люблю рабо́тать в саду́, гуля́ть
О себе́	Мно́гое пережи́л, вдове́ц, де́ти взро́слые, Всё уме́ю де́лать, бу́ду помога́ть жене́. Вре́дные привы́чки: курю́, но хочу́ бро́сить.
О партнёре	Во́зраст от 30 до 50, споко́йная, до́брая, мо́жно с детьми́

АНКЕ́ТА № 4

Имя	Светла́на
Цель знако́мства	Хорошо́ провести́ вре́мя
Го́род	Екатеринбу́рг
E-mail	sveta333@mail.ru
Образова́ние	Вы́сшее — то́лько что око́нчила
Во́зраст	24
Рост	177
Вес	60
Знак зодиа́ка	скорпио́н
Увлече́ния	Люблю́ танцева́ть, рок-му́зыку, рисова́ть, обща́ться с людьми́; игра́ю в те́ннис
О себе́	Краси́вая, весёлая, хорошо́ одева́юсь, могу́ плати́ть за себя́, со мной легко́, гото́ва путеше́ствовать, ходи́ть на конце́рты, в теа́тр, кино́
О партнёре	Интере́сный, высо́кий, у́мный, занима́ется спо́ртом

6–40. Предста́вьте себе́! Imagine that you would want to fill out such a questionnaire.

Имя	
Цель знако́мства	
Го́род	
E-mail	
Образова́ние	
Во́зраст	
Рост	
Вес	
Знак зодиа́ка	
Увлече́ния	
О себе́	
О партнёре	

Имя и фами́лия: ________________ Число́: ________________

Чте́ние для удово́льствия

Никола́й Васи́льевич Го́голь (1809–1852)

Роди́лся в семье́ украи́нского поме́щика. Оте́ц Го́голя был а́втором не́скольких коме́дий на украи́нском языке́. Он у́мер, когда́ сы́ну бы́ло 15 лет. Го́голь мно́гие го́ды жил за грани́цей, в Герма́нии, Швейца́рии, во Фра́нции, в Ита́лии. Не́которое вре́мя был профе́ссором Санкт-Петербу́ргского университе́та. В 1841 году́ написа́л рома́н «Мёртвые ду́ши». Он на́чал писа́ть втору́ю часть рома́на, но сжёг его́. Са́мые знамени́тые расска́зы Го́голя «Шине́ль» и «Нос».

6–41. Read the following excerpt.

Нос

Н.В. Го́голь

1	Ма́рта 25 числа́ случи́лось в Петербу́рге необыкнове́нно стра́нное	
2	происше́ствие. *Ци́рю́льник* Ива́н Яковлевич, *живу́щий* на Вознесе́нском	barber; who lived
3	проспе́кте просну́лся дово́льно ра́но и *услы́шал за́пах* горя́чего хле́ба.	smelled
4	*Приподня́вшись* немно́го на крова́ти, он увидел, что *супру́га* его́,	raising himself; жена́
5	дово́льно *почте́нная да́ма*, о́чень *люби́вшая* пить ко́фей, *вынима́ла* из	respectable lady; who liked; was taking; baked
6	печи́ то́лько что *испечённые* хлебы́.	
7	— Сего́дня я, Праско́вья Оси́повна, не бу́ду пить ко́фию, — сказа́л	
8	Ива́н Яковлевич, — а вме́сто того́ хо́чется мне съесть горя́чего *хле́бца*	bread with onions
9	*с лу́ком.*	
10	«*Пусть дура́к ест* хлеб; мне же лу́чше», — поду́мала *про себя́* супру́га,	Let the fool eat; to herself, not aloud
11	— «оста́нется ко́фию ли́шняя по́рция». И бро́сила оди́н хлеб на стол.	
12	Ива́н Яковлевич…, *усе́вшись* пе́ред столо́м, *насы́пал* соль, пригото́вил	on sitting down; sprinkled
13	две *голо́вки лу́ку,* взял в ру́ки нож и, сде́лавши значи́тельную *ми́ну,*	two onions; лицо́
14	*приня́лся́ ре́зать* хлеб. *Разре́завши* хлеб на две полови́ны, он погляде́л	began; to slice; after slicing
15	в середи́ну и, к удивле́нию своему́, уви́дел что-то *беле́вшееся.* Ива́н	shining white
16	Яковлевич *ковырну́л* осторо́жно ножо́м и *пощу́пал* па́льцем. «*Пло́тное!*	dug into; felt; it's solid
17	— сказа́л он сам про себя́, — что бы э́то тако́е бы́ло?»	
18	Он *засу́нул* па́льцы и *вы́тащил* — нос!... Ива́н Яковлевич и ру́ки	stuck; pulled out
19	опусти́л; стал протира́ть глаза́ и щу́пать: нос, то́чно нос! и ещё каза́лось,	
20	*как бу́дто* чей-то знако́мый.	as if
21	…Ива́н Яковлевич был ни жи́в ни мёртв. Он узна́л, что э́тот нос был	
22	не че́й друго́й, как *колле́жского асе́ссора* Ковалёва, кото́рого он *брил*	the collegiate assessor; shaved
23	ка́ждую сре́ду и воскресе́нье.	
24	…Он ду́мал, ду́мал — и не знал, что поду́мать.	
25	— *Чёрт его зна́ет*, как это сде́лалось, — сказа́л он наконе́ц, *почеса́в*	only the devil knows; scratching; drunk
26	рукóю за у́хом. — *Пьян* ли я вчера́ возврати́лся и́ли нет, уж наве́рное	
27	сказа́ть не могу́. А по *всем приме́там* должно́ быть происше́ствие	all signs
28	*несбы́точное: и́бо* хлеб — де́ло *печёное,* а нос совсе́м не то. *Ничего́ не*	impossible; for (because); baked; I can't understand anything;
29	*разберу́!…*	
30	Он *реши́лся* идти́ к Иса́киевскому *мосту́: не уда́стся* ли ка́к-нибудь	decided; bridge; manage; бро́сить
31	*швырну́ть* его́ в Неву́?…	

6–42. А. По́няли ли вы текст? Напиши́те отве́ты на вопро́сы.

1. Что Ива́н Яковлевич де́лал у́тром?

....

2. Что он нашёл в хле́бе?

....

3. Почему́ он испуга́лся?

....

4. Почему́ он реши́л идти́ к Иса́киевскому мосту́?

....

B. Translate the excerpt in 6–41 into English. Pay attention to word order.

....

....

....

....

....

....

....

....

....

....

....

....

....

....

....

....

....

....

....

....

Имя и фами́лия: ______________________ Число́: ______________________

Как вы́учить слова́

6–43. Порабо́таем над слова́ми э́той гла́вы. Three steps to help you memorize vocabulary.

Step 1. Употреби́те слова́. Build clusters around these words:

1. встреча́ть
2. опозда́ть
3. познако́мить
4. свида́ние
5. поссо́риться
6. помири́ться
7. оби́деться
8. дружи́ть
9. высо́кий
10. настрое́ние

Step 2. Как сказа́ть.

A. Check yourself to see whether you know how to say that

1. a person is tall;
2. a person is short;
3. you want to meet someone;
4. it's a small world;
5. all's well that ends well;
6. you're in bad mood;
7. you're angry;
8. you're tired;
9. you've quarreled with a friend;
10. you've made up with a friend.

B. List all adjectives you can use with the following nouns.

во́лосы	глаза́	рост	вес (weight)

Step 3. Обобщи́м.

1. Think of what your parents, grandparents, brothers, and sisters look like. Can you describe them in Russian?
2. Can you describe yourself so that you would be recognized?
3. Is there a famous person you particularly admire or dislike? Can you describe him or her?
4. If you have/had a pet, can you describe it in Russian?

Реши́те кроссво́рд. Како́й вы челове́к?

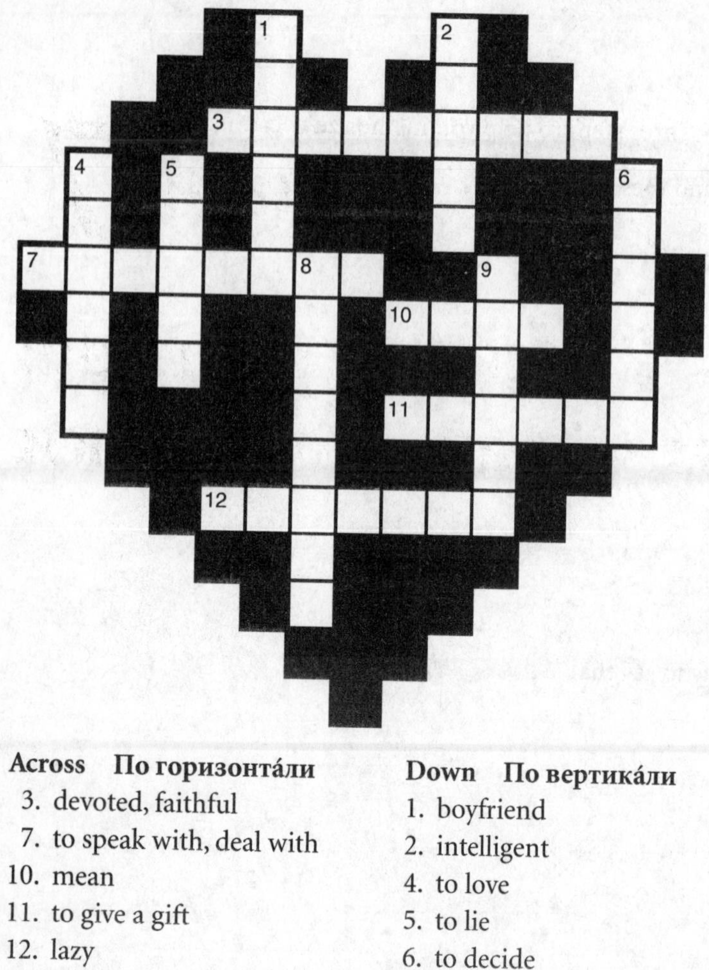

Across **По горизонта́ли**

3. devoted, faithful
7. to speak with, deal with
10. mean
11. to give a gift
12. lazy

Down **По вертика́ли**

1. boyfriend
2. intelligent
4. to love
5. to lie
6. to decide
8. date
9. kind

To review Chapters 5 and 6 see Web site www.prenhall.com/vputi.

Имя и фами́лия: ______________________ Число́: ______________________

Глава́ 7

Ру́сская культу́ра: что́бы чита́ть по-ру́сски

Те́ма 1. Теа́тр

Грамма́тика

The formation and translation of active participles

Present active participles

7–1. Образу́йте... Form present active participles from the following verbs.

Imperfective infinitive	Third-person plural	Present active participle (masc.)
Приме́р: *чита́ть*	*чита́ют*	*чита́ющий*
говори́ть	*говоря́т*	*говоря́щий*
1. *игра́ть*		
2. *танцева́ть*		
3. *выступа́ть*		
4. *стоя́ть*		
5. *учи́ться*		
6. *отдыха́ть*		
7. *жить*		
8. *интересова́ться*		
9. *занима́ться*		
10. *поступа́ть*		
11. *спать*		

7–2. Напиши́те по-друго́му… Change the ***кото́рый*** phrases into participle phrases. The first one is done for you.

1. Пье́са, кото́рая идёт в э́том теа́тре

   Пьеса, идущая в этом театре
2. Студе́нты, кото́рые выступа́ют сего́дня ве́чером

   ....
3. Ребя́та, кото́рые быва́ют в теа́тре ка́ждый ме́сяц

   ....
4. Друзья́, кото́рые опа́здывают на все спекта́кли

   ....
5. Подру́га, кото́рая игра́ет на фле́йте

   ....
6. Зда́ние, кото́рое стои́т на пло́щади

   ....
7. Америка́нцы, кото́рые отдыха́ют ле́том в Восто́чной Евро́пе

   ....
8. Студе́нты и аспира́нты, кото́рые у́чатся в на́шем университе́те

   ....
9. Де́вушка, кото́рая живёт в э́той кварти́ре

   ....
10. Студе́нты, кото́рые занима́ются спо́ртом

    ....
11. Друзья́, кото́рые интересу́ются поeздкой в Росси́ю

    ....

7–3. Переведи́те. Try to guess the meaning of the following words and phrases.

1. пью́щие .... не пью́щие ....
2. куря́щие .... не куря́щие ....
3. но́мер (в гости́нице) для некуря́щих ....
4. лета́ющие таре́лки ....
5. бу́дущее вре́мя ....
6. англоговоря́щие ....
7. русскоговоря́щие ....
8. зна́ющий челове́к ....
9. многообеща́ющий студе́нт (*обеща́ть — to promise*) ....
10. уча́щиеся ....
11. трудя́щиеся (*труд — labor*) ....
12. отдыха́ющие ....

Имя и фами́лия: ____________________ Число́: ____________________

Past active participles

7–4. Образу́йте… Form past active participles from the following verbs.

Imperfective infinitive	Past tense (*masc.*)	Past active participle (*masc.*)
Приме́р:* *чита́ть	*чита́л*	*чита́вший*
говори́ть	*говори́л*	*говори́вший*
вы́расти	*вы́рос*	*вы́росший*
1. поста́вить		
2. люби́ть		
3. роди́ться		
4. выступа́ть		
5. е́хать		
6. просну́ться		
7. занима́ться		
8. расска́зывать		
9. почини́ть		
10. забы́ть		
11. помо́чь		
12. принести́		

7–5. Напиши́те по-друго́му… Change the ***кото́рый*** phrases into participle phrases. The first one is done for you.

1. Студе́нты, кото́рые игра́ли в э́том спекта́кле

   Студенты, игравшие в этом спектакле

2. Студе́нтка, кото́рая поступи́ла на театра́льный факульте́т

   ....

3. Актёры, кото́рые уе́хали во Фра́нцию

   ....

4. Меха́ник, кото́рый почини́л мою́ маши́ну

   ....

5. Профе́ссор, кото́рый забы́л об экза́мене

....

6. Друзья́, кото́рые нам расска́зывали о спекта́кле

....

7. Ребя́та, кото́рые выступа́ли на на́шем ве́чере

....

8. Моя́ ба́бушка, кото́рая люби́ла пье́сы Остро́вского

....

Те́ма 2. Му́зыка

Грамма́тика

The formation and translation of passive participles

Past passive participles

Past passive participles formed with the suffix -T

7–6. Образу́йте... Form short-form past passive participles. Remember that the short form is used in the predicate of a sentence.

Приме́р: закры́ть	***Что закры́то?***
1. откры́ть	
2. взять	
3. нача́ть	
4. забы́ть	
5. приня́ть	
6. вы́мыть	

7–7. Предложе́ние. Use short-form past passive participles in the predicate.

1. Все магази́ны бы́ли (***закры́ть***) ....

2. Рабо́та уже́ (***нача́ть***) ....

3. Всё уже́ (***забы́ть***) ....

4. Посу́да ещё не (***вы́мыть***) ....

5. Библиоте́ка (***откры́ть***) .... с 9 до 9.

Имя и фами́лия: ______________________ Число́: ______________

7–8. Напиши́те по-друго́му… Form past passive participle constructions according to the following model. Remember that in a passive construction, the performer of the action is in the instrumental case.

Приме́р: Кни́га, ‖ **кото́рую** я забы́л/а
‖ **забы́тая** мной (мно́ю)

1. Пе́сня, кото́рую вы спе́ли

   Пе́сня, спе́тая ва́ми
2. Кни́ги, кото́рые взя́ли Марк и Ка́тя

   ....
3. Дверь, кото́рую вы закры́ли

   ....
4. Тетра́дь, кото́рую вы забы́ли до́ма

   ....
5. Посу́да, кото́рую вы вы́мыли

   ....
6. Кварти́ра, кото́рую сняла́ Ка́тя

   ....

Past passive participles formed with the suffix -Н

7–9. Образу́йте… Form short-form past passive participles.

Пример: сде́лать	***Что сде́лано?***
1. сказа́ть	
2. написа́ть	
3. собра́ть	
4. потеря́ть	
5. слома́ть	
6. прочита́ть	
7. напеча́тать	

7–10. Предложе́ние. Use short-form past passive participles in the predicate.

1. Все пи́сьма уже́ (***написа́ть***) ....

2. Вся рабо́та бу́дет (***сде́лать***) ....

3. Все ве́щи уже́ (***собра́ть***) ....

4. Ключ (***потеря́ть***) ....

5. У неё рука́ была́ (***слома́ть***) ....

6. Эти кни́ги уже́ (***прочита́ть***) ....?

7. Моя́ курсова́я рабо́та уже́ (***напеча́тать***) ....

7–11. Напиши́те по-друго́му... Form past passive participle constructions according to the following model. Remember that in a passive construction, the performer of the action is in the instrumental case.

Приме́р: Кни́га, **кото́рую** написа́л э́тот а́втор
напи́санная э́тим а́втором

1. Письмо́, кото́рое ты написа́л

....

2. Экза́мены, кото́рые мы сда́ли

....

4. Ко́мната, кото́рую вы убра́ли

....

5. Ле́кция, кото́рую прочита́л профе́ссор Ива́нов

....

6. Де́ньги, кото́рые мы зарабо́тали

....

7. Вещь, кото́рую вы потеря́ли

....

Имя и фами́лия: ______________________ Число́: ______________________

Past passive participles formed with the suffix -EH

7–12. Образу́йте… Form short-form past passive participles.

Приме́р: купи́ть (куплю́)	***Что ку́плено?***
получи́ть (получу́)	***Что полу́чено?***
1. зако́нчить	
2. почини́ть	
3. пригото́вить	
4. разреши́ть	
5. реши́ть	
6. постро́ить	
7. оста́вить	

7–13. Предложе́ния. Use short-form past passive participles in the predicate.

1. Маши́на уже́ (***почини́ть***) ....

2. Ка́тя (***оби́деть***) .... на Ма́рка.

3. Письмо́ бы́ло (***получи́ть***) .... вчера́.

4. Все пробле́мы (***реши́ть***) ....

5. Каки́е зда́ния бы́ли (***постро́ить***) .... в Москве́ неда́вно?

6. Рабо́та ещё не (***зако́нчить***) ....

7–14. Напиши́те по-друго́му… Form past passive participle constructions according to the following model. Remember that in a passive construction, the performer of the action is in the instrumental case.

Приме́р: Кни́га, || **кото́рую** купи́л Марк
|| **ку́пленная** Ма́рком

1. Пи́сьма, кото́рые мы вчера́ получи́ли

....

2. Ужин, кото́рый пригото́вил Воло́дя

....

3. Кни́га, кото́рую принесла́ Ната́ша

....

4. Ве́щи, кото́рые вы оста́вили до́ма

....

5. Маши́на, кото́рую купи́л Марк

....

Те́ма 3. Бале́т

Грамма́тика

Verbal adverbs: use and formation

7–15. Образу́йте. Form imperfective verbal adverbs.

Приме́ры:

чита́ть	***чита́-ют***	***чита́-я***
говори́ть	***говор-я́т***	***говор-я́***
спеши́ть	***спеш-а́т***	***спеш-а́***
занима́ться	***занима́-ются***	***занима́-я-сь***
дава́ть	***дава́-ть***	***дава́-я***

1. жить ....
2. идти́ ....
3. гуля́ть ....
4. возвраща́ться ....
5. боя́ться ....
6. де́лать ....
7. продава́ть ....
8. смотре́ть ....
9. брать ....
10. говори́ть ....

Имя и фами́лия: ______________________ Число́: ______________

7–16. Образу́йте. Form perfective verbal adverbs.

Приме́ры:	***прочита́ть***	***прочита́-л***	***прочита́-в***
	сказа́ть	***сказа́-л***	***сказа́-в***
	верну́ться	***верну́-л-ся***	***верну́-в-шись***
	прийти́	***прид-у́т***	***прид-я́***

1. прожи́ть ....
2. поня́ть ....
3. перее́хать ....
4. закры́ть ....
5. научи́ться ....
6. поговори́ть ....
7. посмотре́ть ....
8. уйти́ ....
9. стать ....
10. спроси́ть ....

Дополни́тельная грамма́тика

Complex sentences with dependent clauses introduced by TO

7–17. Зако́нчите предложе́ния, испо́льзуя слова́ в ско́бках.

1. В статье́ «Анна Па́влова» расска́зывается о (***то, как, Анна ста́ла балери́ной***) ....

....

2. Я не зна́л/а о (***то, что, Анна родила́сь в Петербу́рге***) ....

....

3. Па́влова ста́ла танцева́ть в кордебале́те по́сле (***то, как, она́ зако́нчила бале́тную шко́лу***) ....

....

4. Па́влова была́ пе́рвой танцо́вщицей Мариинского теа́тра пе́ред, (***то, как, ста́ла при́ма-балери́на балери́ной***) ....

........................!

5. Ма́ма спра́шивала ма́ленькую Анну о (***то, кем она́ хо́чет стать***) ....

....

6. Я ра́да (***то, что я мно́го узна́ла о ру́сском бале́те***) ....

.... !

7. Ты пойдёшь на бале́т? Всё зави́сит от (***то, как я сдам экза́мен***) ....

....

8. Извини́, мы забы́ли о (***то, что обеща́ли купи́ть тебе́ биле́т на бале́т***) ....

....

Expressing "instead of (doing something else)"

7–18. Зако́нчите предложе́ния. Use the construction "instead of (doing something else)".

1. Мы вчера́ ходи́ли в теа́тр, ...

....

2. Поли́на це́лый день чита́ла кни́гу о Па́вловой, ...

....

3. Мы с Ники́той два часа́ говори́ли по телефо́ну, ...

....

4. Элли́на поступи́ла в бале́тную шко́лу, ...

....

5. Це́лый ме́сяц Игорь гото́вил докла́д о ру́сском бале́те, ...

....

Write your own sentences

6. ....

....

7. ....

....

8. ....

....

Имя и фами́лия: ________________________ Число́: ________________________

Чте́ние для информа́ции

7–19. МХАТ. Прочита́йте текст о Моско́вском худо́жественном академи́ческом теа́тре. Подчеркни́те все прича́стия и найди́те в те́ксте сле́дующую информа́цию.

1. Когда́ был со́здан МХАТ? ....

   ....

2. Кем он был осно́ван? ....

   ....

3. Кто был мецена́том, подде́рживающим теа́тр? ....

   ....

4. Как называ́ется пе́рвая пье́са, поста́вленная в теа́тре? ....

   ....

5. Как называ́ется пье́са, подгото́вленная к столе́тнему юбиле́ю теа́тра? ....

   ....

...Бо́лее ста лет наза́д в Москве́ был со́здан но́вый теа́тр, кото́рый стал са́мым знамени́тым теа́тром в Росси́и. Находи́лся он в Каре́тном ряду́ и называ́лся Моско́вским Худо́жественно-общедосту́пным. *Осно́ван* он был К.С. Станисла́вским и В.И. Немиро́вичем-Да́нченко, а одни́м из пе́рвых *мецена́тов, подде́ржавших* теа́тр, был Са́вва Моро́зов. Изве́стный *промы́шленник* насто́лько увлёкся но́вым де́лом, что в конце́ концо́в не то́лько по́лностью *содержа́л тру́ппу* Худо́жественного теа́тра, но и *стро́ил* для него́ но́вое зда́ние, выступа́я при э́том *буква́льно* в ро́ли *прора́ба*, а когда́ ну́жно бы́ло, был да́же рабо́чим сце́ны.

Пе́рвой пье́сой, поста́вленной в теа́тре, ста́ла истори́ческая траге́дия А.К. Толсто́го «Царь Фёдор Иоа́ннович» — её премье́ра состоя́лась 14 октября́ 1898 го́да. После́дней ста́ла че́ховская пье́са «Три сестры́», подгото́вленная к столе́тнему *юбиле́ю*. Ме́жду премье́рами — це́лый век жи́зни *уника́льного явле́ния* в ру́сской и мирово́й культу́ре под назва́нием МХАТ.

основа́ть — to found
patron; поддержа́ть — to support; industrialist
financed; troupe; built
literally; foreman
anniversary
unique; phenomenon

7–20. Прочита́йте статью́ о Гали́не Вишне́вской и Мстисла́ве Ростропо́виче.

В 1991 году́ Мстисла́в Ростропо́вич и Гали́на Вишне́вская основа́ли *Фонд* Вишне́вской-Ростропо́вича *в це́лях* укрепле́ния *систе́мы охра́ны здоро́вья* дете́й в Росси́и. — *fund; with a view; system; protection; health*

Гали́на Вишне́вская — всеми́рно изве́стна как одна́ из велича́йших сопра́но в ми́ре. Она́ родила́сь в Ленингра́де, ны́не Санкт-Петербу́рге. В Соединённых Шта́тах она́ впервы́е вы́ступила в 1960 году́ во вре́мя гастро́лей в Аме́рике Моско́вского госуда́рственного симфони́ческого орке́стра; в сле́дующем сезо́не состоя́лся её дебю́т в Метропо́литен Опера. С того́ вре́мени она́ исполня́ла са́мые *значи́тельные* па́ртии сопра́но на крупне́йших о́перных сце́нах ми́ра и соли́ровала в конце́ртах со свои́м му́жем и аккомпаниа́тором Мстисла́вом Ростропо́вичем. — *important*

Поми́мо созда́ния Фо́нда Вишне́вской-Ростропо́вича в *защи́ту* дете́й, Гали́на Вишне́вская принима́ет акти́вное уча́стие в филантропи́ческих прое́ктах в Росси́и, таки́х как созда́ние шко́лы о́перного иску́сства в Москве́ и пенсио́нного фо́нда о́перных актёров Большо́го театра. — *in addition to; protection*

Мстисла́в Ростропо́вич — всеми́рно изве́стен как выдаю́щийся музыка́нт и *защи́тник* прав челове́ка. Велича́йший виолончели́ст ми́ра, он испо́лнил весь класси́ческий репертуа́р и *вдохнови́л* мно́гих лу́чших компози́торов свое́й эпо́хи на созда́ние но́вых музыка́льных произведе́ний. В тече́ние 17 сезо́нов он был музыка́льным дире́ктором Национа́льного симфони́ческого орке́стра в Вашингто́не. — *defender; inspired*

7–21. Translate 7–19 or 7–20 into English.

....

....

....

....

....

....

....

....

....

....

....

....

....

....

Имя и фами́лия: ______________________________ Число́: ______________________

Чте́ние для удово́льствия

Лев Никола́евич Толсто́й

«Анна Каре́нина»

Рома́н Л.Н. Толсто́го «Анна Каре́нина», напи́санный в 1877 году́, — одна из **величáйших истóрий любви́** в миров**о́й** литерату**ре**, в кото́рой *опи́сан* рома́н Анны Каре́ниной и *гра́фа* Алексе́я Вро́нского и кото́рая ока́нчиватся *самоу́бийством* Анны.

описать — to describe
count
suicide

7–22. Before reading the following excerpt from *Anna Karenina,* note the possible translations for the sentences that contain participles and verbal adverbs.

Не́которые из её знако́мых, *успе́в* узна́ть о её прибы́тии, приезжа́ли в э́тот же день.	*Some of her acquaintances, having managed to find out about her arrival, came to visit that very same day.*
Жена́ говори́ла с ним, *называ́я* его́ на «ты».	*His wife addressed him using «ты» [lit. calling him «ты»].*
Ки́ти чу́вствовала себя́ *влюблённою* в Анну.	*Kitty felt that she was in love with Anna.*
— Сти́ва, — сказа́ла она́ ему́, *крестя́* его́ и *ука́зывая* на дверь глаза́ми. — Иди́, и помога́й тебе́ Бог.	*"Stiva," she said, making the sign of the cross over him and looking toward the door, "Go, and may God help you."*
Он бро́сил сига́ру, *поня́в* её, и скры́лся за две́рью.	*Having understood what she meant, he threw down his cigar and disappeared behind the door.*
Анна сиде́ла на дива́не, *окружённая* детьми́.	*Surrounded by the children, Anna was sitting on the couch.*

— Ну, ну, как мы пре́жде сиде́ли, — сказа́ла Анна Арка́дьевна, *садя́сь* на своё ме́сто.

"Now, now, like we were sitting before," said Anna, taking her place.

Ки́ти увиде́ла в её глаза́х тот осо́бый мир, кото́рый ей не был *откры́т*.

In Anna's eyes Kitty saw that special world that was not open to her.

— Ну, де́ти, иди́те, иди́те. Слы́шите ли? Мисс Гуль зовёт пить чай, — сказа́ла она́, *отрыва́я* от себя́ дете́й и *отправля́я* их в *столо́вую*.

"Well, children, run along, run along. Can't you hear? Miss Hull is calling you to tea," she said, tearing the children away from her and sending them into the dining room.

— Ах, он там был? — спроси́ла Ки́ти, *покрасне́в*.

"Oh, he was there?" asked Kitty, blushing.

— Сти́ва до́лго остаётся у До́лли в кабине́те, — приба́вила Анна, *переменя́я* разгово́р и *встава́я*, как показа́лось Ки́ти, чем-то недово́льная.

"Stiva's staying in Dolly's room for a long time," added Anna, changing the subject and getting up, as it seemed to Kitty, displeased with something.

— Нет, я пре́жде! Нет, я! — крича́ли де́ти, *око́нчив* чай и *выбега́я* к тёте Анне.

"No, me first! No, me!" shouted the children, running out to Aunt Anna after finishing their tea.

— Все вме́сте! — сказа́ла Анна и, *смея́сь*, побежа́ла им навстре́чу и обняла́, и повали́ла всю э́ту ку́чу *копоша́щихся* и *визжа́щих* от восто́рга дете́й.

"All together!" said Anna, and laughing, she ran toward them and hugged and pulled down this entire heap of children who were squirming and squealing with glee.

7–23. Прочита́йте отры́вок из рома́на Л.Н. Толсто́го «Анна Каре́нина». Напиши́те отве́ты на сле́дующие вопро́сы.

Anna has tried to persuade her sister-in-law Dolly to forgive Stiva for his marital infidelity. Later that evening, Dolly's sister Kitty visits the Oblonskys (Stiva and Dolly) and meets Anna for the first time. Anna knows that Kitty is being courted by Count Vronsky and expects a proposal of marriage from him.

1. How does Anna spend her first day in Moscow?

 ....

2. What does she write in her note to her brother?

 ....

3. Is there any indication during the dinner conversation that Dolly is willing to forgive Stiva for his marital infidelity?

 ....

1	Весь э́тот ве́чер Анна провела́ до́ма, *то есть* у Обло́нских, и не	*i.e. (that is)*
2	*принима́я* никого́, так как уж не́которые из её знако́мых, успе́в узна́ть о	*to receive (verbal adv.)*
3	её прибы́тии, приезжа́ли в э́тот день. Анна всё у́тро провела́ с До́лли и с	
4	детьми́. Она́ то́лько посла́ла *запи́сочку* бра́ту, чтоб он *непреме́нно* обе́дал	*note; without fail*
5	до́ма. «Приезжа́й, Бог *ми́лостив*», — писа́ла она́.	*merciful*
6	Обло́нский обе́дал до́ма; разгово́р был *о́бщий*, жена́ говори́ла с ним,	*general*
7	называ́я его́ на «ты», чего́ *пре́жде* не́ было.	*before, formerly*

Имя и фами́лия: ______________________________ Число́: ________________________

4. Why is Kitty nervous about meeting Anna?

....

5. How do Anna and Kitty react to each other?

....

6. Why do Anna's eyes interest Kitty? How do Anna's eyes add to (or detract from) her overall appearance?

....

7. What does Kitty think about Anna?

....

8	*То́тчас* по́сле обе́да прие́хала Ки́ти. Она́ зна́ла Анну Арка́дьевну, но	*immediately*
9	о́чень ма́ло, и е́хала тепе́рь к сестре́ не без *стра́ху* пред тем, как её	*fear, trepidation*
10	при́мет э́та петербу́ргская *све́тская да́ма,* кото́рую все так *хвали́ли.* Но	*(high) society lady; praise*
11	она́ понра́вилась Анне Арка́дьевне, — э́то она́ уви́дела сейча́с. Анна,	
12	*очеви́дно, любова́лась* её *красото́ю* и *мо́лодостью,* и не успе́ла Ки́ти	*evidently; admired; beauty;*
13	*опо́мниться,* как она́ уже́ чу́вствовала себя́ не то́лько под её *влия́нием,* но	*youth; realize; influence*
14	чу́вствовала себя́ *влюблённою* в неё, как *спосо́бны* влюбля́ться молоды́е	*in love; able to, capable of*
15	де́вушки в заму́жних и ста́рших дам. Анна непохо́жа была́ на све́тскую	
16	да́му и́ли на мать восьмиле́тнего сы́на, но *скоре́е походи́ла* бы на	*rather, more likely, would*
17	двадцатиле́тнюю де́вушку, *е́сли бы* не серьёзное, иногда́ *гру́стное*	*resemble; if it weren't for; sad*
18	выраже́ние её глаз, кото́рое *поража́ло* и *притя́гивало* к себе́ Ки́ти. Ки́ти	*struck; attracted*
19	чу́вствовала, что Анна была́ *соверше́нно проста́* и ничего́ не *скрыва́ла,* но	*completely; unpretentious;*
20	что в ней был друго́й како́й-то, *вы́сший* мир *недосту́пных* для неё	*conceal; higher; inaccessible;*
21	интере́сов, *сло́жных* и поэти́ческих.	*complex*

8. What does Anna tell her brother to do after dinner?

....

9. Why does she make the sign of the cross on him?

....

22	По́сле обе́да, когда́ До́лли вы́шла в свою́ ко́мнату, Анна бы́стро	
23	вста́ла и подошла́ к бра́ту, кото́рый *заку́ривал* сига́ру.	*was lighting up*
24	— Сти́ва, — сказа́ла она́ ему́, крестя́ его́ и ука́зывая на дверь	
25	глаза́ми. — Иди́, и помога́й тебе́ Бог.	
26	Он бро́сил сига́ру, поня́в её, и скры́лся за две́рью.	

10. How do Stiva and Dolly's children relate to Anna? What kind of competition is there among them for Anna's affection? Does this tell you anything about Anna's character?

....

....

....

....

27	Когда́ Степа́н Арка́дьич ушёл, она́ верну́лась на дива́н, где сиде́ла	
28	окружённая детьми́. *Оттого́* ли, что де́ти ви́дели, что ма́ма люби́ла э́ту	*because*
29	тётю, и́ли оттого́, что они́ са́ми чу́вствовали в ней *осо́бенную пре́лесть,*	*special; charm*
30	но ста́ршие два, а за ни́ми и *ме́ньшие,* как э́то ча́сто быва́ет с детьми́,	*the younger ones*
31	ещё до обе́да *прили́пли* к но́вой тёте и не *отходи́ли* от неё. И ме́жду	*stuck to, adhered to; leave her*
32	ни́ми *соста́вилось* что-то *вро́де* игры́, *состоя́щей* в том, что́бы *как мо́жно*	*side; came into being; like;*
33	*бли́же* сиде́ть по́дле тёти, *дотра́гиваться* до неё, держа́ть её ма́ленькую	*consisting of; as close as*
34	ру́ку, целова́ть её, игра́ть с её *кольцо́м* и́ли *хоть дотра́гиваться* до *обо́рки*	*possible; touch; ring;*
35	её *пла́тья.*	*at least; touch; frills; dress*
36	— Ну, ну, как мы *пре́жде* сиде́ли, — сказа́ла Анна Арка́дьевна, садя́сь	*before*
37	на своё ме́сто.	
38	И опя́ть Гри́ша *подсу́нул го́лову* под её *ру́ку* и *прислони́лся* голово́й к её	*stuck; head; arm; leaned;*
39	пла́тью и *засия́л го́рдостью* и сча́стьем.	*beamed; pride*

11. Anna and Kitty begin talking about a ball that is soon to be given. Why doesn't Anna share Kitty's enthusiasm for this ball?

....

12. Why doesn't Anna like to attend balls?

....

13. Why does Anna blush during their conversation?

....

14. Does Anna intend to go to this ball?

....

15. Why does she take off her wedding ring while she is talking to Kitty?

....

16. How does Kitty imagine that Anna would be dressed for this ball?

....

Имя и фами́лия: ______________________________ Число́: ______________________

40	— Так тепе́рь когда́ же бал? — *обрати́лась* она́ к Ки́ти.	*turned (to)*
41	— На бу́дущей неде́ле, и прекра́сный бал. Оди́н из тех бало́в, на	
42	кото́рых всегда́ *ве́село.*	*fun, one can have a good time*
43	— А есть таки́е, где всегда́ ве́село? — с *не́жною насме́шкой* сказа́ла	*tender, mild; ridicule*
44	Анна.	
45	— Стра́нно, но есть. У Бобри́щевых всегда́ ве́село, у Ники́тиных то́же,	
46	а у Мешко́вых всегда́ ску́чно. Вы ра́зве не замеча́ли?	
47	— Нет, *душа́* моя́, для меня́ уж нет таки́х бало́в, где ве́село, — сказа́ла	*dear, darling*
48	Анна, и Ки́ти уви́дела в её глаза́х тот *осо́бенный* мир, кото́рый ей не был	*special*
49	откры́т. — Для меня́ есть таки́е, на кото́рых *ме́нее* тру́дно и ску́чно...	*less*
50	— Как мо́жет быть вам ску́чно на ба́ле[1]?	
51	— Отчего́ же мне не мо́жет быть ску́чно на ба́ле? — спроси́ла Анна.	
52	Ки́ти заме́тила, что Анна зна́ла, како́й *после́дует* отве́т.	*would follow*
53	— Оттого́, что вы всегда́ *лу́чше всех.*	*most beautiful of all*[2]
54	Анна *име́ла спосо́бность красне́ть.* Она покрасне́ла и сказа́ла:	*had; capacity; to blush*
55	— Во-пе́рвых, никогда́; а во-вторы́х, *е́сли б э́то и бы́ло, то заче́м мне*	*even if that were so; what do I*
56	*э́то?*	*need that for*
57	— Вы пое́дете на э́тот бал? — спроси́ла Ки́ти.	
58	— Я ду́маю, что нельзя́ бу́дет не е́хать. Вот э́то возьми́, — сказа́ла она́	
59	Та́не, кото́рая *ста́скивала* легко́ *сходи́вшее* кольцо́ с её бе́лого, *то́нкого в*	*was pulling off; сходить — to*
60	*конце́* па́льца.	*come off; tapered*
61	— Я о́чень ра́да бу́ду, е́сли вы пое́дете — я бы так хоте́ла вас ви́деть на	
62	ба́ле.	
63	— *По кра́йней ме́ре,* е́сли придётся е́хать, я бу́ду *утеша́ться мы́слью,*	*at least; be comforted; thought*
64	что э́то сде́лает вам удово́льствие...	
65	— Я вас *вообража́ю* на ба́ле в *лило́вом.*	*imagine; lilac*
66	— Отчего́ же *непреме́нно* в лило́вом? — улыба́ясь, спроси́ла Анна.	*absolutely, without fail*
67	— Ну, де́ти, иди́те, иди́те. Слы́шите ли? Мисс Гуль зовёт чай пить,	
68	— сказа́ла она́, отрыва́я от себя́ дете́й и отправля́я их в столо́вую.	

17. Why does Anna think that Kitty wants her to come to the ball?

....

18. What does Kitty think about Anna's husband?

....

19. What does Anna tell Kitty about Vronsky? How does Anna imagine Vronsky?

....

20. Why does Anna become displeased while she is talking to Kitty?

....

[1]Сейча́с обы́чно говоря́т **на балу́.**
[2]Сейча́с обы́чно говоря́т **краси́вее всех.**

69	— А я зна́ю, отчего́ вы зовёте меня́ на бал. Вы ждёте мно́го от э́того	
70	ба́ла, и вам хо́чется, что́бы все тут бы́ли, все *принима́ли уча́стие.*	*participate*
71	— *Почём* вы зна́ете? Да.	*Отку́да*
72	— О! как хорошо́ ва́ше вре́мя, — *продолжа́ла* Анна.	*continued*
73	...	
74	— Кто не прошёл че́рез э́то?	
75	Ки́ти *мо́лча* улыба́лась. «Но как же она́ прошла́ че́рез э́то? Как бы я	*молча́ть — to be silent*
76	*жела́ла* знать весь её *рома́н*», — поду́мала Ки́ти, *вспомина́я*	*wish; the story of her courtship; вспоминать — to*
77	непоэти́ческую *нару́жность* Алексе́я Алекса́ндровича, её му́жа.	*recollect; appearance*
78	— Я зна́ю *ко́е-что.* Сти́ва мне говори́л, и поздравля́ю вас, он мне	*something, a thing or two*
79	о́чень нра́вится, — продолжа́ла Анна, — я встре́тила Вро́нского на	
80	*желе́зной доро́ге.*	*railroad*
81	— Ах, он был там? — спроси́ла Ки́ти *покрасне́в.* — Что же Сти́ва	*красне́ть — to blush*
82	сказа́л вам?	
83	— Сти́ва мне всё *разболта́л.* И я о́чень была́ бы ра́да. Я е́хала вчера́ с	*blabbed*
84	ма́терью Вро́нского, — продолжа́ла она́, — и мать, не *умолка́я,* говори́ла	*умолкать — to cease, stop*
85	мне про него́; я зна́ю, как ма́тери *пристра́стны,* но....	*speaking; partial, biased*
86	— Что ж мать расска́зывала вам?	
87	— Ах, мно́го! И я зна́ю, что он её *люби́мец,* но *всё-таки* ви́дно, что	*favorite; nevertheless*
88	э́то *ры́царь...* Ну, наприме́р, она́ расска́зывала, что он хоте́л отда́ть всё	*knight (here: hero)*
89	*состоя́ние* бра́ту, что он в де́тстве ещё что́-то *необыкнове́нное* сде́лал,	*inheritance; unusual*
90	*спас* же́нщину из воды́. *Сло́вом,* геро́й, — сказа́ла Анна, улыба́ясь.	*saved; in a word*
91	— Она́ о́чень проси́ла меня́ пое́хать к ней, — продолжа́ла Анна, — и я	
92	ра́да повида́ть стару́шку и за́втра пое́ду к ней. Одна́ко, сла́ва Бо́гу, Сти́ва.	
93	до́лго остаётся у До́лли в кабине́те, — *приба́вила* Анна...	*added*

Имя и фами́лия: ______________________ Число́: ______________________

Глава́ 8

Вокру́г све́та

Те́ма 1. Вы лю́бите путеше́ствовать?

Упражне́ния для слу́шания

See Web site www.prenhall.com/vputi for exercises 8–1 through 8–2.

Лекси́ческие упражне́ния

8–3. Глаго́лы. Supply the missing forms. **Mark stresses.**

организова́ть что? English equivalent:	Aspect: .... Conj. ....
Я........	
Ты........	
Они́ организу́ют........	
Past: Он........	
Она́........	
Imperative........	

путеше́ствовать по чему́? English equivalent:	Aspect: .... Conj. ....
Я путеше́ствую........	
Ты........	
Они́........	
Past: Он........	
Она́........	
Imperative........	

предлага́ть что? кому́? English equivalent:	Aspect: .... Conj. ....
Я предлага́ю........	
Ты........	
Они́........	
Past: Он........	
Она́........	
Imperative........	

заказа́ть что? English equivalent:	Aspect: .... Conj. ....
Я закажу́........	
Ты........	
Они́........	
Past: Он........	
Она́........	
Imperative........	

8–4. Употреби́те глаго́лы. Write four or five sentences with the verbs in 8–3. Pay attention to the case of the noun that follows each verb.

....

....

....

....

....

....

8–5. Письмо́. Вы рабо́таете в бюро́ путеше́ствий. Вы получи́ли письмо́ и должны́ на него́ отве́тить. Use a separate sheet of paper for your answer.

Начни́те так:
Уважаемая госпожа Петерсон!

Уважа́емые господа́!

Я хоте́ла бы получи́ть информа́цию о пое́здках, организу́емых ва́шим бюро́ путеше́ствий по Росси́и во вре́мя ле́тних кани́кул, с ма́я по а́вгуст. Я хочу́ прилете́ть в Хаба́ровск, пое́хать на по́езде до Москвы́, а пото́м на теплохо́де плыть по Во́лге до Астрахани.

Пожа́луйста, сообщи́те мне расписа́ние поездо́в и це́ны на биле́ты. Мне та́кже нужна́ информа́ция о недороги́х гости́ницах.

И ещё оди́н вопро́с: мо́жет ли ва́ше аге́нтство помо́чь мне получи́ть ви́зу?

Зара́нее вам благода́рна,
Мари́на Пе́терсон

8–6. Напиши́те письмо́. You are going to spend your vacation in France this summer, and you would like to visit Russia for two weeks. On a separate sheet of paper, write a letter to a Russian tour agency and explain what you would like to do. Include the following facts in your letter.

State that you would like to visit Russia and spend . . . (number of days) in Moscow and . . . (number of days) in St. Petersburg. Mention that you would also like to spend some time on the Black Sea. Don't forget to say that you would like to receive information (brochures) with descriptions of tours and prices. Since you're a student, you will need information about accommodations in inexpensive hotels. Then ask for additional information that reflects your interests.

Имя и фами́лия: ______________________ Число́: ______________________

8–7. Запо́лните анке́ту. Вы плани́руете пое́хать на кани́кулы в Росси́ю. Для получе́ния ви́зы в Росси́ю запо́лните на ру́сском языке́ «Ви́зовую анке́ту».

КОНСУЛЬСТВО. Консульский отдел посольства России

ВИЗОВАЯ АНКЕТА Фотография

Национальность	
Гражданство (если вы имели советское или российское гражданство, то когда и в связи с чем его утратили)?	
Фамилия (прописными буквами)	
Имя Отчество	
Дата рождения	Пол
Цель поездки бизнес	туризм
В какое учреждение № тургруппы и туристический референс-номер	
Маршрут следования (в пункты)	
Дата въезда	Дата выезда
Профессия	
Должность	
Место рождения/Если вы родились в СССР или в России, то куда и когда эмигрировали?	
Паспорт №	Годен до:
Девичья фамилия	
Фамилия мужа/жены	
Даты Ваших поездок в СССР или Россию	
Есть ли у Вас медицинская страховка	
Место работы	Рабочий телефон
Адрес постоянного места жительства	Домашний телефон

Я заявляю, что все данные, указанные в этой анкете, являются правильными и полными

Дата: ______________ Подпись: ______________________

Грамма́тика. Говори́те пра́вильно!

Unprefixed verbs of motion ◆ Глаго́лы движе́ния без приста́вок

8–8. Глаго́лы. Supply the missing forms.

ходи́ть Aspect: ....
English equivalent: Conj. ....

Я хожу́..........
Ты..........
Они́..........
Past: Он..........
Она́..........
Imperative..........

идти́ Aspect: ....
English equivalent: Conj. ....

Я иду́..........
Ты..........
Они́..........
Past: Он..........
Она́..........
Imperative..........

е́здить Aspect: ....
English equivalent: Conj. ....

Я е́зжу..........
Ты..........
Они́..........
Past: Он..........
Она́..........
Imperative..........

е́хать Aspect: ....
English equivalent: Conj. ....

Я е́ду..........
Ты..........
Они́..........
Past: Он..........
Она́..........
Imperative..........

пла́вать Aspect: ....
English equivalent: Conj. ....

Я..........
Ты пла́ваешь..........
Они́..........
Past: Он..........
Она́..........
Imperative..........

плыть Aspect: ....
English equivalent: Conj. ....

Я плыву́..........
Ты..........
Они́..........
Past: Он..........
Она́..........
Imperative..........

лета́ть Aspect: ....
English equivalent: Conj. ....

Я..........
Ты лета́ешь..........
Они́..........
Past: Он..........
Она́..........
Imperative..........

лете́ть Aspect: ....
English equivalent: Conj. ....

Я лечу́..........
Ты..........
Они́..........
Past: Он..........
Она́..........
Imperative..........

Имя и фами́лия: ______________________ Число́: ______________________

8–9. Употреби́те глаго́лы. Write eight or nine sentences with the verbs in 8–8.

....

....

....

....

....

....

....

....

....

8–10. Зако́нчите предложе́ния. Fill in the blanks with appropriate verbs of motion.

идти́/ходи́ть,
плыть/пла́вать,
е́хать/е́здить,
лете́ть/лета́ть,
вести́/води́ть,
везти́/вози́ть,
нести́/носи́ть,
бежа́ть/бе́гать

1. Ка́тя ка́ждый день .... в бассе́йн.
2. Я люблю́ .... на велосипе́де по гора́м.
3. Са́ша и Марк .... и разгова́ривают.
4. Ни́на .... на маши́не от общежи́тия до университе́та мину́т пять.
5. Мы реши́ли .... в Та́ллинн на маши́не.
6. Мари́на .... в Ки́ев на самолёте.
7. Этот кора́бль .... из Ки́ева в Оде́ссу.
8. В де́тстве меня́ ма́ма .... в шко́лу на маши́не.
9. Ты сего́дня .... Та́ню в шко́лу?
10. Когда́ ты .... в Москву́?
11. Куда́ ты ....? Ты что опа́здываешь в университе́т?
12. Я иногда́ .... в университе́т пешко́м, но обы́чно .... на авто́бусе.

8–11. Да́йте ру́сские эквивале́нты.

1. I recently flew somewhere (***name the place***) ....

....

2. Last week I went home to see my parents ....

....

3. I took a friend home to see my parents ....

....

4. A friend took me to a restaurant last night ....

....

5. I am going to visit some friends who live in the country ....

....

6. I travel to Moscow several times a year ....

....

7. I'm going home for the holidays. Do you want to come with me? ....

....

Indicating modes of transportation. На чём мы е́здим?

8–12. Запо́лните про́пуски.

1. Они́ .... в теа́тр на такси́, а мы .... пешко́м.
2. Она́ .... на рабо́ту на метро́, а я .... пешко́м.
3. Мы .... в кино́ на такси́, а они́ .... пешко́м.
4. Вы .... на авто́бусе и́ли .... пешко́м?

8–13. Сочине́ние. On a separate sheet of paper, describe a trip you took or a trip you want to take. Be sure to mention means of transportation you've used or would like to use.

Имя и фами́лия: ________________________ Число́: ________________

Те́ма 2. Ле́тние кани́кулы

Упражне́ния для слу́шания

See Web site www.prenhall.com/vputi for exercises 8–14 through 8–15.

Лекси́ческие упражне́ния

8–16. Глаго́лы. Give the missing forms for the verbs.

загора́ть где?
English equivalent:
Aspect: ....
Conj. ....

Я загора́ю..........
Ты..........
Они́..........
Past: Он..........
Она́..........
Imperative..........

чу́вствовать себя́ как?
English equivalent:
Aspect: ....
Conj. ....

Я..........
Ты..........
Они́ чу́вствуют..........
Past: Он..........
Она́..........
Imperative..........

плати́ть кому́? за что?
English equivalent:
Aspect: ....
Conj. ....

Я плачу́..........
Ты..........
Они́..........
Past: Он..........
Она́..........
Imperative..........

записа́ться куда́?
English equivalent:
Aspect: ....
Conj. ....

Я запишу́сь..........
Ты..........
Они́..........
Past: Он..........
Она́..........
Imperative..........

8–17. Употреби́те глаго́лы. Write four or five sentences with the verbs in 8–16. Pay attention to the case of the noun that follows each verb.

....

....

....

....

....

8–18. Дáйте рýсские эквивалéнты.

1. I like to play beach volleyball, but I don't like to suntan.

    ....

2. One of my friends is going to work as a volunteer in a children's camp this summer.

    ....

    ....

3. "What are you going to do this summer?" "I'd like to tour Europe, but I don't have any money, so I'm going to work."

    ....

    ....

4. I spent last summer in Russia with my Russian friends Tanya and Misha. We spent the first half of the summer touring around northern Russia and looking at various wooden (*деревя́нный*) churches. A lot of them were built about 600 years ago. After that we spent two weeks in the central part of Russia at Tanya's parents' dacha. Tanya's parents worked in the garden almost all the time, and we helped them. We spent August on the Black Sea. I really liked it there. Every day we would go to the beach and lie in the sun. In the evenings we would go to restaurants and discotheques and dance all night until 2 or 3 o'clock in the morning.

    ....

    ....

    ....

    ....

    ....

    ....

    ....

    ....

    ....

    ....

    ....

    ....

    ....

    ....

    ....

    ....

Имя и фами́лия: ______________________ Число́: ______________________

Грамма́тика. Говори́те пра́вильно!

Types of unidirectional and multidirectional motion

8–19. Fill in the blanks with appropriate verbs of motion.

1. Сейча́с она́ .... на возду́шном ша́ре.
2. Она́ лю́бит .... на возду́шном ша́ре.
3. Она́ ча́сто .... на возду́шном ша́ре.
4. Вчера́ я ви́дел/а, как кто́-то .... на возду́шном ша́ре.

5. Сейча́с она́ .... до́чку в шко́лу.
6. Она́ .... до́чку в шко́лу ка́ждый день.
7. Она́ должна́ .... до́чку в шко́лу ка́ждый день.
8. Вчера́ я ви́дел/а, как она́ .... до́чку в шко́лу.

9. Он .... на грузовике́.
10. Он иногда́ .... на грузовике́.
11. Он лю́бит .... на грузовике́.
12. Вчера́ я ви́дел/а, как он .... на грузовике́.

13. Сейча́с она́ .... цветы́ на ры́нок.
14. Обы́чно её мать .... цветы́ на ры́нок.
15. Вчера́ я ви́дел/а, как она .... цветы́ на ры́нок.

16. Сейча́с он .... соба́ку в парк.
17. Он .... соба́ку гуля́ть три ра́за в день.
18. Вчера́ я встре́тил/а его́, когда́ он .... соба́ку в парк.

19. Сейча́с он .... соба́ку на мотоци́кле.
20. Он ча́сто .... соба́ку на мотоци́кле.
21. Соба́ка лю́бит .... на мотоци́кле.
22. Вчера́ я ви́дел/а, как соба́ка .... с ним на мотоци́кле.
23. Вчера́ я ви́дел/а, как он .... соба́ку на мотоци́кле.

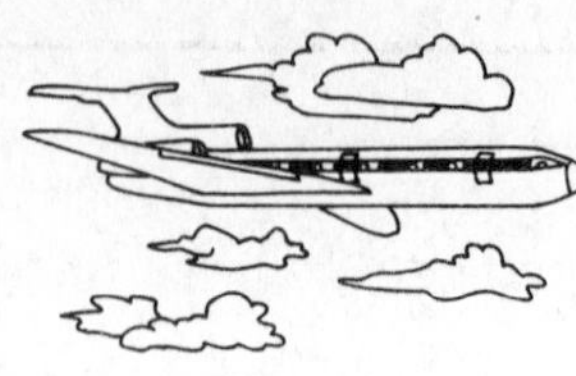

24. Сейча́с они́ .... на самолёте в Росси́ю.

25. Ско́лько вре́мени они́ бу́дут .... на самолёте в Росси́ю?

26. Они́ ча́сто .... в Росси́ю.

27. В про́шлом году́ они́ .... в Росси́ю 5 раз.

28. Они́ лю́бят .... на самолёте.

29. Сейча́с она́ .... в библиоте́ку на велосипе́де.

30. Она́ .... на велосипе́де ка́ждый день.

31. Сейча́с она́ .... кни́ги в библиоте́ку.

32. Она́ ча́сто .... кни́ги в библиоте́ку.

33. Вчера́ я ви́дел/а, как она́ .... кни́ги на велосипе́де.

34. Тётя Ма́ша .... свою́ соба́ку к ветерина́ру.

35. Тётя Ма́ша .... свою́ соба́ку к ветерина́ру раз в неде́лю.

36. Вчера́ я встре́тил/а тётю Ма́шу, когда́ она́ .... свою́ соба́ку к ветерина́ру. Она́ мне рассказа́ла, почему́ она́ так ча́сто .... соба́ку к ветерина́ру.

37. Сейча́с соба́ка .... хозя́ину газе́ту.

38. Ве́чером соба́ка .... своему́ хозя́ину газе́ту.

39. Вчера́ я ви́дел/а, как соба́ка .... своему́ хозя́ину газе́ту.

40. Игорь .... на друго́й бе́рег.

41. Игорь .... здесь ка́ждый день.

42. Игорь научи́лся .... в де́тстве.

43. Иногда́ мы .... вме́сте с Игорем.

44. — Куда́ он сейча́с ....?

— Он всегда́ куда́-то ....

— Да, он всё вре́мя ....

— А заче́м он всегда́ .... с собо́й газе́ту и портфе́ль?

Имя и фами́лия: ______________________ Число́: ______________________

8–20. Да́йте ру́сские эквивале́нты.

1. I would like to go to the theater ....

....

2. I go to the movies several times a week ....

....

3. I took a friend to see a Russian movie last night ....

....

4. A friend took me to a great concert last night ....

....

5. I went to see a doctor this morning ....

....

Те́ма 3. Экологи́ческий тури́зм

Упражне́ния для слу́шания

See Web site www.prenhall.com/vputi for exercise 8–21.

Лекси́ческие упражне́ния

8–22. Глаго́лы. Give the missing forms for the verbs.

создава́ть что?
English equivalent:
Aspect: ....
Conj. ....

Я создаю..

Ты..

Они́..

Past: Он..

Она́..

Imperative..

про́бовать
English equivalent:
Aspect: ....
Conj. ....

Я..

Ты..

Они́ про́буют..

Past: Он..

Она́..

Imperative..

стара́ться Aspect: ....
English equivalent: Conj. ....

Я стара́юсь..........................
Ты..........................
Они́..........................
Past: Он..........................
Она́..........................
Imperative..........................

потре́бовать что? Aspect: ....
English equivalent: Conj. ....

Я потре́бую..........................
Ты..........................
Они́..........................
Past: Он..........................
Она́..........................
Imperative..........................

предложи́ть кому́? что? Aspect: ....
English equivalent: Conj. ....

Я предложу́..........................
Ты..........................
Они́..........................
Past: Он..........................
Она́..........................
Imperative..........................

опи́сывать что? Aspect: ....
English equivalent: Conj. ....

Я опи́сываю..........................
Ты..........................
Они́..........................
Past: Он..........................
Она́..........................
Imperative..........................

8–23. Употреби́те глаго́лы. Write six or seven sentences with the verbs in 8–22. Pay attention to the case of the noun that follows each verb.

Имя и фами́лия: ______________________ Числó: ______________________

8–24. Вы лю́бите ходи́ть в похóд. Imagine that you love camping and hiking. Give full answers to the following questions. Do not give "yes" or "no" answers! Add any information that you think is appropriate.

1. Вы лю́бите ходи́ть в похóд?

2. Кудá и с кем вы хóдите в похóд?

3. Вы составля́ете спи́сок тогó, что нýжно взять с собóй в похóд? Что вы берёте?

4. Что вы обы́чно берёте с собóй в похóд?

6. Вы умéете стáвить палáтку? Кто вас научи́л?

7. Вам нрáвится спать в спáльном мешкé? Это удóбно и́ли нет?

8. Вы умéете разжигáть костёр? Когдá вы научи́лись?

9. Вам бóльше нрáвится жить в гости́нице и́ли в палáтке? Почемý?

8–25. Как по-рýсски? On a separate sheet of paper give a Russian rendition of the following telephone conversations:

1. "We're going on a camping trip tomorrow. Do you want to come with us?"
   "I'd love to. What do I need to take?"
   "Do you have a backpack?"
   "Of course I do. I also have a sleeping bag and a tent."
   "Great. Let's meet at 9 in the morning in front of the dorm. We'll pick you up."
   "Fine. I'll get packed tonight and I'll be waiting for you in front of the dorm."

2. "Do you have any plans for this evening? If you don't, I'd like to invite you to the movies."
   "I'd love to go, but I have to study for my chemistry test."
   "Are you still worried about that chemistry test? Forget about it. Try not to think about it."

8–26. Переведи́те. On a separate sheet of paper give a Russian rendition of the following narrative:

My parents really love to travel. They go abroad almost every summer. Last year they went to Russia and Ukraine, and this year, they're planning on traveling around Eastern Europe. I advised them to visit Estonia, Latvia, and Lithuania. My father wants to see Poland, and my mother wants to see Romania and Bulgaria and spend some time on the Black Sea. I of course don't have any money, and I have to work in the summer and earn money.

8–27. Из энциклопеди́ческого словаря́. Read the text below and find the following information.

1. Страна́/регио́н: ....
2. Населе́ние: ....
3. Столи́ца: ....
4. Моря́/ре́ки: ....
5. Сре́дняя температу́ра: ....
6. Когда́ возни́кло госуда́рство: ....
7. Когда́ оно́ ста́ло ча́стью Росси́и: ....
8. Когда́ оно́ получи́ло незави́симость: ....
9. Госуда́рственный язы́к: ....

Гру́зия нахо́дится в центра́льной и за́падной ча́сти Закавка́зья. Выхо́дит на побере́жье Чёрного моря. Грани́чит с Ту́рцией. Населе́ние бо́льше пяти́ миллио́нов челове́к. Столи́ца — Тбили́си. Бо́льшая[1] часть террито́рии Гру́зии занята́ гора́ми. Кли́мат на за́паде субтропи́ческий. Сре́дняя температу́ра января́ -2 гра́дуса. Гла́вные ре́ки Кура́, Рио́ни. Госуда́рство возни́кло в нача́ле пе́рвого тысячеле́тия н.э. (*A.D.*). В 1801 году́ вошла́ в соста́в Росси́и. По́сле распа́да Сове́тского Сою́за в 1990 г. ста́ла самостоя́тельным госуда́рством. Госуда́рственный язы́к грузи́нский.

8–28. Найди́те в Интерне́те. Choose a country of the former Soviet Union and find the information about it on the Internet. Write a text based on the format of the previous exercise. Use a separate piece of paper.

---

[1]greater, larger

Имя и фами́лия: ______________________ Число́: ______________________

Грамма́тика. Говори́те пра́вильно!

Using verbs of unidirectional motion in the past and future tenses

8–29. А. Зако́нчите предложе́ния. Choose the appropriate verb in parentheses and put it in the correct form.

1. Вчера́ я ви́дел/а, как кто́-то (***лете́ть/лета́ть***) .... на возду́шном ша́ре.
2. За́втра Мари́я Петро́вна (***вести́/води́ть***) .... до́чку в шко́лу. А обы́чно её до́чка (***идти́/ходи́ть***) .... в шко́лу сама́.
3. Вчера́ я ви́дел/а, как он (***е́хать/е́здить***) .... на грузовике́.
4. Когда́ я бу́ду (***лете́ть/лета́ть***) .... в Росси́ю, в самолёте я бу́ду чита́ть кни́гу об исто́рии Москвы́.
5. Вчера́ я ви́дел/а, как она́ (***везти́/вози́ть***) .... пода́рки и цветы́ на сва́дьбу.
6. За́втра Игорь (***вести́/води́ть***) .... соба́ку в парк. Обы́чно его́ жена́ (***вести́/води́ть***) .... соба́ку в парк.
7. Ско́лько вре́мени самолёт (***лете́ть/лета́ть***) .... из Вашингто́на в Москву́?
8. Вчера́ я встре́тил/а тётю Ма́шу, когда́ она́ (***нести́/носи́ть***) .... свою́ ко́шку к ветерина́ру. Она́ мне рассказа́ла, почему́ она́ так ча́сто (***нести́/носи́ть***) .... ко́шку к ветерина́ру.

B. Translate and complete the sentences using verbs of unidirectional motion.

1. On my way home tonight, I will...

   ....

2. This morning I saw my friends...

   ....

3. When I was flying to Moscow, I...

   ....

4. We were walking to school, when...

   ....

Review of negative constructions: "ни-words"

8–30. Переведи́те.

1. I haven't been anywhere for the past two weeks.

....

....

2. I met her last year, but she does not remember anything about our meeting.

....

....

3. "Do you know anything about what happened on the highway last night?" "No, I haven't heard anything."

....

....

4. I won't tell anyone about it.

....

5. Lena knows nothing about this trip.

....

6. "Do you like to travel?" "No, I don't like to go anywhere. I like to stay at home."

....

....

8–31. Приду́майте предложе́ния со сле́дующими слова́ми. Make up sentences with these words.

никогда́ ....

нигде́ ....

никто́ ....

ничто́ ....

никако́й ....

никака́я ....

ника́к ....

Имя и фами́лия: ______________________ Число́: ______________________

Чте́ние для информа́ции

8-32. Золото́е кольцо́ Росси́и. Прочита́йте сочине́ние учени́цы 7-ого кла́сса Та́ни Соколо́вой о её путеше́ствии по Золото́му кольцу́ Росси́и.

Во вре́мя чте́ния:

1. Запиши́те, каки́е города́ Золото́го кольца́ Росси́и посети́ла Та́ня с друзья́ми.
2. Запиши́те кра́тко, что мо́жно посмотре́ть в ка́ждом го́роде.

Назва́ние го́рода	Что посмотре́ть

Путеше́ствие по Золото́му кольцу́ Росси́и

Я хочу́ рассказа́ть о на́шем путеше́ствии по Золото́му кольцу́ Росси́и. В Золото́е кольцо́ Росси́и вхо́дят стари́нные ру́сские города́: Су́здаль, Влади́мир, Боголю́бово, Пересла́вль-Зале́сский, Росто́в Вели́кий, Се́ргиев Поса́д, Москва́. На са́мом де́ле, городо́в в э́том кольце́ ещё бо́льше, но мы *посети́ли* то́лько э́ти. *visited*

Снача́ла полдня́ и всю ночь мы е́хали до го́рода Влади́мира. Ехать бы́ло ве́село, поэ́тому в пе́рвую ночь я засну́ла уже́ под у́тро и спала́ всего́ оди́н час.

Мы прие́хали в гости́ницу о́коло 7 часо́в утра́. Зайдя́ с мое́й однокла́ссницей в наш но́мер, я ужа́сно обра́довалась: больша́я ко́мната с двумя́ кровáтями, ковро́м, телеви́зором и прекра́сно *обору́дованными* туале́том и ду́шем. *обору́довать — equip*

Поза́втракав в рестора́не гости́ницы, мы отпра́вились на пе́рвую экску́рсию по *достопримеча́тельностям* го́рода Су́здаля. *historic sites*

В Су́здале мы посети́ли музе́й деревя́нного *зо́дчества*. Это музе́й под откры́тым не́бом, состоя́щий из древнеру́сских *изб*. Внутри́ э́ти и́збы *устро́ены* по древнеру́сскому *обы́чаю:* в них есть *се́ни, пе́чи*, деревя́нные столы́. И в и́збах есть «кра́сный» у́гол, в кото́ром стои́т *иконоста́с*. Та́кже мы посети́ли су́здальский Кремль.

architecture
изба́ — peasant house
arranged/furnished; tradition; hallway; wood-burning stove; icon stand

По́сле Су́здаля авто́бус повёз на́шу гру́ппу во Влади́мир. Там мы побыва́ли на Кра́сной пло́щади, о́коло знамени́тых Золоты́х воро́т Влади́мира.

Ве́чером по́сле экску́рсии мы поу́жинали и *отпра́вились* в гости́ницу. Мы уста́ли, но бы́ли о́чень дово́льны.

go

А на сле́дующее у́тро нас ждала́ сле́дующая экску́рсия — в стари́нный ру́сский го́род Пересла́вль.

В Пересла́вле нам показа́ли па́мятник Петру́ I.

Сле́дующим го́родом, в кото́рый нас привёз авто́бус, был Росто́в Вели́кий. В э́том го́роде мы посети́ли Борисогле́бский *монасты́рь* и музе́й росто́вской *фини́фти*.

monastery
enamel

А на сле́дующее у́тро мы пое́хали в Се́ргиев Поса́д и Москву́. В Се́ргиевом Поса́де мы посети́ли Тро́ице-Се́ргиеву *ла́вру*, кото́рая счита́ется са́мым *святы́м* ме́стом в Росси́и. В э́том го́роде мы про́были недо́лго. И, наконе́ц, мы отпра́вились в Москву́.

monastery
sacred

Домо́й, в родно́й Пи́тер, мы е́хали та́к же ве́село, как и четы́ре дня наза́д во Влади́мир. *Несмотря́ на то*, что я уста́ла за вре́мя по́ездки, мне не о́чень хоте́лось возвраща́ться домо́й.

though

Поє́здка мне о́чень понра́вилась, потому́ что я не то́лько узна́ла мно́го но́вого о свое́й родно́й стране́, но и познако́милась с но́выми, интере́сными людьми́, а знако́миться и обща́ться я про́сто обожа́ю!

Та́ня Соколо́ва, учени́ца 7-го кла́сса

8–33. Найди́те в Интерне́те. Прочита́йте назва́ния городо́в, кото́рые вхо́дят в Золото́е кольцо́ Росси́и. Вы́берите оди́н из городо́в и найди́те информа́цию о нём в Интерне́те. Подгото́вьте коро́ткий докла́д о достопримеча́тельностях э́того го́рода. Вы́ступите с э́тим докла́дом на конфере́нции в кла́ссе «Золото́е кольцо́ Росси́и».

Города́ Золото́го кольца́ Росси́и

Алекса́ндров
Боголю́бово
Влади́мир
Горо́ховец
Гусь-Хруста́льный
Кострома́
Му́ром
Пересла́вль Зале́сский
Плес
Росто́в
Се́ргиев Поса́д
Су́здаль
Ю́рьев-По́льский
Яросла́вль

Имя и фами́лия: ______________________ Число́: ______________

Чте́ние для удово́льствия

8–34. Прочита́йте о писа́теле И.С. Турге́неве.

Турге́нев Ива́н Серге́евич (1818–1883)

Ива́н Серге́евич Турге́нев роди́лся 9 ноября́ 1818 года́ в Орле́. В 1833 году́ Турге́нев поступи́л в Моско́вский университе́т, а через год перешёл в Петербу́ргский университе́т на филосо́фский факульте́т, кото́рый око́нчил в 1836 году́. В 1838–1840 году́ он учи́лся в Берли́нском университе́те, занима́ясь филосо́фией, дре́вними языка́ми, исто́рией. Турге́нев мно́го лет жил во Фра́нции. Он у́мер недалеко́ от Пари́жа, но был похоро́нен в Петербу́рге. Турге́нев писа́л рома́ны, по́вести, расска́зы и стихи́. Са́мый изве́стный его́ рома́н «Отцы́ и де́ти» был напи́сан в 1862 году́. В 1867 году́ рома́н был переведён на англи́йский язы́к и вы́шел в Нью-Йо́рке.

8–35. Стихотворе́ние. Translate Turgenev's well known poem «Ру́сский язы́к» into English. Use a dictionary if necessary.

Во дни сомне́ний, во дни тя́гостных разду́мий
о су́дьбах мое́й ро́дины, — ты оди́н мне подде́ржка
и опо́ра, о вели́кий, могу́чий, правди́вый и свобо́дный
ру́сский язы́к! Не будь тебя́ — как не впасть в отча́яние
при ви́де всего́, что соверша́ется до́ма? Но нельзя́ ве́рить,
что́бы тако́й язы́к не́ был дан вели́кому наро́ду!
Ию́нь 1882

8–36. Прочита́йте отры́вок из рома́на И.С. Турге́нева «*Ве́шние* во́ды». *spring*

Ива́н Турге́нев
Ве́шние во́ды

Де́ло бы́ло ле́том 1840 го́да. Са́нину *ми́нул 22-й год,* и он находи́лся во Фра́нкфурте, на возвра́тном пути́ из Ита́лии в Росси́ю. Челове́к он был с небольши́м *состоя́нием,* но *незави́симый,* почти́ бессеме́йный. У него́, *по* сме́рти ро́дственника, оказа́лось не́сколько ты́сяч рубле́й — и он реши́лся прожи́ть их за грани́цею, пе́ред поступле́нием на *слу́жбу*… В 1840 году́ *желе́зных доро́г существова́ла* са́мая ма́лость; *господа́* тури́сты *разъезжа́ли* в *дилижа́нсах.* Са́нин взял ме́сто в «бейва́ген»; но дилижа́нс отходи́л то́лько в *11-м часу́ ве́чера.* Вре́мени остава́лось мно́го. К сча́стью, пого́да стоя́ла прекра́сная и Са́нин, пообе́дав в знамени́той гости́нице «Бе́лого ле́бедя», отпра́вился *броди́ть* по го́роду. . . . погуля́л по бе́регу Ма́йна, поскуча́л, наконе́ц, в шесто́м часу́ ве́чера, уста́лый, с *запылёнными* нога́ми, очути́лся в одно́й из са́мых *незначи́тельных* у́лиц Фра́нкфурта. Эту у́лицу он до́лго пото́м забы́ть не мог. На одно́м из немногочи́сленных её домо́в он уви́дел *вы́веску:* «Италья́нская *конди́терская* Джиова́нни Розе́лли»…. Са́нин зашёл в неё, что́бы вы́пить стака́н лимона́ду... В пе́рвой ко́мнате не́ было ни *души́.* Са́нин постоя́л и, дав *колоко́льчику* на дверя́х *прозвене́ть* до конца́, *произнёс, возвы́сив* го́лос: «Никого́ здесь нет?» В то же *мгнове́ние* дверь из сосе́дней ко́мнаты *раствори́лась*…

had just turned 21
fortune; independent
по́сле
service
railroad; exist; gentlemen
е́здили; carriage
shortly after 10 p.m.
ходи́ть
dusty
insignificant
sign; sweetshop
soul; bell
ring; сказа́л, raising
мину́ту; откры́лась

Как вы́учить слова́

8–37. Порабо́таем над слова́ми э́той гла́вы.

Step 1. Употреби́те слова́. Build clusters around these words. Think of synonyms, antonyms, expressions, anything that you can associate with these words.

1. путеше́ствие
2. маршру́т
3. гости́ница
4. посо́льство
5. за грани́цей
6. сто́имость
7. столи́ца
8. поку́пка
9. страна́
10. валю́та
11. лу́чший о́тдых

Step 2. Как сказа́ть. Check yourself to see if you know how to say:

1. I want to travel around the world, in Europe, in Russia, etc.;
2. I want to go hiking and need to buy a sleeping bag and a tent;
3. I have no plans for the weekend;
4. I am preparing to go on a trip;
5. I want to go fishing;
6. I will be staying at inexpensive hotels;
7. I prefer traveling (by plane, by train, by boat) and why;
8. I am going to make plane and hotel reservations;
9. I haven't decided yet what I'll do over the summer vacation.

Step 3. Обобщи́м. Be sure you can describe:

1. what you usually do during the summer;
2. what you did last summer;
3. a trip you took;
4. a trip you are planning.

Имя и фами́лия: ______________________ Число́: ______________________

Реши́те кроссво́рд

Как мы отдыха́ем?

Across По горизонта́ли

1. embassy
6. hotel
8. vacation
10. to sail, go by ship
11. to fly
12. rest, relaxation
15. campfire
18. consulate
20. to go by vehicle
22. lake
23. camping trip; hike
24. hotel room
26. meals
27. country

Down По вертика́ли

2. cost, price
3. visa
4. tent
5. student vacation
6. mountains
7. ticket (train, plane)
9. to travel
10. desert
13. village
14. capital
16. river
17. population
19. plane
21. farm
22. ocean
25. sea

Кудá éдем отдыхáть?

Across По горизонтáли

3. ocean
4. country
5. hotel
6. visa
7. train
8. farm
9. hotel room
12. capital
13. to go by vehicle

Down По вертикáли

1. lake
2. itinerary
5. border
6. currency
7. to sail, go by ship
10. sea
11. river

To review Chapters 7 and 8 see Web site www.prenhall.com/vputi.

Имя и фами́лия: ______________________ Число́: ______________________

Глава́ 9

Городска́я жизнь

Те́ма 1. В го́роде

Упражне́ния для слу́шания

See Web site www.prenhall.com/vputi for exercises 9–1 through 9–3.

Лекси́ческие упражне́ния

9–4. Описа́ние райо́на.

А) On a separate sheet of paper make a drawing according to the following description.

На карти́нке гла́вная пло́щадь го́рода N... Посереди́не пло́щади — па́мятник. Вокру́г па́мятника цветы́. Сле́ва фонта́н, о́коло кото́рого стои́т скаме́йка[1]. На ней сидя́т и разгова́ривают лю́ди. Сле́ва на пло́щади нахо́дится магази́н, а спра́ва ста́нция метро́. Около ста́нции метро́ нахо́дится кни́жный магази́н. Недале́ко не́сколько одноэта́жных домо́в и ста́рая це́рковь. По у́лице иду́т авто́бусы и тролле́йбусы, е́дут маши́ны. Мы ви́дим на карти́нке шесть маши́н. Сейча́с у́тро, и лю́ди спеша́т на рабо́ту.

Б) Письмо́. On a separate sheet of paper, write a letter to your Russian friends describing your neighborhood or town.

Грамма́тика. Говори́те пра́вильно!

Using the prefix ПО– with verbs of motion

9–5. Зако́нчите предложе́ния. Вы́берите ну́жный глаго́л.

1. Ты хо́чешь (***идти́/пойти́***) .... с на́ми в кино́ сего́дня?
2. Нас не́ было вчера́ це́лый ве́чер до́ма, потому́ что мы (***ходи́ли/пошли́***) .... на премье́ру в Большо́й теа́тр.

---

[1]bench

3. Вчера́ ве́чером мы (*ходи́ли/шли/пошли́*) .... в кино́, но верну́лись, потому́ что биле́тов не́ было.

4. Дава́й (*идём/пойдём*) .... в теа́тр сего́дня ве́чером. Нет, лу́чше (*идём/пойдём*) .... на дискоте́ку.

5. Кто (*идёт/пойдёт*) .... сего́дня на по́чту?

6. Вчера́ ребя́та (*ходи́ли/пошли́*) .... в ночно́й клуб в Кита́й-го́роде[1]. Им ужа́сно не понра́вилось!

Prefixed verbs of motion ◆ Глаго́лы движе́ния с приста́вками

General facts and prefixes ПРИ-/У, В-/ВЫ-, ДО- , ПРО-

9–6. Глаго́лы. Supply the missing forms. Mark stresses.

принести́
English equivalent:
Aspect: ....
Conj. ....

Я ....
Ты принесёшь ....
Они́ ....
Past: Он ....
Она́ ....
Imperative ....

увезти́
English equivalent:
Aspect: ....
Conj. ....

Я ....
Ты увезёшь ....
Они́ ....
Past: Он ....
Она́ ....
Imperative ....

9–7. Зако́нчите предложе́ния. Употреби́те **при-** и́ли **у-**.

1. Мари́на сего́дня (*е́хала*) .... в университе́т о́чень ра́но, а (*е́хала*) .... из университе́та о́чень по́здно.

2. Вчера́ Же́ня (*вела́*) .... своего́ жениха́ домо́й и познако́мила с роди́телями.

3. Марк, я заболе́ла! (*Вези́*) .... мне, пожа́луйста, аспири́н.

4. Когда́ ты вчера́ (*шла*) .... с рабо́ты?

5. Зимо́й в Росси́и пти́цы (*лета́ют*) .... на юг, а весно́й (*лета́ют*) .... домо́й.

---

[1] Кита́й-го́род — э́то райо́н в са́мом це́нтре Москвы́.

Имя и фами́лия: ______________________________ Число́: ____________________

9–8. **Замени́те глаго́лы.**

Приме́р: *Я* ***пришёл/пришла́*** *в го́сти с цвета́ми.* → *Я* ***принёс/принесла́*** *цветы́.*

1. Ка́тя сказа́ла, что **прие́дет** к нам со свои́ми друзья́ми.

   ....

2. Све́та **ушла́** с мои́ми кни́гами.

   ....

3. Моя́ ба́бушка всегда́ **приезжа́ет** с пода́рками.

   ....

4. Самолёт с тури́стами **прилете́л** по расписа́нию.

   ....

5. Сестра́ **пришла́** сего́дня домо́й со свои́м женихо́м.

   ....

9–9. **Глаго́лы.** Supply the missing forms. **Mark stresses.**

вы́йти English equivalent:	Aspect: .... Conj. ....
Я вы́йду	
Ты	
Они́	
Past: Он	
Она́	
Imperative	

выходи́ть English equivalent:	Aspect: .... Conj. ....
Я выхожу́	
Ты	
Они́	
Past: Он	
Она́	
Imperative	

9–10. **В- (ВО-) /ВЫ-.** Use a prefixed verb of motion that makes sense in the context.

A. in the present tense

1. Когда́ ты у́тром .... из до́ма?
2. Кто .... му́сор, ты и́ли твоя́ сестра́?
3. Ка́ждое у́тро я .... соба́ку на у́лицу, а ве́чером Ира её ....
4. Про́хорова всегда́ опа́здывает на заня́тия и .... в класс, не извиня́ясь.

Б. in the future tense

1. В кото́ром часу́ ты за́втра .... и́з дому?
2. Когда́ ты .... в дом, не забу́дь вы́ключить сигнализа́цию.[1]
3. Когда́ ты .... со стоя́нки, иди́ всё вре́мя пря́мо.
4. Вы .... пря́мо к кинотеа́тру, е́сли поверне́те сейча́с нале́во.

9–11. ДО- и́ли ПРО-. Insert the prefix that makes sense in the context.

1. Вчера́ я (***е́хала***) .... до университе́та за 35 мину́т.
2. Как (***идти́***) .... к библиоте́ке?
3. Что́бы (***идти́***) .... до апте́ки, ну́жно (***идти́***) ....

   через парк и (***идти́***) .... ми́мо по́чты.
4. Ольга (***лете́ла***) .... до Ри́ма за три часа́.
5. Вам на́до (***идти́***) .... по у́лице Крещáтик, что́бы (***идти́***)

   .... до пло́щади Незави́симости.

9–12. Зако́нчите исто́рию. Use prefixed verbs of motion in the future tense. Choose from the prefixes **по-, при-/у-, в-/вы-, до-, про-.**

За́втра Марк (***е́хать***) .... и́з дому в во́семь часо́в и (***е́хать***) .... по шоссе́ в университе́т. Он (***е́хать***) .... до университе́та за де́сять мину́т. Марк поста́вит маши́ну на парко́вку и (***идти́***) .... в библиоте́ку. Он (***идти́***) .... через парк, а пото́м (***идти́***) .... ми́мо кафе́. По́сле библиоте́ки Марк (***идти́***) .... на заня́тия. Он (***идти́***) .... в класс, когда́ ле́кция уже́ начнётся. Когда́ ле́кция зако́нчится, он (***идти́***) .... из аудито́рии и (***идти́***) .... в бассе́йн, где до́лго бу́дет пла́вать. Когда́ он зако́нчит пла́вать, (***идти́***) .... на парко́вку и (***е́хать***) .... домо́й. Марк (***е́хать***) .... домо́й о́коло шести́ часо́в. Он (***е́хать***) .... в гара́ж и (***идти́***) .... в дом.

9–13. Напиши́те, куда́ вы пойдёте/пое́дете за́втра. Use prefixes **по-, при-/ у-, в-/вы-, до-, про-** with the verbs of motion in future tense. Use a separate sheet of paper.

---

[1]alarm system

Имя и фами́лия: ______________________ Число́: ______________________

Те́ма 2. Мы потеря́лись…

Упражне́ния для слу́шания

See Web site www.prenhall.com/vputi for exercises 9–14 through 9–16.

Лекси́ческие упражне́ния

9–17. Глаго́лы. Supply the missing forms.

заблуди́ться где?	Aspect: ....
English equivalent:	Conj. ....
Я заблужу́сь	
Ты	
Они́	
Past: Он	
Она́	
Imperative	

потеря́ться где?	Aspect: ....
English equivalent:	Conj. ....
Я	
Ты потеря́ешься	
Они́	
Past: Он	
Она́	
Imperative	

поверну́ть куда́?	Aspect: ....
English equivalent:	Conj. ....
Я поверну́	
Ты	
Они́	
Past: Он	
Она́	
Imperative	

останови́ть кого́?/что?	Aspect: ....
English equivalent:	Conj. ....
Я	
Ты остано́вишь	
Они́	
Past: Он	
Она́	
Imperative	

9–18. Употреби́те глаго́лы. Write six or seven sentences with the verbs in 9–17. Pay attention to the case of the noun that follows each verb.

....

....

....

....

....

....

....

9–19. Да́йте ру́сские эквивале́нты. Use the correct forms of the words in parentheses.

1. (***Turn***) .... напра́во и (***go straight ahead***) ....

   .... Че́рез два кварта́ла (***right in front of you, on the corner***) ....

   .... бу́дет апте́ка.

2. Вы не зна́ете, (***how I can get downtown***) ....

   ....?

3. Извини́те, что мы так (***long***) .... е́хали, но мы (***got lost***) ....

4. Вы не ска́жете, как (***we can get to the Museum of Modern Art***) ....

   ....?

5. (***Turn left***) .... на сле́дующем перекрёстке, (***on the right***)

   .... бу́дет по́чта и кинотеа́тр.

6. Когда́ мы (***were going***) .... к тебе́, мы (***got lost***)

   .... Мы (***stopped***) ....

   (***passerby***) ...., и он показа́л нам доро́гу к твоему́ до́му.

7. Одна́ же́нщина объясни́ла нам, как (***get to the museum***) ....,

   но мы ничего́ не по́няли и (***stopped***) .... друго́го

   (***passerby***) .... и (***asked again***) ....,

   как пройти́ в э́тот музе́й.

9–20. Запи́ска. Write a note to your friend, who will be coming to see you on Saturday, explaining how to get to your place. Think in real terms: make sure you know where your friend will be coming from. Draw a map.

....

....

....

....

....

....

....

Имя и фами́лия: ______________________ Число́: ______________________

Грамма́тика. Говори́те пра́вильно!

Prefixed verbs of motion ◆ Глаго́лы движе́ния с приста́вками

Prefixes ЗА-, ПЕРЕ-, ПОД-/ОТ-

9–21. Глаго́лы. Supply the missing forms.

подъе́хать к чему́? Aspect: ....
English equivalent: Conj. ....

Я подъе́ду..........
Ты..........
Они́..........
Past: Он..........
Она́..........
Imperative..........

подъезжа́ть к чему́? Aspect: ....
English equivalent: Conj. ....

Я подъезжа́ю..........
Ты..........
Они́..........
Past: Он..........
Она́..........
Imperative..........

подбежа́ть к чему́? Aspect: ....
English equivalent: Conj. ....

Я подбегу́..........
Ты..........
Они́..........
Past: Он..........
Она́..........
Imperative..........

переходи́ть что? Aspect: ....
English equivalent: Conj. ....

Я перехожу́..........
Ты..........
Они́..........
Past: Он..........
Она́..........
Imperative..........

9–22. Употреби́те глаго́лы. Write four or five sentences with the verbs in 9–21. Pay attention to the case of the noun that follows each verb.

....
....
....
....
....
....

9–23. Зако́нчите предложе́ния. Use verbs of motion with the prefixes **за-, пере-, под-, от-**.

1. Ты не мо́жешь (***е́хать***) .... за мной часо́в в семь утра́?
2. Вы мо́жете (***идти́***) .... ко мне? Я хочу́ вам что́-то показа́ть.
3. Све́та, ты мо́жешь (***идти́***) .... от маши́ны!
4. Я (***шла***) .... доро́гу и (***шла***) .... в апте́ку.
5. Полице́йский (***шёл***) .... к мое́й маши́не и попроси́л меня́ показа́ть ему́ води́тельские права́, страхо́вку и докуме́нты на маши́ну.
6. По́сле заня́тий мы с Иро́й (***шли***) .... в кафе́.
7. Я получи́ла письмо́, в кото́ром меня́ проси́ли (***е́хать***) .... в ГАИ на сле́дующей неде́ле.

9–24. Расска́з. Вчера́ вы встреча́лись с друзья́ми и провели́ вме́сте це́лый день. Напиши́те, где вы бы́ли и что вы ви́дели. Use the prefixes **по-, при-/у-, в-/вы-, до-, про-, за-, пе́ре-, под-/от-** with verbs of motion in the past tense. Use a separate sheet of paper.

1. 

2. 

3. 

4. 

5. 

6. 

7. 

8. 

9. 

Имя и фами́лия: ______________________ Число́: ______________________

Те́ма 3. Доро́жное движе́ние

Упражне́ния для слу́шания

See Web site www.prenhall.com/vputi for exercises 9–25 through 9–26.

Лекси́ческие упражне́ния

9–27. Глаго́лы. Supply the missing forms.

столкну́ться с кем? Aspect: ....
English equivalent: Conj. ....

Я ....
Ты ....
Они́ столкну́тся ....
Past: Он ....
Она́ ....

поги́бнуть где? Aspect: ....
English equivalent: Conj. ....

Past: Он ....
Она́ ....
Они́ ....

принадлежа́ть кому́? Aspect: ....
English equivalent: Conj. ....

Я ....
Ты ....
Они́ принадлежа́т ....
Past: Он ....
Она́ ....
Imperative ....

паркова́ть что? где? Aspect: ....
English equivalent: Conj. ....

Я ....
Ты парку́ешь ....
Они́ ....
Past: Он ....
Она́ ....
Imperative ....

9–28. Употреби́те глаго́лы. Write four or five sentences with the verbs in 9–27. Pay attention to the case of the noun that follows each verb.

....
....
....
....
....
....

9–29. Да́йте ру́сские эквивале́нты. Use the correct forms of the verbs in parentheses.

1. — Ка́тя (***passed***) .... экза́мен по вожде́нию и

   (***received her driver's license***) ....

   — Ты её (***congratulated***) ....?

2. Там о́чень легко́ (***park***) .... маши́ну.

3. — Почему́ ты (***stopped***) ....?

   — Не зна́ю, (***which way to go***) ....

4. Вчера́ я (***got a ticket***) .... за превыше́ние

   (***speed***) ....

5. Мари́на (***didn't pass***) .... экза́мен по вожде́нию,

   потому́ что (***didn't stop at a red light***) ....

6. Никола́й совсе́м не зна́ет (***traffic rules***) ....!

7. Ты зна́ешь (***traffic signs***)..?

8. Вчера́ я опозда́л/а на заня́тия, потому́ что была́ ужа́сная (***traffic jam***) ....

   (***There was a big accident.***) ....

   .... Три маши́ны (***collided***) ....,

   но никто́ не (***was killed in the accident***) ....

9. Игорь научи́лся (***to drive a car***) .... в 16 лет.

10. Пу́шкин писа́л, что в Росси́и ужа́сные (***roads***)..!

11. Вчера́ на (***bridge***).. (***collided***) ....

    (***truck***) .... и авто́бус.

    (***Truck***) .... е́хал с большо́й (***speed***) .... Поги́бло

    (***two teenagers***) ....

12. В на́шем го́роде (***rush hour***) .... с 8 до 9 часо́в утра́, а

    пото́м с 6 до 7 ве́чера.

Имя и фами́лия: ______________________ Число́: ______________________

9–30. Вот така́я исто́рия. On a separate sheet of paper, compose sentences or a story with the following words.

вести́/води́ть маши́ну, произошла́ ава́рия, остана́вливаться/останови́ться, ста́лкиваться/столкну́ться, про́бка, ско́рость, движе́ние, пра́вила доро́жного движе́ния, погиба́ть/поги́бнуть

9–31. Переведи́те. Give Russian equivalents for the following sentences.

1. I was late for school this morning because there was an accident on the road. Two cars collided when one of them was making a left turn.

   ....

   ....

   ....

2. Kolya took his driving test three times and finally passed it yesterday. He is in an excellent mood today. Now, of course, he'll have to buy a car.

   ....

   ....

   ....

   ....

3. A friend invited me to visit her parents. They live in a small town in the mountains. There are no traffic jams or rush hours in this town. They don't know what the word "accident" means.

   ....

   ....

   ....

   ....

9–32. Напиши́те по-русски. On a separate sheet of paper, give a Russian version of the following narrative:

We ran into Katya today after our American history class. She was in a wonderful mood, and none of us could guess why. I thought she had received a letter from her parents, and Mark thought she had finally finished her history term paper. It turned out that (*Оказа́лось, что...*) she had passed her exam and gotten her driver's license. That's why (*Вот почему́*) she was so delighted. We, of course, congratulated her and told her we would help her look for a used (*подéржанная*) car.

Грамма́тика. Говори́те пра́вильно!

Prefixed verbs of motion ◆ Глаго́лы движе́ния с приста́вками

ВЗ- (ВС-, ВОЗ-, ВОС-)/С- and review of other prefixes.

9–33. Переведи́те. On a separate sheet of paper, give Russian equivalents for the following sentences.

1. Last year we were flying to Kiev. When we got to the airport we found out that planes were not flying. We had to wait for five hours before our plane took off.
2. Last week my friends went camping in the mountains and then couldn't get (drive) down because their car broke down. They had to walk down.
3. "How do I get to the gas station?" "Drive straight for a mile, then turn left at the light, and it will be on the right-hand corner next to the drugstore."
4. "How can I get to your house?" "If you are driving from school, turn left, drive past the church, and turn right. My house is the second house from the corner; it's a three-storey house."
5. Last night Sasha was going to visit his friends. He took a bus, then got off and walked to the corner. After walking for 15 minutes he realized that he had lost his way. He started looking for a pay phone but couldn't find one. He knew that his friends would worry about him.

9–34. Помоги́те своему́ нача́льнику! You are working for a company that does business with a Russian company. What will you say on the phone if your boss:

1. has stepped out for a few minutes;

   ....

2. has left for the day;

   ....

3. hasn't arrived yet;

   ....

4. comes to work at 8:30;

   ....

5. is on his/her way to a business meeting (***делова́я встре́ча***);

   ....

6. will be out of town for a few days;

   ....

7. wants the caller to come by and see him/her tomorrow morning.

   ....

Имя и фами́лия: ______________________ Число́: ______________________

9–35. Одна́ стра́нная исто́рия. Fill in the missing words in the Russian rendition of the narrative in the left column.

This story was told to me by my grandfather. It happened a long time ago during the so-called "cold war" between the U.S.A. and the former Soviet Union.

We used to have some very nice neighbors who sold their house and moved to California. Their house was bought by a mysterious man named John Smith. Soon after he moved into the house, Mr. Smith came over and introduced himself to us. I asked him to come in, and I introduced him to my wife. He stayed for a little while and then went home. He said that he was English, but he spoke with a very thick Russian accent.

At that time I would get home from work around four o'clock and read the evening paper, which would be delivered around five o'clock. One day when I went out to get the paper,

Эту исто́рию ______________________ мне де́душка. Она́ ______________________ давно́, во вре́мя так называ́емой ______________________ войны́ ме́жду США и ______________________ ______________ Сою́зом.

У нас бы́ли о́чень ______________________, кото́рые прода́ли дом и ______________________ в Калифо́рнию. Их дом ______________________ ______________ зага́дочный челове́к, кото́рого ______________ Джон Смит. Вско́ре по́сле того́ как он въе́хал в дом, ми́стер Смит ______________ и предста́вился нам. Я попроси́л его́ ______________ ______________________ и познако́мил его́ с ______________________. Он немно́го посиде́л, а пото́м ______________________ домо́й. Он сказа́л, что он ______________________, но он говори́л с о́чень ______________________ ру́сским акце́нтом.

В то вре́мя я обы́чно ______________________ домо́й ______________________ часа́ ______________________ и ______________________ вече́рнюю газе́ту, кото́рую ______________________ часо́в ______________________.

Одна́жды, когда́ я ______________________ за ______________________,

I saw that a long black car had driven up to Mr. Smith's house. Two men in dark blue uniforms got out of the car, went up to the house, and knocked on the door. Mr. Smith opened the door for them, and they went into the house. A few minutes later they all came out. One of the men was leading Mr. Smith by the hand, and the other was carrying two suitcases. They all got into the car and drove away. "Where are they taking him," I thought, "and why?" I went back into the house and told my wife that Mr. Smith had been taken away by two men in dark blue uniforms. "Relax," she said, "he's probably a Soviet spy. They've probably taken him to the airport and put him on a plane to Moscow."

я уви́дел, как .... ми́стера

Сми́та .... дли́нная чёрная

маши́на. Из маши́ны ....

дво́е мужчи́н в си́них фо́рмах, ...

к до́му и постуча́ли в дверь. Ми́стер Смит откры́л им дверь,

и они́ .... в дом. Че́рез

не́сколько мину́т они́ все ....

Оди́н мужчи́на .... ми́стера

Сми́та за́ руку, ... друго́й .... два чемода́на.

Они́ все .... в маши́ну и ....

. «Куда́ они́ его́ ....»? — поду́мал

я — «и почему́»? Я опя́ть ....

дом и сказа́л жене́, что ми́стера Сми́та ....

дво́е мужчи́н в си́них фо́рмах. «Успоко́йся!» — ....

...................................., — «он, наве́рное, сове́тский шпио́н. Его́,

наве́рное, ... в аэропо́рт и

посади́ли на самолёт в Москву́.»

Имя и фами́лия: ______________________ Число́: ______________________

9–36. Пла́ны на за́втра. К вам прие́хали ва́ши ро́дственники. Вы хоти́те показа́ть им го́род. Напиши́те, куда́ вы с ни́ми пойдёте/пое́дете за́втра. Use prefixes **по-**, **при-/у-**, **в-/вы-**, **до-**, **про-**, **за-**, **пе́ре-**, **под-/от-**, **вз-/с-** with the verbs of motion in the future tense. Use a separate sheet of paper.

Чте́ние для информа́ции

9–37. Прочита́йте текст о Петербу́рге и отве́тьте на вопро́сы.

1. Почему́ Росси́я и Шве́ция хоте́ли захвати́ть террито́рию, на кото́рой сейча́с нахо́дится Петербу́рг?

   ....

   ....

   ....

2. В како́м году́ на́чали стро́ить го́род?

   ....

3. Что бы́ло постро́ено снача́ла?

   ....

   ....

4. Почему́ мо́жно сказа́ть, что Петербу́рг культу́рный це́нтр?

....

....

5. Что произошло́ в Ленингра́де во вре́мя Второ́й мирово́й войны́?

....

....

6. Како́е населе́ние Петербу́рга сейча́с?

....

Петербу́рг

16 ма́я 1703 го́да — день основа́ния го́рода
1703–1914 — Санкт-Петербу́рг
1914–1924 — Петрогра́д
1924–1991 — Ленингра́д
С 7 сентября́ 1991 го́да — Санкт-Петербу́рг

Са́нкт-Петербу́рг располо́жен на се́веро-за́паде Росси́и, в де́льте реки́ Невы́, при её *впаде́нии* (where it flows) в Фи́нский зали́в. Задо́лго до основа́ния Петербу́рга здесь проходи́л знамени́тый путь «из варя́г в гре́ки» от Балти́йского мо́ря до Чёрного.

Война́ за Не́вские берега́ дли́лась столе́тия. В 1617 году́ э́ту террито́рию *захвати́ла* (captured) Шве́ция. Че́рез 83 го́да ру́сский царь Пётр Пе́рвый на́чал со Шве́цией Се́верную войну́ (1700–1721) за вы́ход к Балти́йскому мо́рю. К 1703 го́ду река́ Нева́ перешла́ в ру́ки ру́сских. Вход в Балти́йское мо́ре, а зна́чит, и в Евро́пу был откры́т. 16 ма́я (по но́вому сти́лю 27 мая) 1703 го́да была́ зало́жена Петропа́вловская *кре́пость* (fortress). Эта да́та счита́ется днём основа́ния Санкт-Петербу́рга. По́сле э́того на́чал стро́иться го́род-порт. На о́строве Ко́тлин была́ постро́ена ещё одна́ кре́пость, Кроншта́дт. В 1712 году́ Санкт-Петербу́рг стал столи́цей Росси́йской импе́рии. При Петре́ и его́ *преéмниках* (successors) го́род рос, станови́лся це́нтром ру́сской культу́ры и нау́ки. В 1756 году́ здесь откры́лся теа́тр, а че́рез год была́ осно́вана Петербу́ргская Акаде́мия *худо́жеств* (arts).

Во вре́мя Второ́й мирово́й войны́ с 8 сентября́ 1941 го́да по 27 января́ 1944 го́да Ленингра́д находи́лся в *кольце́* (circle) блока́ды. За вре́мя блока́ды поги́бло о́коло миллио́на челове́к и мно́гие зда́ния в го́роде бы́ли разру́шены.

За свою́ исто́рию Петербу́рг три ра́за меня́л назва́ния: в 1914 он стал называ́ться Петрогра́дом, в 1924 — Ленингра́дом, и с 1991— сно́ва стал называ́ться Санкт-Петербу́ргом.

Сейча́с в Петербу́рге живёт бо́лее 5 миллио́нов челове́к. И как в 18 ве́ке, э́то оди́н из краси́вейших городо́в ми́ра.

Имя и фами́лия: ______________________ Число́: ______________

9–38. Эрмита́ж. Прочита́йте и отве́тьте на вопро́сы.

1. Что вы узна́ли об Эрмита́же из те́кста?

   ....

   ....

2. Где откры́лся филиа́л Эрмита́жа?

   ....

3. Куда́ идёт часть де́нег от про́данных биле́тов в амстерда́мский филиа́л Эрмита́жа? Как испо́льзуются э́ти де́ньги?

   ....

   ....

   ....

Госуда́рственный Эрмита́ж *занима́ет* шесть зда́ний, располо́женных вдоль *на́бережной* Невы́ в са́мом це́нтре Санкт-Петербу́рга. Веду́щее ме́сто в э́том архитекту́рном анса́мбле, постро́енном в XVIII-XIX века́х, занима́ет Зи́мний дворе́ц — резиде́нция ру́сских царе́й, постро́енная в 1754–1762 года́х италья́нским архите́ктором Ф.Б. Растре́лли.

Почти́ за два с полови́ной столе́тия в Эрмита́же со́брана одна́ из крупне́йших колле́кций, насчи́тывающая о́коло трёх миллио́нов *произведе́ний иску́сства* и па́мятников мирово́й культу́ры, начина́я с ка́менного ве́ка и до на́шего столе́тия.

Неда́вно в Амстерда́ме откры́лся *филиа́л* Эрмита́жа, и за ме́сяц его́ посети́ло сто́лько челове́к, ско́лько ожида́ли за год…

Дире́ктор но́вого музе́я Эрнст Фе́ен сообщи́л, что с ка́ждого про́данного в амстерда́мский филиа́л биле́та оди́н е́вро *перечисля́ется* Эрмита́жу в Росси́и. Эти де́ньги бу́дут испо́льзоваться для ремо́нта и реставра́ции петербу́ргского музе́я.

занима́ет — *occupies*
на́бережной — *embankment*
произведе́ний иску́сства — *works of art*
филиа́л — *branch*
перечисля́ется — *is transferred*

Чтéние для удовóльствия

9–39. Прочитáйте слéдующий отры́вок из ромáна Л.Н. Толстóго «Анна Карéнина».

1. What are Anna's thoughts as she is leaving Moscow? Why does she feel this way?

....

....

2. Why does Anna go out into the raging snowstorm when the train stops? Does she like this kind of weather?

....

....

1	«Ну, всё кóнчено, и слáва Бóгу!» — былá пéрвая *мысль*, пришéдшая	*thought*
2	Анне Аркáдьевне, когдá онá *простúлась* в послéдний раз с брáтом,	*сказáла «до свидáния»*
3	котóрый до трéтьего *звонкá загорáживал* собóю дорóгу в *вагóне*. Онá сéла	*bell; blocked; train car*
4	на свóй дивáнчик, ря́дом с Аннушкой, и *оглядéлась* в *полусвéте* спáльного	*looked around; dim light*
5	вагóна. «Слáва Бóгу, зáвтра увúжу Серёжу и Алексéя Алексáндровича, и	
6	пойдёт моя́ жизнь, хорóшая и привы́чная, по-стáрому».	

On the way back to St. Petersburg, the train stops for a few minutes at a station. Anna has just awakened from a strange dream and, during a raging snowstorm, she goes out of the train for a few minutes to breathe some fresh air.

7	— Выходúть *извóлите*? — спросúла Аннушка.	*хотúте (deign)*
8	— Да, мне подышáть хóчется. Тут óчень жáрко.	
9	И онá *отворúла* дверь *Метéль* и вéтер *рванýлись* ей навстрéчу и	*открыла; snowstorm; спешúли*
10	*заспóрили* с ней о двéри. И э́то ей *показáлось вéсело*. Онá отворúла дверь	*vied; seemed like fun*
11	и вы́шла. Вéтер как бýдто тóлько ждал её, рáдостно *засвистáл* и хотéл	*began to whistle*
12	*подхватúть* и унестú её, но онá рукóй взялáсь за холóдный *стóлбик* и,	*grab; post*
13	*придéрживая* плáтье, *спустúлась* на платфóрму и зашлá за вагóн. Вéтер	*holding onto; stepped down;*
14	был силён на *крылéчке*, но на платфóрме за вагóнами бы́ло *затúшье*.	*(train) steps; a lull;*
15	С *наслаждéнием*, пóлною *грýдью*, онá *вдыхáла в себя́* снéжный, *морóзный*	*enjoyment, delight; chest;*
16	вóздух и, стóя пóдле вагóна, оглядывала платфóрму и *освещённую*	*inhaled freezing; illuminated*
17	стáнцию.	

3. What does Vronsky do when Anna meets him outside the train?

....

4. What kind of look does Vronsky have on his face?

....

5. What has Anna been thinking about Vronsky recently?

....

....

6. What kind of feeling does Anna have the moment she sees Vronsky again? Why does she think that she need not ask him why he is on the train?

....

....

Имя и фами́лия: ______________________ Число́: ______________________

18 *Стра́шная* бу́ря *рвала́сь* и *свисте́ла* ме́жду колёсами ваго́нов по
19 *столба́м* из-за ста́нции. Ваго́ны, столбы́, лю́ди, всё, что бы́ло ви́дно,
20 — бы́ло *занесено́ с одно́й стороны́* сне́гом и *заноси́лось всё бо́льше и*
21 *бо́льше.* На *мгнове́нье* бу́ря *зати́хла,* но пото́м опя́ть *налета́ла*
22 таки́ми *поры́вами,* что, каза́лось, нельзя́ бы́ло *противостоя́ть* ей.
23 ... Она́ *вздохну́ла* ещё раз, что́бы *надыша́ться,* и уже́ *вы́нула* ру́ку из
24 *му́фты,* что́бы *взя́ться* за сто́лбик и войти́ в ваго́н, как ещё
25 челове́к в *вое́нном* пальто́ по́дле неё само́й *заслони́л* ей
26 *коле́блющийся* свет *фонаря́.* Она́ огляну́лась и в ту же мину́ту
27 узна́ла лицо́ Вро́нского. *Приложи́в ру́ку к козырьку́,* он *наклони́лся*
28 пред ней и спроси́л, не ну́жно ли ей чего́-нибудь, не мо́жет ли он
29 *служи́ть* ей? Она́ дово́льно до́лго, ничего́ не отвеча́я, *вгля́дывалась*
30 в него́ и, несмотря́ на *тень,* в кото́рой он стоя́л, ви́дела, и́ли ей
31 каза́лось, что ви́дела и выраже́ние его́ лица́ и глаз. Это бы́ло опя́ть
32 то выраже́ние *почти́тельного восхище́ния,* кото́рое так
33 *поде́йствовало* на неё вчера́. *Не раз* говори́ла она́ себе́ э́ти
34 после́дние дни и сейча́с то́лько, что Вро́нский для неё оди́н из
35 *со́тен ве́чно одни́х и тех же, повсю́ду* встреча́емых молоды́х люде́й,
36 что она́ никогда́ не *позво́лит* себе́ и ду́мать о нём; но тепе́рь, в
37 пе́рвое *мгнове́нье* встре́чи с ним, её *охвати́ло* чу́вство *ра́достной*
38 *го́рдости.* Ей не ну́жно бы́ло спра́шивать, заче́м он тут. Она́ зна́ла
39 э́то *так же ве́рно,* как е́сли бы он сказа́л ей, что он тут для того́,
40 чтобы быть там, где она́.

terrifying; tore at; whistled
posts
covered (with snow); on one side became covered; even more; moment fell quiet; would spring up; gusts resist; breathed; get a good breath; removed; muff; grab
military; blocked
flickering; lantern
saluting her; bowed
serve; peered at
shadow
respectful; delight, rapture;
had an effect; more than once
hundreds; eternally; one and the same; everywhere; permit
moment; overcame; joyous
pride
with the same certitude

7. What answer did Vronsky give to Anna's question, and what were Anna's thoughts about this answer?

....

....

8. How did Anna reply to Vronsky's question?

....

9. What did Anna think about their conversation after she boarded the train again?

....

10. Why couldn't Anna sleep anymore that night?

....

11. What was Anna thinking about as the train approached St. Petersburg?

....

....

41	— Я не зна́ла, что вы е́дете. Заче́м вы е́дете? — сказа́ла она́,	
42	*опусти́в* ру́ку, кото́рою *взяла́сь бы́ло* за сто́лбик. И *неудержи́мая*	*lowering; she was about to grasp*
43	*ра́дость* и *оживле́ние сия́ли на* её лице́.	*irrepressible; joy; animation; shone*
44	— Заче́м я е́ду? — повтори́л он, *гля́дя* ей *пря́мо* в глаза́. — Вы	*looking; directly*
45	зна́ете, я е́ду для того́, что́бы быть там, где вы, — сказа́л он, — я не	
46	могу́ *ина́че.*	*otherwise*
47	Он сказа́л *то са́мое,* чего́ жела́ла её *душа́,* но чего́ она́ боя́лась	*just what; soul*
48	*рассу́дком.* Она́ ничего́ не отвеча́ла, и на лице́ её он ви́дел *борьбу́.*	*reason, common sense; struggle*
49	— Прости́те меня́, е́сли вам неприя́тно то, что я сказа́л, —	
50	*заговори́л* он *поко́рно.*	*на́чал говори́ть; submissively*
51	Он говори́л *учти́во, почти́тельно,* но так *твёрдо* и *упо́рно,* что	*politely; deferentially; firmly*
52	она́ до́лго не могла́ ничего́ отве́тить.	*persistently*
53	— Это *ду́рно,* что́ вы говори́те, и я прошу́ вас, е́сли вы хоро́ший	*пло́хо*
54	челове́к, забу́дьте, что́ вы сказа́ли, как и я забу́ду, — сказа́ла она́	
55	наконе́ц.	
56	— Ни одного́ сло́ва ва́шего, ни одного́ *движе́ния* ва́шего я не	*movement*
57	забу́ду никогда́ и не могу́...	
58	— *Дово́льно,* дово́льно! — *вскри́кнула* она́, *тще́тно стара́ясь*	*Enough; shouted; in vain; trying*
59	*прида́ть стро́гое* выраже́ние своему́ лицу́, в кото́рое он жа́дно	*to impart; stern*
60	*всма́тривался.* И, взя́вшись руко́й за холо́дный сто́лбик, она́	*scrutinized*
61	подняла́сь на *ступе́ньки* и бы́стро вошла́ в *се́ни* ваго́на. Но в э́тих	*steps, entrance platform*
62	ма́леньких сеня́х она́ останови́лась, *обду́мывая* в своём	*thinking about*
63	*воображе́нии* то, что бы́ло. Не вспомина́я ни свои́х, ни его́ слов, она́	*imagination*
64	чу́вством поняла́, что э́тот мину́тный разгово́р стра́шно *сбли́зил*	*brought together*
65	их; и она́ была́ *испу́гана* и сча́стлива э́тим. Постоя́в не́сколько	*frightened*
66	секу́нд, она́ вошла́ в ваго́н и се́ла на своё ме́сто. Она́ не спала́ всю	
67	ночь. Но в том *напряже́нии* и тех *грёзах,* кото́рые *наполня́ли* её	*tension; daydreams; filled*
68	воображе́ние, не́ было ничего́ неприя́тного и *мра́чного*; напро́тив	*gloomy*
69	бы́ло что́-то ра́достное, *жгу́чее* и *возбужда́ющее.* К утру́ Анна	*burning; arousing, enticing*
70	*задрема́ла,* си́дя в кре́сле, и когда́ просну́лась, то уже́ бы́ло *бело́,*	*began to doze; white (from snow)*
71	светло́ и по́езд подходи́л к Петербу́ргу. *Тотча́с* же мы́сли о до́ме, о	*Immediately*
72	му́же, о сы́не и забо́ты *предстоя́щего* дня и сле́дующих *обступи́ли*	*impending; surrounded*
73	её.	

Имя и фами́лия: ______________________ Число́: ______________________

Как вы́учить слова́

9–40. Порабо́таем над слова́ми э́той гла́вы.

Step 1. Употреби́те слова́. Build clusters around these words.

1. води́тельские права́
2. штраф
3. го́род
4. напра́во
5. пройти́
6. ава́рия
7. про́бка
8. паркова́ться
9. потеря́ться
10. доро́га

Step 2. Как сказа́ть

A. Be sure you know how to say:

1. How do I get to…?
2. I got a parking ticket;
3. I am running late;
4. I don't have a map;
5. my car broke down and has to be repaired;
6. I was late because I had a slight accident;
7. there is no place to park downtown/on campus;
8. Drive straight (left, right)

B. What would you say or write to congratulate a person?

C. Think of all the occasions when you can say «Поздравля́ю».

D. Think of driving during a rush hour. What words do you need to describe driving, in addition to the ones that are already in the table?

Доро́га	Поли́ция	Маши́ны
шоссе́	штраф	ава́рия

E. Can you list in Russian all the things that you carry in your wallet? If you forgot some words, see chapter 1.

F. If you are lost on a street in a Russian city, what questions would you ask a passerby? What if you are driving?

Step 3. Обобщи́м

Think of a city or a neighborhood where you live or where you would like to live. Describe it in Russian.

Реши́те кроссво́рд

Мой го́род

Across По горизонта́ли

2. downtown
8. road
10. crossing
11. airport
16. bus
19. to the left
20. trolley bus
21. ticket, fine
22. streetcar

Down По вертика́ли

1. truck
2. church
3. to the right
4. farmers market
5. rush hour
6. accident
7. city block
9. subway
12. passerby
13. store
14. museum
15. traffic jam
17. bridge
18. post office

Имя и фами́лия: ______________________ Число́: ______________________

Глава́ 10

Приро́да и мы

Те́ма 1. Кака́я сего́дня пого́да?

Упражне́ния для слу́шания

See Web site www.prenhall.com/vputi for exercises 10–1 through 10–3.

Лекси́ческие упражне́ния

10–4. Напиши́те, что э́то.

....

....

10–5. Что вы наде́нете? Посмотри́те на карти́нки в 10–4. Напиши́те, что вы наде́нете и возьмёте с собо́й, е́сли

1. на у́лице идёт дождь, си́льный ве́тер и температу́ра +5 гра́дусов по Це́льсию.
2. вы хоти́те получи́ть рабо́ту в юриди́ческой фи́рме и вас пригласи́ли на собесе́дование (интервью́).
3. прекра́сная со́лнечная пого́да, тепло́, +25 гра́дусов по Це́льсию, вы собира́етесь в университе́т на заня́тия.
4. идёт си́льный снег, хо́лодно, 25 гра́дусов ни́же нуля́ по Це́льсию.

Имя и фами́лия: ______________________ Число́: ______________________

10–6. Когда́ мы но́сим... Поду́майте и напиши́те, куда́ надева́ют/беру́т....

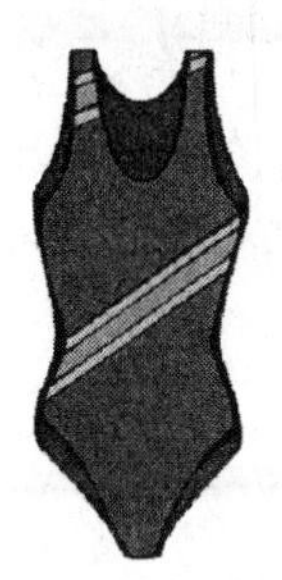

купа́льник

ма́йка

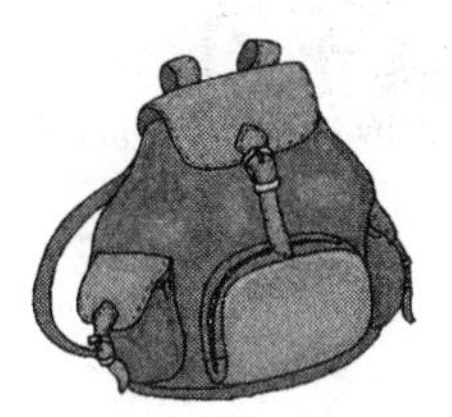

рюкза́к

су́мка

ю́бка

блу́зка

вече́рнее пла́тье

брю́чный костю́м

шо́рты

бейсбо́лка

ша́пка

шарф

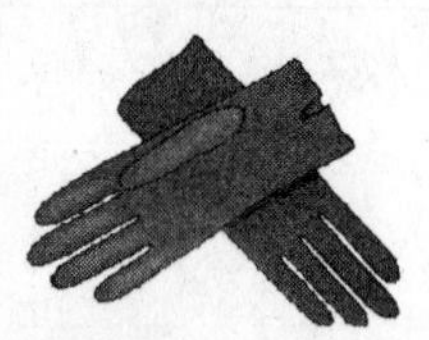

перча́тки

шля́па

Имя и фами́лия: ______________________ Число́: ______________________

10–7. Глаго́лы. Supply the missing forms. Mark stresses.

попра́виться
English equivalent:
Aspect: ....
Conj. ....

Я попра́влюсь..........
Ты..........
Они́..........
Past: Он..........
Она́..........
Imperative..........

уви́деться с кем?
English equivalent:
Aspect: ....
Conj. ....

Я..........
Ты..........
Они́ уви́дятся..........
Past: Он..........
Она́..........
Imperative..........

жа́ловаться кому́?
English equivalent:
Aspect: ....
Conj. ....

Я жа́луюсь..........
Ты..........
Они́..........
Past: Он..........
Она́..........
Imperative..........

одева́ться во что?
English equivalent:
Aspect: ....
Conj. ....

Я..........
Ты..........
Они́ одева́ются..........
Past: Он..........
Она́..........
Imperative..........

носи́ть что?
English equivalent:
Aspect: ....
Conj. ....

Я ношу́..........
Ты..........
Они́..........
Past: Он..........
Она́..........
Imperative..........

мёрзнуть
English equivalent:
Aspect: ....
Conj. ....

Я..........
Ты..........
Они́ мёрзнут..........
Past: Он..........
Она́..........
Imperative..........

10–8. Употреби́те глаго́лы. Write six or seven sentences with the verbs in 10–7. Pay attention to the case of the noun that follows each verb.

....

....

....

....

....

....

....

....

10–9. Да́йте ру́сские эквивале́нты. Употреби́те глаго́лы *надева́ть/наде́ть.*

1. Why are you wearing a fur coat? It's not that cold today.

   ....

   ....

2. It's so cold today. I'll wear my overcoat.

   ....

3. She put on her glasses and started reading the paper.

   ....

4. I have nothing to wear.

   ....

10–10. Напиши́те по-ру́сски. Письмо́ и ответ на письмо́.

A) Give a Russian interpretation of the following letter. Make sure you convey the meaning of each sentence. Use a separate sheet of paper.

Dear Nina,
I've gotten my Russian visa from the Russian embassy and will arrive in Moscow in December during my winter break. Is it very cold? What temperature is it there? Is it windy? I hate it when it's cold and damp. I've never seen snow so I don't know how cold it can be. What clothes do I need to bring? I have a raincoat and a warm jacket. I also have a pair of high boots but they are not very warm. What do you think? What else should I bring? What can I bring for your parents?
Love, ….

B) Answer the letter. Use a separate sheet of paper.

Имя и фами́лия: ______________________ Число́: ______________________

10–11. Прогно́з пого́ды. Read the following weather forecasts. On a separate sheet of paper write a similar forecast for tomorrow for the place where you live.

В Москве́ 16 января́ днём о́коло нуля́ гра́дусов, мо́крый снег, ве́тер се́верно-за́падный, с перехо́дом на ю́го-за́падный.

В Москве́ бу́дет со́лнечно, температу́ра 10–15 гра́дусов тепла́, ве́тер ю́го-восто́чный. Ве́чером возмо́жен небольшо́й дождь.

10–12. Да́йте ру́сские эквивале́нты.

1. It's been raining for three days. It's really humid.

   ....

   ....

2. It's a nice summer day. The sun is shining. It's really hot.

   ....

   ....

3. It's been cold and windy the whole week.

   ....

   ....

4. It's overcast and the wind is blowing. The sky is gray.

   ....

   ....

5. It's warm and sunny, and the sky is blue.

   ....

6. It's going to snow tonight.

   ....

Грамма́тика. Говори́те пра́вильно!

Long and short forms of adjectives

10–13. А. По́лные прилага́тельные. Complete the sentences with adjectives in the box that make sense according to context. Use each adjective only once.

1. Ле́кция была́ о́чень ....
2. Конце́рт был ....
3. Пого́да была́ ....
4. Этот сви́тер о́чень ....
5. Это упражне́ние ....
6. Наш университе́т ....
7. Их кварти́ра така́я ....
8. Его́ друзья́ о́чень ....
9. Её брат тако́й ....
10. Его́ сестра́ така́я ....
11. Моя́ маши́на совсе́м ....

интере́сный
ужа́сный
ску́чный
тёплый
тру́дный
лёгкий
высо́кий
чи́стый
симпати́чный
у́мный
ста́рый

В. Write about your city or your university. Use 10 or more adjectives.

....

....

....

....

....

....

....

....

....

....

....

....

Имя и фами́лия: ______________________ Число́: ______________________

10–14. Кра́ткие прилага́тельные. Be sure you are familiar with adjectives whose short form is commonly used (Textbook, pp. 263–264).

1. Она́ была́ (***sick***) .... неде́лю, но тепе́рь она́ совсе́м (***well***) ....

2. Я не совсе́м (***sure***) ...., что ты (***right***) ....

3. Я (***sure***) ...., что ты (***wrong***) ....

4. Мы все (***happy***) .... вас ви́деть.

5. Они́ (***happy***) ....?

6. Если ты (***hungry***) ...., мы мо́жем пойти́ обе́дать.

7. Вчера́ Марк не зае́хал за Ка́тей, и тепе́рь она́ (***angry***) .... на него́.

8. — Что тебе́ (***to need***) ....?

   — Мне ничего́ не (***to need***) ....

9. Говоря́т, что я о́чень (***resemble, look like***) .... на де́душку.

   Вы (***agree***) ....?

10. Спаси́бо за по́мощь. Мы вам о́чень (***grateful***) ....

11. Ва́ши ба́бушка и де́душка ещё (***alive***) ....?

12. — Ты (***free***) .... сего́дня ве́чером? Хо́чешь сходи́ть на но́вый фильм?

    — К сожале́нию, я (***busy***) .... За́втра у меня́ контро́льная по матема́тике и я (***have to***) .... к ней гото́виться.

13. Ма́ша неда́вно е́здила в Росси́ю. Она́ оста́лась о́чень (***pleased***) .... своей поездкой.

14. Это о́чень (***interesting***) ....!

10–15. Како́й отве́т вы дади́те? Indicate stresses in short-form adjectives.

Приме́р: *Тебе́ не ка́жется, что э́та ша́пка сли́шком больша́я?* →
Да, она́ тебе́ бу́дет велика́.[1]

1. Тебе́ не ка́жется, что э́ти сапоги́ ма́ленькие?

....

2. Тебе́ не ка́жется, что э́та ю́бка коро́ткая?

....

3. Тебе́ не ка́жется, что э́та ку́ртка широ́кая?

....

4. Тебе́ не ка́жется, что э́то пальто́ дли́нное?

....

5. Тебе́ не ка́жется, что э́ти брю́ки у́зкие?

....

6. Тебе́ не ка́жется, что э́та руба́шка больша́я?

....

Те́ма 2. Стихи́йные бе́дствия

Упражне́ния для слу́шания

See Web site www.prenhall.com/vputi for exercise 10–16.

[1]The short forms of these adjectives are used to indicate that an article of clothing is "too" large or small for someone.

Имя и фами́лия: ______________________ Число́: ______________________

Лекси́ческие упражне́ния

10–17. Глаго́лы. Supply the missing forms. Mark stresses.

боро́ться с кем?/с чем? English equivalent:	Aspect: .... Conj. ....
Я........	
Ты........	
Они́ бо́рются........	
Past: Он........	
Она́........	
Imperative........	

потуши́ть что? English equivalent:	Aspect: .... Conj. ....
Я потушу́........	
Ты........	
Они́........	
Past: Он........	
Она́........	
Imperative........	

10–18. Употреби́те глаго́лы. Write three or four sentences with the verbs in 10–17. Pay attention to the case of the noun that follows each verb.

....

....

....

....

....

....

....

....

....

10–19. Напиши́те по-ру́сски. Fill in the blanks in the Russian interpretation of the following narrative.

People say it never rains in Southern California. My wife and I were there last December and we had to carry umbrellas with us all the time because it rained every day. We would listen to the weather forecast every day, and every day they would say, "Rain, rain, rain." I was afraid there would be a flood. I don't know where all that water went. I don't understand why people want to live in California. They have earthquakes there, and in the winter it's cold and it rains a lot.

Last year I visited my aunt in Florida. While I was there, there was a big hurricane and the roof flew off their house. I don't understand why people want to live in Florida either. I was born and grew up in Hawaii. Here it's never cold and never hot. We have no snow in the wintertime. It's nice all year round here. You can go swimming every day. Therefore, I thought a lot and decided to apply to go to school in Hawaii.

Говоря́т, что в Южной Калифо́рнии .... Мы .... е́здили туда́ .... про́шлого го́да, и нам приходи́лось всё вре́мя ...., потому́ что ка́ждый день .... дождь. Ка́ждый день мы слу́шали ...., и ка́ждый день говори́ли: «Дождь, дождь, дождь». Я боя́лся, что бу́дет .... Не зна́ю, куда́ .... вся э́та вода́. Не понима́ю, почему́ лю́ди хотя́т жить в Южной Калифо́рнии. Там ...., зимо́й хо́лодно и ....

В про́шлом году́ .... во Флори́ду к .... В э́то вре́мя там был ужа́сный ...., и с их до́ма .... кры́ша. Не понима́ю, почему́ лю́ди хотя́т жить во Флори́де. Я роди́лся и .... Здесь никогда́ не быва́ет ни ...., ни .... У нас не идёт .... зимо́й. Весь год хоро́шая пого́да. Ка́ждый день .... Поэ́тому я поду́мал, поду́мал и реши́л поступа́ть в ....

Имя и фами́лия: ______________________ Число́: ______________________

10–20. Прогно́з пого́ды в Москве́. You work for an English-language newspaper in Moscow. Give an English summary of the weather forecast below. You may need to use a dictionary. Use a separate sheet of paper.

В Москве ожидаются прохладные выходные…

В ближайшие выходные в Москве сохранится прохладная погода: по ночам будет плюс 2–4 градуса, в дневные часы воздух прогреется не более чем до 8–10 тепла. Возможны кратковременные дожди.

В начале следующей недели — в понедельник и вторник — также будет холодно, ночью ожидается от минус одного до плюс пяти градусов, днём — 7–9 градусов тепла, возможны небольшие осадки.

Потепление ожидается только во второй половине следующей недели. Со среды температура в Москве будет постепенно повышаться: в ночь на среду будет 0–2, днём — 9–11 градусов тепла, а с четверга по воскресенье — по ночам — от 1 до 6 градусов выше нуля, днём — 10–15 градусов тепла.

Грамма́тика. Говори́те пра́вильно!

The comparative degree of adjectives and adverbs ◆ Сравни́тельная сте́пень

10–21. Сравни́те. Complete the sentences.

Приме́р:** Мой дом высо́кий, **а их дом ещё вы́ше.

1. Но́вый фильм интере́сный, но ста́рый фильм был ....
2. Сего́дня хо́лодно, а за́втра бу́дет ....
3. Мы живём бли́зко от университе́та, а они́ живу́т ....
4. Макси́м хорошо́ у́чится, а Ната́ша у́чится ....
5. Вчера́ был си́льный ве́тер, а сего́дня ве́тер ....
6. Моя́ кварти́ра дорога́я, а Ле́нина кварти́ра ....
7. Его́ рабо́та тру́дная, но ва́ша рабо́та ....
8. Я вожу́ маши́ну осторо́жно, а он во́дит маши́ну ....
9. Я пло́хо говорю́ по-кита́йски, а она́ говори́т ....
10. В э́том магази́не всё дёшево, а в том магази́не ....

10–22. А. Запóлните прóпуски. Give the comparative forms of the adjectives in parentheses. Be sure to put them into the correct case.

1. Меня́ интересу́ют (***more important***) .... вопрóсы.
2. Я люблю́ (***warmer***) .... погóду.
3. Мы поéдем на (***earlier***) .... пóезде.
4. Почему́ наш преподава́тель всегда́ задаёт мне (***harder***) .... вопрóсы, чем тебé?
5. Они привы́кли обéдать в (***more expensive***) .... ресторáнах.
6. Этот гид не óпытный. Надéюсь, что в слéдующий раз нам даду́т (***more experienced***) .... ги́да.
7. Почему́ нам не даю́т (***simpler***) .... упражнéния?
8. Я привы́кла есть в (***less expensive***) .... ресторáнах.
9. Кáтина мáма надéется, что Кáтя познакóмится с (***more serious***) .... пáрнем, чем Марк.
10. Я проси́л/а продавцá показáть мне (***longer***) .... пальтó.
11. Нельзя́ найти́ (***kinder***) .... человéка.
12. Пять часóв для меня́ (***more convenient***) .... врéмя.

Б. Give an English rendition of the following paragraph.

Сегóдня теплée, чем вчерá. Поэ́тому мы мóжем надéть бóлее лёгкую одéжду, рáньше поéхать на пляж и пóзже верну́ться. Вчерá я получи́л/а дéньги, и мы пообéдаем в бóлее дорогóм ресторáне, чем обы́чно.

....

....

....

....

....

....

....

....

....

Имя и фами́лия: ______________________ Число́: ______________________

Те́ма 3. Пого́да и боле́зни

Упражне́ния для слу́шания

See Web site www.prenhall.com/vputi for exercises 10–23 through 10–25.

Лекси́ческие упражне́ния

10–26. Глаго́лы. Supply the missing forms. **Mark stresses.**

выздора́вливать
English equivalent:
Aspect: ....
Conj. ....

Я ....
Ты выздора́вливаешь ....
Они́ ....
Past: Он ....
Она́ ....
Imperative ....

простуди́ться
English equivalent:
Aspect: ....
Conj. ....

Я ....
Ты просту́дишься ....
Они́ ....
Past: Он ....
Она́ ....
Imperative ....

дрожа́ть
English equivalent:
Aspect: ....
Conj. ....

Я дрожу́ ....
Ты ....
Они́ ....
Past: Он ....
Она́ ....
Imperative ....

дыша́ть
English equivalent:
Aspect: ....
Conj. ....

Я ....
Ты ....
Они́ ды́шат ....
Past: Он ....
Она́ ....
Imperative ....

ка́шлять
English equivalent:
Aspect: ....
Conj. ....

Я ка́шляю ....
Ты ....
Они́ ....
Past: Он ....
Она́ ....
Imperative ....

похуде́ть
English equivalent:
Aspect: ....
Conj. ....

Я ....
Ты похуде́ешь ....
Они́ ....
Past: Он ....
Она́ ....
Imperative ....

10–27. Употреби́те глаго́лы. Write five or six sentences with the verbs in 10–26.

....

....

....

....

....

....

....

10–28. Переведи́те. On a separate sheet of paper, give a Russian interpretation of the following narrative.

When Lena left home at 6:30 this morning it was rather cold. She put on a sweater, warm pants, and a warm jacket. When she went to have lunch at 12:15 it was so hot that she had to take off her jacket and sweater. "Why did you dress so warmly?" her friends asked. In the evening when she was going home she was glad she had her jacket on because it began to rain and it got cold again. Her friend Nina had a summer dress on and she was shivering. "I am so cold," she kept saying as they were waiting for their bus.

10–29. Да́йте ру́сские эквивале́нты.

1. "You don't look very well."

   ....

2. "I don't feel well. I think I am getting a cold."

   ....

   ....

3. "You must have caught the flu. There is an epidemic going around."

   ....

   ....

4. "I have a head cold, that's all."

   ....

5. "That's how it starts. Go to bed. I'll get you some cold medicine and a few oranges."

   ....

   ....

6. "Don't worry about me. I'll be all right (will recover) tomorrow."

   ....

   ....

7. "I don't think so. It takes a week to get over a cold."

   ....

   ....

Имя и фами́лия: ________________________ Число́: ________________________

10–30. Запо́лните про́пуски. Give Russian equivalents for the words in parentheses.

1. Ка́тина ма́ма (***is coming***) .... из Москвы́ в (***February***) ....
2. Ма́ма спра́шивает Ка́тю, (***what their weather is like***) ....
3. Ка́тя о́чень (***happy***) ...., что ма́ма (***soon***) .... прилети́т.
4. Ка́тя пи́шет ма́ме, что здесь (***it's not as cold as in Moscow***) ....

   ....
5. Ка́тя пи́шет ма́ме, что ка́ждый день (***it rains***) .... и (***it's windy***)

   ....
6. Ка́тя обы́чно (***wears***) .... брю́ки, (***sneakers***) .... и

   (***warm jacket***) ....
7. Ка́тя о́чень ра́да, что они́ с ма́мой (***will see each other soon***) ....
8. На Сре́днем За́паде быва́ют стра́шные (***tornadoes***) ...., (***and***)

   .... в Калифо́рнии быва́ют (***earthquakes***) ....
9. Я соверше́нно (***frozen***) ....
10. Ка́тя (***caught the flu***) .... и пошла́ в университе́тскую поликли́нику

    (***to see a doctor***) .... Она́ сказа́ла, что она́ всё вре́мя (***coughs and***)

    .... что ей тру́дно (***to breathe and painful***) ....

    глота́ть.

    Врач ей посове́товал/а (***to go to bed and take some aspirin***) ....
11. Ты уже́ (***had your flu shot***) ....?

Грамма́тика. Говори́те пра́вильно!

Expressing comparison in Russian

10–31. Напиши́те по-ру́сски. Испо́льзуйте выраже́ния: *та́к же как, тако́й же как, не та́к как, не тако́й как.*

Не забу́дьте!

just as	not as
тако́й (тако́е, така́я, таки́е) же… как та́к же… как	не тако́й (тако́е, така́я, таки́е)… как не та́к… как

1. Здесь не хо́лодно. It's not as cold here as we expected.

    ....

2. Пого́да не о́чень тёплая. The weather is not as warm as we expected.

    ....

3. Сего́дня си́льный ве́тер. The wind is (just) as strong today as it was yesterday.

    ....

4. Эта рабо́та тру́дная. This job is (just) as difficult as yours.

    ....

5. Она́ осторо́жно во́дит маши́ну. She drives (just) as carefully as you do.

    ....

6. Она́ не больна́. She is not as sick as she was last year.

    ....

7. Это пла́тье дорого́е. This dress is (just) as expensive as the blue one.

    ....

10–32. Зако́нчите предложе́ния.

1. Я хочу́ купи́ть пальто́ (***as cheap as possible)*** ....
2. Ма́ша хо́чет вы́здороветь (***as fast as possible***) ....
3. Мы реши́ли встать за́втра (***as early as possible***) ....
4. Игорь хоте́л бы снять кварти́ру (***as close as possible***) ....

    к университе́ту.

5. Ле́не ну́жно подгото́виться к экза́мену (***the best possible way***) ....
6. Мы хоти́м пое́хать в Росси́ю (***as soon as possible***) ....

10–33. Гора́здо бо́льше. Напиши́те отве́ты на вопро́сы. Use a separate sheet of paper.

1. Чем вы бо́льше интересу́етесь?

instrumental instrumental

Приме́р: *Я гора́здо бо́льше интересу́юсь* ***поли́тикой****, чем* ***исто́рией.***

иску́сство, литерату́ра, кино́, теа́тр, футбо́л, междунаро́дная поли́тика

2. О чём вы бо́льше лю́бите говори́ть?

prepositional prepositional

Приме́р: *Я гора́здо бо́льше люблю́ говори́ть* ***о кни́гах,*** *чем* ***о рабо́те.***

иску́сство, литерату́ра, кино́, теа́тр, футбо́л, междунаро́дная поли́тика

3. Кого́ (Что) вы бо́льше лю́бите?

accusative accusative

Приме́р: *Она́ гора́здо бо́льше лю́бит* ***сестру́****, чем* ***бра́та.***

ко́шки, соба́ки, цветы́, кни́ги, исто́рия, литерату́ра, Ка́тя, Ни́на, Бори́с, Серге́й

The superlative degree of adjectives and adverbs ◆ Превосхо́дная сте́пень прилага́тельных и наре́чий

10–34. Напиши́те о себе́. Зако́нчите предложе́ния.

1. Са́мая интере́сная кни́га, кото́рую я чита́л/а, — э́то ....

....

2. Са́мый интере́сный фильм, кото́рый я смотре́л/а, — э́то ....

....

3. Мой са́мый люби́мый го́род в ми́ре — э́то ....

4. Моя́ са́мая люби́мая еда́ — ....

5. Мой са́мый люби́мый цвет — ....

6. Моё са́мое люби́мое живо́тное — ....

7. Свои́ са́мые интере́сные кани́кулы я провёл/провела́ ....

....

10–35. Зна́ете ли вы, что ...? Зако́нчите предложе́ния. Образу́йте превосхо́дную сте́пень прилага́тельного в ско́бках.

1. Нил и Амазо́нка — (***дли́нный***) .... ре́ки в ми́ре.
2. Река́ Роу в шта́те Монта́на — (***коро́ткая***) .... река́ в ми́ре, кото́рая име́ет назва́ние.
3. Го́род Юм в шта́те Аризо́на — (***со́лнечный***) .... го́род на земно́м ша́ре. Со́лнце здесь све́тит 318 дней в году́.
4. 1990 год — (***тёплый***) .... год за после́дние полтора́ столе́тия.
5. С 19 февраля́ 1971 го́да по 18 февраля́ 1972 в райо́не го́рода Парада́йса (штат Вашингто́н) был (***большо́й***) .... снегопа́д в исто́рии шта́та.
6. Гимала́и — (***высо́кие***) .... среди́ го́рных хребто́в в ми́ре. Там нахо́дится большинство́ (***высо́ких***) .... горных верши́н (*peaks*) на́шей плане́ты. Эвере́ст (Джомолу́нгма) — (***высо́кая***) .... верши́на на Земле́ — 8848 м.
7. Эль-Каньо́н де Ко́лка — (***глубо́кое***) .... в ми́ре уще́лье (*canyon*), нахо́дится в Перу́. Его́ (***больша́я***) .... глубина́ — 3223 ме́тра.
8. (***Большо́е***) .... в ми́ре боло́то (*swamp*) нахо́дится в Белару́си. Оно занима́ет пло́щадь 46.950 квадра́тных киломе́тров.
9. (***Высо́кие***) .... морски́е ска́лы (*cliffs*) нахо́дятся на се́верном побере́жье Восто́чного Молока́я, на Гава́йях. Они́ возвыша́ются над водо́й на 1005 ме́тров.
10. (***Высо́кий***) .... в ми́ре водопа́д (*waterfall*) Са́льто-Анхель в Венесуэ́ле име́ет высоту́ 979 ме́тров!
11. (***Бы́стрый***) .... большо́й ледни́к (*glacier*) Кварайак нахо́дится в Гренла́ндии. Ско́рость его́ перемеще́ния достига́ет 24 ме́тров в день.
12. (***То́лстый***) .... лёд (*ice*) 4 киломе́тра 780 ме́тров — был обнару́жен в Антаркти́де.

Имя и фами́лия: ______________________________ Число́: ________________________

Чте́ние для информа́ции

10–36. Прочита́йте статью́. Напиши́те отве́ты на вопро́сы.

1. What is the article about?

....

....

2. When was a tornado mentioned in a Russian chronicle for the first time?

....

....

3. What happened in 1904 and what were the consequences?

....

....

....

Сме́рчи-уби́йцы

Ру́сское сло́во «смерч» *происхо́дит* от сло́ва «*су́мрак*», та́к как сме́рчи *появля́ются* из чёрных грозовы́х облако́в… Смерч име́ет диа́метр от не́скольких ме́тров до полу́тора киломе́тров. Во́здух в нём *враща́ется* с огро́мной ско́ростью. В отде́льных слу́чаях ско́рость *ви́хря* достига́ет 300–400 киломе́тров в час.

originates; twilight · *appear* · *rotates* · *whirlwind*

Пе́рвое *упомина́ние* о сме́рче в Росси́и отно́сится к 1406 го́ду. Тро́ицкая ле́топись сообща́ет, что под Ни́жним Но́вгородом «ви́хорь *стра́шен зело́*» подня́л в во́здух *упря́жку вме́сте с ло́шадью* и челове́ком и унёс…

mention · *very strong* · *a carriage and a horse*

29 ию́ня 1904 го́да близ Москвы́ *зароди́лся* разруши́тельный смерч. Он *дви́нулся* к Москве́.

started · *moved*

Коло́нна сме́рча *дости́гла* ширины́ о́коло 500 ме́тров. Когда́ она́ дошла́ до дере́вни Ша́шино, в не́бо ста́ли взлета́ть и́збы. В э́то же вре́мя за́паднее, в не́скольких киломе́трах от пе́рвой, шла втора́я коло́нна. Она́ дви́галась вдоль желе́зной доро́ги, пройдя́ че́рез ста́нции Подо́льск, Кли́мовск и Гри́вно. Гла́вная коло́нна сме́рча *пересекла́* Москву́. Больши́е ка́менные дома́ *устоя́ли*, но кры́ши везде́ бы́ли *со́рваны*, а ко́е-где пострада́л и ве́рхний эта́ж. Коли́чество жертв превыша́ло сто челове́к, ра́неных насчита́ли 233.

reached · *crossed* · *withstood; torn off*

Общее коли́чество жертв в результа́те сме́рча бы́ло огро́мным, а *то́чное число́* поги́бших и *по сей день* неизве́стно.

exact number; to this day

Чте́ние для удово́льствия

10–37. Ф.М. Достое́вский. Find the English equivalents of the titles of Dostoevsky's works below.

Са́мые изве́стные произведе́ния Ф.М. Достое́вского:

1844–1845 «Бе́дные лю́ди» *Рома́н*

1845–1846 «Двойни́к» *Петербу́ргская поэ́ма*

1848 «Бе́лые но́чи» *Сентимента́льный рома́н*

1859 «Дя́дюшкин сон» *По́весть*

1860–1862 «Запи́ски из Мёртвого до́ма» *Рома́н*

1860–1861 «Уни́женные и оскорблённые» *Рома́н в четырёх частя́х с эпило́гом*

1864 «Запи́ски из подпо́лья» *По́весть*

1865–1866 «Преступле́ние и наказа́ние» *Рома́н в шести́ частя́х с эпило́гом*

1866 «Игро́к» *Рома́н*

1867–1869 «Идио́т» *Рома́н в четырёх частя́х*

1871–1873 «Бе́сы» *Рома́н*

1875 «Подро́сток» *По́весть*

1879–1880 «Бра́тья Карама́зовы» *Рома́н*

Назва́ния в перево́де:

Devils
The Double
The Gambler
The Idiot
Notes from the House of the Dead
Notes from Underground
The White Nights
The Insulted and Injured
Crime and Punishment
Poor Folk
Uncle's Dream
The Brothers Karamazov
The Adolescent

Имя и фами́лия: ______________________ Число́: ______________

10–38. «Идио́т». Прочита́йте нача́ло рома́на Ф.М. Достое́вского «Идио́т». Напиши́те отве́ты на сле́дующие вопро́сы.

1. Where does the opening scene take place?

....

2. What do the characters look like?

....

....

....

3. What are they wearing?

....

....

4. What did you find out about the young man who is dressed lightly (Prince Myshkin)?

....

....

....

Идио́т

Часть пе́рвая

I

1	В конце́ ноября́, в *о́ттепель*, часо́в в де́вять утра́, по́езд	*thaw*
2	Петербу́ргско-Варша́вской желе́зной доро́ги подходи́л к Петербу́ргу.	
3	Бы́ло так *сы́ро* и *тума́нно,* что *наси́лу рассвело́;* в десяти́ *шага́х,*	*damp; foggy; was hardly light; paces*
4	впра́во и вле́во от доро́ги, тру́дно бы́ло *разгляде́ть* хоть что́-нибудь	*discern*
5	из о́кон ваго́на. Из пассажи́ров бы́ли и возвраща́вшиеся из-за	
6	грани́цы; но бо́лее бы́ли *напо́лнены отделе́ния* для тре́тьего кла́сса, и	*filled; compartments; лю́ди;*
7	всё *лю́дом ме́лким и деловы́м,* не из о́чень *далека́.*	*ordinary; business; afar*
8	В одно́м из ваго́нов тре́тьего кла́сса, с *рассве́та, очути́лись* друг	*dawn, found themselves*
9	про́тив дру́га, у са́мого окна́, два пассажи́ра — о́ба лю́ди молоды́е,	
10	о́ба почти́ *налегке́,* о́ба не *щегольски́* оде́тые, о́ба с дово́льно	*without luggage; fashionably*
11	замеча́тельными *физионо́миями* и о́ба пожела́вшие, наконе́ц, войти́	*ли́цами*
12	друг с дру́гом в разгово́р. Если б они́ о́ба зна́ли *оди́н про друго́го,* чем	*друг о дру́ге*
13	они́ осо́бенно в э́ту мину́ту замеча́тельны, то, коне́чно, *подиви́лись*	*would be surprised*
14	бы, что слу́чай так стра́нно посади́л их друг про́тив дру́га в	
15	третьекла́ссном ваго́не петербу́ргско-варша́вского по́езда. Оди́н из	
16	них был небольшо́го ро́ста, лет двадцати́ семи́, *курча́вый* и почти́	*curly haired*
17	черноволо́сый, с се́рыми ма́ленькими, но *о́гненными* глаза́ми… Он	*fiery*
18	был тепло́ оде́т… тогда́ как сосе́д его́ *принуждён* был *вы́нести* на	*forced; to bear*

19	своéй *издрóгшей* спинé всю *слáдость* сырóй ноя́брьской рýсской	*chilled; sweetness*
20	нóчи, к котóрой, очеви́дно, был не приготóвлен. На нём был	
21	довóльно ширóкий и тóлстый плащ без *рукавóв* и с огрóмным	*sleeves*
22	*капюшóном, точь-в-точь* как употребля́ют чáсто дорóжные	*hood; exactly*
23	[путешéственники], по зи́мам, где-нибýдь далекó за грани́цей, в	
24	Швейцáрии и́ли, наприме́р, в Сéверной Итáлии, не *рассчи́тывая,*	*counting on*
25	конéчно, при э́том и на таки́е концы́ по дорóге, как от Эйдткýнена	
26	до Петербýрга. Но что *годи́лось* и вполнé *удовлетворя́ло* в Итáлии, то	*suited; satisfied*
27	оказáлось не совсéм *пригóдным* в Росси́и.	*suitable*
28	*Обладáтель* плащá с капюшóном был молодóй человéк, тóже лет	*owner*
29	двадцати́ шести́ и́ли двадцати́ семи́, рóста немнóго повы́ше	
30	срéднего, óчень *белокýр*… и с почти́ совершéнно бéлою борóдкой.	*fair haired*
31	Глазá егó бы́ли больши́е, голубы́е и *при́стальные*… На ногáх егó	*intent*
32	бы́ли *толстоподóшвенные башмаки́*, — всё не по-рýсски.	*thick-soled; shoes*
33	Черноволóсый сосéд всё э́то *разглядéл,* и наконéц спроси́л…	*уви́дел*
34	— *Зя́бко*?	*cold*
35	— Óчень, — отвéтил сосéд с *чрезвычáйною* готóвностью, — и,	*extraordinary*
36	замéтьте, это ещё óттепель. Что ж, éсли бы морóз? Я дáже не дýмал,	
37	что у нас так хóлодно. *Отвы́к.*	*ant. привы́к*
38	— Из-за грани́цы, что ль?	
39	— Да, из Швейцáрии.	
40	*Завязáлся* разговóр. Готóвность белокýрого молодóго человéка в	*нáчался*
41	швейцáрском плащé отвечáть на все вопрóсы своегó сосéда былá	
42	удиви́тельная... Отвечáя, он объяви́л, мéжду прóчим, что	
43	действи́тельно дóлго нé был в Росси́и, *с ли́шком* четы́ре гóда, что	*in excess*
44	отпрáвлен был за грани́цу по болéзни, по какóй-то стрáнной	
45	нéрвной болéзни, врóде *падýчей*, каки́х-то *дрожáний* и *сýдорог.*	*epilepsy; tremors; spasms*
46	Слýшая егó, [сосéд] нéсколько раз *усмехáлся;* осóбенно засмея́лся он,	*chuckled*
47	когдá на вопрóс: «Что же, вы́лечили?» — белокýрый отвечáл, что	
48	«нет, не вы́лечили».	

Имя и фами́лия: ______________________ Число́: ______________________

Как вы́учить слова́

10–39. Порабо́таем над слова́ми э́той гла́вы.

Step 1. Употреби́те слова́. Build clusters around these words.

A. What words come to mind first when you think about the weather in your hometown?

B. Build clusters around these words.

1. хо́лодно
2. землетрясе́ние
3. ве́тер
4. наде́ть
5. замёрзнуть
6. попра́виться
7. кроссо́вки
8. ю́бка
9. зо́нтик
10. урага́н

Step 2. Как сказа́ть.

Be sure you know how to say.

1. I have a headache;
2. I have a sore throat;
3. It's hard for me to breathe;
4. I have a fever;
5. I must have caught a cold;
6. I have a cold in the head;
7. I am completely sick;
8. I have to see a doctor;
9. I have to take medications;
10. I have to go to the drugstore;
11. I feel much better;
12. I have recovered;
13. My cold/cough/headache is gone;
14. I am used to this climate;
15. I have gained weight;
16. I have lost weight.

Step 3. Обобщи́м.

1. Could you complain about the weather?
2. Could you complain about how bad you feel?
3. Could you complain about having nothing to wear?
4. Do you know how to complain in Russian?

Реши́те кроссво́рд

Что мы но́сим?

Across По горизонта́ли

1. T-shirt
7. high boots
8. skirt
10. suit
12. shoes
15. swimming trunks
16. raincoat
18. to put on
19. jeans
20. shirt
21. windbreaker, sports jacket

Down По вертика́ли

2. blouse
3. running shoes
4. to wear
5. hat
6. trousers, pants
9. button-down sweater
11. sandals
13. shorts
14. sweater
15. dress
16. jacket
17. fur coat

To review Chapters 9 and 10 see Web site www.prenhall.com/vputi.

Имя и фами́лия: ______________________ Число́: ______________________

Глава́ 11

Прия́тного аппети́та!

Те́ма 1. Что мы еди́м?

Упражне́ния для слу́шания

See Web site www.prenhall.com/vputi for exercises 11–1 through 11–2.

Лекси́ческие упражне́ния

11–3. Глаго́лы. Supply the missing forms. Mark stresses.

есть
English equivalent:
Aspect: ....

Я ....
Ты ....
Они́ ....
Past: Он ....
Она́ ....
Imperative ....

гото́вить
English equivalent:
Aspect: ....
Conj. ....

Я ....
Ты гото́вишь ....
Они́ ....
Past: Он ....
Она́ ....
Imperative ....

пить
English equivalent:
Aspect: ....
Conj. ....

Я ....
Ты ....
Они́ пьют ....
Past: Он ....
Она́ ....
Imperative ....

рекомендова́ть
English equivalent:
Aspect: ....
Conj. ....

Я рекоменду́ю ....
Ты ....
Они́ ....
Past: Он ....
Она́ ....
Imperative ....

попро́бовать что?
English equivalent:
Aspect: ....
Conj. ....

Я ....
Ты попро́буешь ....
Они́ ....
Past: Он ....
Она́ ....
Imperative ....

пода́ть что? кому́?
English equivalent:
Aspect: ....
Conj. ....

Я пода́м ....
Ты ....
Они́ ....
Past: Он ....
Она́ ....
Imperative ....

11–4. Напиши́те, что вы лю́бите и уме́ете гото́вить.

На за́втрак ....

На второ́й за́втрак ....

На обе́д ....

На у́жин ....

11–5. Что вы лю́бите есть и пить? Answer the questions in complete sentences and add details. One-word answers are not acceptable.

1. Вы лю́бите мя́со и́ли ры́бу?

....

2. Что вы лю́бите из мясны́х блюд?

....

....

3. Како́й гарни́р вы лю́бите?

....

4. Что вы лю́бите есть на десе́рт?

....

5. Что вы лю́бите пить?

....

6. Како́й сок вы обы́чно пьёте?

....

Имя и фами́лия: ______________________ Число́: ______________________

11–6. **Запо́лните табли́цу.** Что едя́т и пьют ру́сские и америка́нцы? See pp. 286–288 in the Textbook.

	Ру́сские	Америка́нцы
На за́втрак		
На второ́й за́втрак		
На обе́д		
На у́жин		

11–7. **Запи́ска.** On a separate sheet of paper, write a note to your friends inviting them to come to dinner. Indicate the occasion (birthday, moving into a new apartment, etc.) and the time. Tell your friends not to bring any gifts.

Грамма́тика. Говори́те пра́вильно!

Using aspect in imperative forms ◆ Употребле́ние ви́да в императи́ве

11–8. **Попроси́те кого́-то что́-то сде́лать.**

Приме́р: *Я бу́ду занима́ться, а ты (пригото́вить обе́д)...* → ***пригото́вь обе́д***

1. Я наде́ну ку́ртку, а ты (***наде́ть мой плащ***) ______________________
2. Я спрошу́ об э́том Со́фью Петро́вну, а ты (***спроси́ть му́жа***) ______________________
3. Я ей подарю́ конфе́ты, а ты (***подари́ть цветы́***) ______________________
4. Я пое́ду туда́ сего́дня, а ты (***пое́хать за́втра***) ______________________
5. Я куплю́ проду́кты, а ты (***пригото́вить у́жин***) ______________________
6. Я позвоню́ Та́не, а ты (***позвони́ть Воло́де***) ______________________
7. Я помо́ю посу́ду, а ты (***убра́ть дом***) ______________________
8. Я бу́ду стричь траву́, а ты (***поли́ть цветы́***) ______________________

11–9. Сде́лайте э́то. Remember that we use perfective verbs for request and command.

Приме́р: *На́до пригото́вить у́жин.* → *Пригото́вь(те) у́жин, пожа́луйста.*

1. На́до купи́ть хлеб и сыр ....

2. На́до пове́сить карти́ну ....

3. На́до пойти́ в магази́н ....

4. На́до вы́пить вина́ ....

5. На́до пригото́вить обе́д ....

6. На́до испе́чь пиро́г к у́жину ....

7. На́до убра́ть кварти́ру ....

8. На́до помы́ть посу́ду ....

9. На́до отдохну́ть ....

10. На́до гото́виться к экза́менам ....

11. Я го́лоден/голодна́. На́до пое́сть ....

12. Вам на́до помири́ться ....

11–10. Не де́лай(те) э́того! Remember to use imperfective imperatives when advising or requesting that someone NOT do something.

Приме́р: *Не на́до сего́дня занима́ться* → ***Не занима́йся сего́дня!***
Не занима́йтесь сего́дня!

1. Не на́до гото́вить за́втрак ....
2. Не на́до встава́ть так ра́но ....
3. Не на́до ссо́риться ....
4. Не на́до ходи́ть в го́сти ....
5. Не на́до ду́мать об э́том ....
6. Не на́до волнова́ться ....
7. Не на́до не́рвничать ....
8. Не на́до ничего́ боя́ться ....
9. Не на́до стира́ть сего́дня ....
10. Не на́до слу́шать гро́мкую му́зыку ....

11–11. Запи́ска. You are expecting guests. On a separate sheet of paper, write a note to your roommate asking him/her to do a few things — buy food, clean the apartment, etc.

Имя и фами́лия: ______________________ Числó: ______________________

Тéма 2. В гостя́х

Упражнéния для слу́шания

See Web site www.prenhall.com/vputi for exercises 11–12 through 11–13.

Лекси́ческие упражнéния

11–14. Глагóлы. Supply the missing forms. Mark stresses.

накрывáть (на стол) Aspect: .... Conj. ....
English equivalent:
Я ....
Ты накрывáешь ....
Они́ ....
Past: Он ....
Онá ....
Imperative ....

угощáть когó? чем? Aspect: .... Conj. ....
English equivalent:
Я угощáю ....
Ты ....
Они́ ....
Past: Он ....
Онá ....
Imperative ....

печь что? Aspect: .... Conj. ....
English equivalent:
Я ....
Ты печёшь ....
Они́ ....
Past: Он ....
Онá ....
Imperative ....

наéсться Aspect: ....
English equivalent:
Past: Он ....
Онá ....
Они́ ....

положи́ть что? комý? Aspect: .... Conj. ....
English equivalent:
Я ....
Ты ....
Они полóжат ....
Past: Он ....
Онá ....
Imperative ....

передáть что? комý? Aspect: .... Conj. ....
English equivalent:
Я ....
Ты ....
Они́ передаду́т ....
Past: Он ....
Онá ....
Imperative ....

11–15. Употреби́те глаго́лы. Write six or seven sentences with the verbs in 11–14. Pay attention to the case of the noun that follows each verb.

....

....

....

....

....

....

....

11–16. Вы ждёте госте́й… Напиши́те, что вам ну́жно купи́ть.

Remember: Use **немно́го** + genitive singular (some) with uncountable things; use **не́сколько** + genitive plural (several) with countable things.

Мне ну́жно купи́ть	НЕМНОГО	НЕСКОЛЬКО
1. виногра́д		
2. са́хар		
3. я́блоки		
4. буты́лки пи́ва		
5. ви́лки, ло́жки, ножи́		
6. морко́вь		
7. мя́со		
8. о́вощи		
9. вино́		
10. таре́лки		
11. ча́шки		
12. апельси́ны		

11–17. Что вы ска́жете, е́сли:

1. в пироге́ о́чень мно́го са́хара ....
2. в су́пе о́чень мно́го со́ли ....
3. в еде́ о́чень мно́го пе́рца ....
4. ку́рица совсе́м не гото́ва ....
5. вы съе́ли кусо́к лимо́на ....
6. вам о́чень нра́вится еда́ ....
7. вам о́чень не нра́вится еда́ ....

Имя и фами́лия: ______________________ Число́: ______________________

11–18. Use **тако́й** or **так** with the words in parentheses.

1. Чай (***sweet***) ....
2. Вино́ (***sour***) ....
3. Кита́йская еда́ (***tasty***) ....
4. Это мя́со (***spicy***) ....
5. Помидо́ры (***tasty***) ....
6. Бу́лочки (***sweet***) ....
7. У вас всегда́ (***delicious***) ....
8. В мексика́нском рестора́не мы еди́м (***spicy***) .... еду́.
9. Почему́ всё (***spicy***) ....?

11–19. Review the vocabulary.

А. Чем здесь па́хнет? Choose an appropriate word and write a complete sentence.

све́жий хлеб, бензи́н, сы́рость, сыр, кита́йская еда́, грибы́, капу́ста, что́-то неприя́тное

1. Ма́ша печёт хлеб ....
2. — Я то́лько что был на запра́вке, и в маши́не ужа́сно ....

   — Да, я чу́вствую, что ....
3. Ни́на пригото́вила грибно́й суп, и в ку́хне ....
4. Уже́ неде́лю идёт дождь, и в до́ме ....
5. Здесь где́-то ря́дом кита́йский рестора́н, ...
6. Когда́ ба́бушка ва́рит щи, в кварти́ре ....

Б. Да́йте ру́сские эквивале́нты:

1. Happy Birthday!

   ....
2. The smell is delicious.

   ....
3. Does it smell of meat and onions?

   ....
4. No, it smells of chicken and tomatoes.

   ....
5. What are you going to eat?

   ....

6. What are you going to drink?

....

7. To your health!

....

8. To our host! To our hosts!

....

9. To you!

....

11–20. То́сты. Compose three toasts of your own.

....

....

....

11–21. Стол накры́т. Вы ждёте госте́й. Посмотри́те на карти́нку и опиши́те стол. Употреби́те:

- глаго́лы: **лежа́ть, стоя́ть**
- выраже́ния: **посереди́не стола́, спра́ва/сле́ва от таре́лки, пе́ред таре́лкой**

Don't forget about word order: put the new information at the end of the sentence.

....

....

....

....

....

....

....

....

Имя и фами́лия: ______________________ Число́: ______________________

11–22. Напиши́те ру́сские эквивале́нты.

"Nina, are you hungry?"

....

"No, I'm full."

....

"Eat some more."

....

"Don't make me eat. I've eaten more today than I have all week. I can't eat any more, but everything has been delicious."

....

....

....

....

"Tea is ready. Will you have a cup of tea and a piece of cake?"

....

"I'll have tea but no cake. Thank you."

....

Грамма́тика. Говори́те пра́вильно!

More on imperatives: use of пусть and дава́й/те

11–23. Пусть: suggest that another person do it.

Приме́р: *Вы не хоти́те гото́вить сала́т. (Ира)* → ***Пусть Ира пригото́вит сала́т!***

1. Вы не мо́жете сего́дня пригото́вить у́жин. (***Ко́ля и Ма́ша***) ....
2. Вы не зна́ете, как гото́вить борщ. (***Ка́тя***) ....
3. Вы не хоти́те мыть сковоро́дки и кастрю́ли. (***Ива́н***) ....
4. Вы уста́ли и не хоти́те убира́ть со стола́. (***Степа́н***) ....
5. Вы пригото́вили обе́д, но не хоти́те накрыва́ть на стол. (***Марк и Оля***) ....

11–24. Давáй: suggest to a friend that you do something together. Read the rules on p. 297 of the textbook and pay attention to aspect in your answers.

Примéр: *You want to play basketball.* → ***Давáй сыгрáем в баскетбóл.***

1. You want to see a movie.

   ....

2. You want to prepare for an exam.

   ....

3. You want to go jogging.

   ....

4. You want to swim in the swimming pool.

   ....

5. You want to cook dinner.

   ....

6. You want to talk about your vacation.

   ....

7. You want to decide what you'll do tonight.

   ....

8. You want to have a drink.

   ....

11–25. Вот такáя ситуáция. Вы приéхали к вáшим рýсским друзья́м на канúкулы. Вы хотúте помóчь по хозя́йству. Offer to help.

Примéр: *убрáть на кýхне* → ***Давáй я уберý на кýхне.***

1. накры́ть на стол ....

2. убрáть со столá ....

3. сходúть в магазúн за хлéбом и молокóм ....

   ....

4. помы́ть посýду ....

5. убрáть в дóме ....

6. сходúть в химчúстку и аптéку ....

   ....

7. пригóтовить зáвтрак ....

8. испéчь торт ....

9. пригóтовить борщ ....

Имя и фами́лия: ______________________ Число́: ______________

Те́ма 3. Гото́вим са́ми и́ли идём в рестора́н?

Упражне́ния для слу́шания

See Web site www.prenhall.com/vputi for exercises 11–26 through 11–27.

Лекси́ческие упражне́ния

11–28. Глаго́лы. Supply the missing forms. Mark stresses.

доба́вить что? куда́?
English equivalent:
Aspect: ....
Conj. ....

Я доба́влю ....
Ты ....
Они́ ....
Past: Он ....
Она́ ....
Imperative ....

чи́стить что?
English equivalent:
Aspect: ....
Conj. ....

Я ....
Ты чи́стишь ....
Они́ ....
Past: Он ....
Она́ ....
Imperative ....

ре́зать что? чем?
English equivalent:
Aspect: ....
Conj. ....

Я ....
Ты ....
Они́ ре́жут ....
Past: Он ....
Она́ ....
Imperative ....

жа́рить что?
English equivalent:
Aspect: ....
Conj. ....

Я ....
Ты жа́ришь ....
Они́ ....
Past: Он ....
Она́ ....
Imperative ....

смеша́ть что?
English equivalent:
Aspect: ....
Conj. ....

Я смеша́ю ....
Ты ....
Они́ ....
Past: Он ....
Она́ ....
Imperative ....

вари́ть что?
English equivalent:
Aspect: ....
Conj. ....

Я ....
Ты ....
Они́ ва́рят ....
Past: Он ....
Она́ ....
Imperative ....

11–29. Употреби́те глаго́лы. Write six or seven sentences with the verbs in 11–28. Pay attention to the case of the noun that follows each verb.

....

....

....

....

....

....

....

11–30. В како́й рестора́н пойти́? On a separate sheet of paper, explain what kind of ethnic cuisine you prefer and why.

11–31. Fill in the blanks.

1. В суббо́ту Ка́тя приглаша́ет Ма́рка на (***housewarming party***) ....
2. Вы не зна́ете, как зову́т (***Katya's mother***) ....?
3. Что вы (***cooking***) ....? Здесь (***it smells so good***) ....!
4. Кто бу́дет (***set the table***) ....?
5. Обе́д уже́ гото́в. (***Take your seats***) ....!
6. — Хоти́те (***some more***) ....?

   — Я не хочу́ (***any more***) .... Я уже́ (***full***) ....
7. Кто (***baked***) .... э́тот вку́сный торт?
8. Я ещё не (***tried***) .... (***Mama's***) .... пирожки́.
9. Ка́тя (***left the table***) .... и пошла́ на ку́хню.
10. — Ка́тя, ты уже́ (***put on***) .... ча́йник?

    — Да, ма́ма, он сейча́с (***about to boil***) ....
11. Ка́тя (***lighted***) .... све́чи на то́рте, а ма́ма (***blew them out***) ....
12. (***Take***) .... большо́й кусо́к то́рта.
13. Ты лю́бишь (***hot and spicy***) .... еду́?
14. Хоти́те (***some more cake***) ....?
15. Ле́том я бу́ду рабо́тать (***as a cook***) .... в ма́леньком рестора́не.

Имя и фами́лия: ________________________ Число́: ________________________

11–32. Из кулина́рной кни́ги.

1. Read the recipe.
2. Make a list of ingredients you'll need to buy.
3. Write out the "cooking" verbs and give their English equivalents.

Грибы́ с ри́сом

- 1 стака́н ри́са
- 300 г све́жих грибо́в
- 3 кра́сных помидо́ра
- 100 г сли́вочного ма́сла
- 300 г голла́ндского сы́ра

Рис отвари́ть. Грибы́ очи́стить, промы́ть, наре́зать и отвари́ть в небольшо́м коли́честве воды́. Помидо́ры *ме́лко* наре́зать, обжа́рить на ма́сле, по́сле чего́ смеша́ть с гриба́ми и ри́сом.

finely

Всё посоли́ть, доба́вить чёрный пе́рец и туши́ть 10–15 мину́т.

Подава́я к столу́, *посы́пать тёртым* сы́ром.

sprinkle; grated

....

....

....

....

....

....

....

....

....

11–33. По моему́ реце́пту. Напиши́те реце́пт своего́ люби́мого блю́да и что на́до купи́ть, что́бы его́ пригото́вить. Be sure to use the "cooking" verbs. Use a separate sheet of paper.

11–34. Запи́ска. Write a thank-you note to your Russian host saying how delicious everything was. Mention what you especially liked. Use a thank-you card or make your own.

Грамма́тика. Говори́те пра́вильно!

Wanting to do something vs. wanting someone else to do something

11–35. Вы заболе́ли. Попроси́те своего́ дру́га/свою́ подру́гу помо́чь вам.

Приме́р: *сходи́ть в апте́ку* → ***Я хочу́, что́бы ты сходи́ла в апте́ку.***

1. купи́ть лека́рства и апельси́новый сок ....
....
2. свари́ть суп из ку́рицы ....
....
3. купи́ть лимо́ны и мёд[1] ....
....
4. завари́ть зелёный чай ....
....
5. позвони́ть и вы́звать врача́ ....
....
6. позвони́ть на рабо́ту и сказа́ть, что я заболе́л/а ....
....

Expressing indirect commands, suggestions, and wishes

11–36. Напиши́те по-ру́сски.

1. My grandmother asked me to buy some strawberries and peaches. ....
....
2. I asked them if they would buy some apricots and bananas. ....
....
3. I told them to buy a watermelon ....
....
4. Advise her not to eat oranges and lemons. She is allergic to them. ....
....
5. You need to eat soup every day. ....
....
6. My sister is sick and she asked me to buy vitamins. ....
....

[1]honey

Имя и фами́лия: ______________________ Числó: ______________________

Чте́ние для удовóльствия

11–37. Прочита́йте о писа́теле и драмату́рге А.П. Че́хове.

Антóн Па́влович Че́хов (1860–1904)

Антóн Па́влович Че́хов роди́лся 17 января́ 1860 гóда в Таганрóге. Дед егó был *крепостны́м* крестья́нином, а оте́ц хозя́ином *ме́лкой ла́вочки*. Де́тство Че́хова бы́ло тяжёлым. Он говори́л: «В де́тстве у меня́ не́ было де́тства». Но оте́ц Антóна Па́вловича хоте́л дать де́тям хорóшее образова́ние. Че́хов учи́лся в гимна́зии, занима́лся му́зыкой и иностра́нными языка́ми.

serf; small shop

В 1875 году́ семья́ перее́хала в Москву́, потому́ что оте́ц *разори́лся*.

went bankrupt

Пóсле оконча́ния гимна́зии Антóн Че́хов поступи́л на медици́нский факульте́т Москóвского университе́та. В э́то же вре́мя он стал писа́ть юмористи́ческие расска́зы, котóрые печа́тал под псевдони́мом Антóша Чехонте́. В пе́рвые гóды он не относи́лся к своему́ литерату́рному труду́ серьёзно, счита́я егó нева́жным *по сравне́нию* с медици́ной.

in comparison

Но постепе́нно литерату́ра ста́ла егó основны́м заня́тием.

В 1901 году́ Че́хов жени́лся на актри́се Москóвского худóжественного теа́тра Ольге Кни́ппер. В э́то вре́мя Че́хов уже́ был бóлен туберкулёзом и дóлжен был жить в Крыму́. Он у́мер в 1904 году́.

Антóн Па́влович Че́хов а́втор óчень большóго числа́ расска́зов и не́скольких пьес. Осóбенно изве́стны егó пье́сы «Вишнёвый сад», «Три сестры́» и «Дя́дя Ва́ня». Нет челове́ка в Росси́и, котóрый не знакóм с расска́зами и пье́сами Че́хова.

11–38. Прочита́йте изве́стный расска́з А.П. Че́хова «Глу́пый францу́з». Найди́те отве́ты на вопро́сы.

Глу́пый францу́з

А.П. Че́хов

1. Who is the main character of the story?
2. What time of day was it?
3. Who attracted his attention?
4. What was the man at the next table eating?

1	Кло́ун из ци́рка бра́тьев Гинц, Ге́нри Пуркуа́, зашёл в моско́вский	
2	*тракти́р* Те́стова поза́втракать.	*tavern, рестора́н*
3	— Да́йте мне консоме́! — приказа́л он *полово́му*.	*официа́нт (устаре́вшее)*
4	— Прика́жете с *пашо́том* и́ли без пашо́та?	*poached egg*
5	— Нет, с пашо́том сли́шком сы́тно… — Две-три *гре́нки*, пожа́луй,	*croutons*
6	да́йте…	
7	В ожида́нии, пока́ подаду́т консоме́, Пуркуа́ за́нялся *наблюде́нием*.	*observation*
8	Пе́рвое, *что бро́силось ему́ в глаза́*, был како́й-то по́лный, *благообра́зный*	*он уви́дел; прия́тный на вид*
9	господи́н, сиде́вший за сосе́дним столо́м и приготовля́вшийся есть	
10	блины́.	
11	«Как, одна́ко, мно́го подаю́т в ру́сских рестора́нах! — поду́мал	
12	францу́з, гля́дя, как сосе́д полива́ет свои́ блины́ горя́чим ма́слом.	
13	— Пять блино́в! Ра́зве оди́н челове́к мо́жет съе́сть так мно́го те́ста?»	
14	Сосе́д ме́жду тем *нама́зал* блины́ *икро́й*, разре́зал все их на *полови́нки*	*spread; caviar; halves*
15	и *проглоти́л* скоре́е, чем в пять мину́т…	*swallowed*
16	— *Челаэ́к*! — *оберну́лся* он к полово́му. — Пода́й ещё по́рцию! Да *что*	*Человек! сказа́л; почему́*
17	у вас за по́рции таки́е? Пода́й сра́зу штук де́сять и́ли пятна́дцать! Дай	
18	*балыка́… сёмги*, что ли.	*smoked sturgeon; lox*
19	«Стра́нно… — поду́мал Пуркуа́, *рассма́тривая* сосе́да. — Съел пять	*рассма́тривать — to examine*
20	куско́в те́ста и ещё про́сит! Говоря́т, что есть та́кже боле́зни, когда́	
21	мно́го едя́т…»	
22	Полово́й поста́вил перед сосе́дом го́ру блино́в и две таре́лки с	
23	балыко́м и сёмгой. Благообра́зный господи́н вы́пил *рю́мку* во́дки,	*jigger*
24	*закуси́л* сёмгой и *приня́лся* за блины́. К вели́кому удивле́нию Пуркуа́,	*took a bite of; на́чал (есть)*
25	ел он их спеша́, как голо́дный…	

5. Why did the clown think that the man was ill?
6. What else did the man order?

26	«*Очеви́дно*, бо́лен… — поду́мал францу́з. И неуже́ли он, чуда́к,	*apparently, evidently*
27	*воobража́ет*, что съест всю э́ту го́ру? Не съе́ст и трёх куско́в, как	*ду́мает*
28	*желу́док* его́ бу́дет уже́ по́лон, а ведь придётся плати́ть за всю го́ру!»	*stomach*
29	— Дай ещё икры́! — кри́кнул сосе́д, *утира́я* салфе́ткой *ма́сленые*	*утира́ть — to wipe off; greasy*
30	гу́бы. — Не забу́дь зелёного лу́ку!	

- Before you continue reading, try to imagine what will happen next.

 7. What was the Frenchman thinking?
 8. What conclusion did the Frenchman come to?

31	«Но... одна́ко, уж полови́ны горы́ нет! — *ужасну́лся* кло́ун. — Бо́же мой,	*у́жас — horror*
32	он и всю сёмгу съел? Это да́же *неесте́ственно*... Неуже́ли челове́ческий	*unnatural*
33	желу́док так *растяжи́м*. *Не мо́жет быть*! Будь э́тот господи́н у нас во	*expandable; that's impossible*
34	Фра́нции, его́ пока́зывали бы за де́ньги... *Бо́же*, уже́ нет горы́!»	*My God!*
35	— Пода́шь буты́лку *Нюи́*... — сказа́л сосе́д, принима́я от полово́го	*сорт вина́*
36	икру́ и лук. — То́лько *погре́й* снача́ла... Что ещё? *Пожа́луй*, дай ещё	*warm it a bit; может быть*
37	по́рцию блино́в... *Поскоре́й* то́лько....	*Hurry up*
38	— Слу́шаю... А на по́сле блино́в что *прика́жете*?	*[here:] do you wish me to bring*
39	— Что-нибудь *поле́гче*... *Закажи́* по́рцию *селя́нки* из *осетри́ны*	*lighter; order; sturgeon soup*
40	по-ру́сски и... и... Я поду́маю, *ступа́й*!	*get going*
41	«Мо́жет быть, *э́то мне сни́тся*? — *изуми́лся* кло́ун, — Этот челове́к	*I'm dreaming; удиви́лся*
42	хо́чет умере́ть. Да, да, он хо́чет умере́ть! Это ви́дно по его́ гру́стному лицу́.	

 9. Why did the man talk to the Frenchman?
 10. Did the man think he was having a big meal?
 11. What did the Frenchman decide was going on?

43	— *Поря́дки, не́чего сказа́ть*! — *проворча́л* сосе́д, обраща́ясь к	*A fine way of doing things;*
44	францу́зу. — Меня́ ужа́сно *раздража́ют* э́ти дли́нные *антра́кты*! От	*grumbled; irritate; pauses*
45	по́рции до по́рции *изво́ль* ждать полчаса́! *Этак* и *аппети́т пропадёт к*	*be so kind as to; так; you lose*
46	*чёрту* и опозда́ешь... Сейча́с три часа́, а мне *к пяти́* на́до быть на	*your appetite; к пяти́*
47	*юбиле́йном* обе́де.	*часа́м; anniversary*
48	— Pardon, monsieur, — *побледне́л* Пуркуа́, — ведь вы уж обе́даете!	*turned pale*
49	— Не-ет... Како́й же э́то обе́д? Это за́втрак... блины́...	
50	Тут сосе́ду принесли́ селя́нку. Он *нали́л* себе́ по́лную таре́лку,	*poured*
51	*поперчи́л* кайе́нским пе́рцем и *стал хлеба́ть*...	*пе́р|е|ц — pepper; на́чал есть*
52	«*Бедня́га*... — продолжа́л ужаса́ться францу́з. — Или он бо́лен и не	*бе́дный (несча́стный)*
53	замеча́ет своего́ опа́сного *состоя́ния*, и́ли он де́лает всё э́то *наро́чно*...	*condition; on purpose*
54	с *це́лью самоуби́йства*... Бо́же мой, *знай я*, что *наткну́сь* здесь на таку́ю	*with the intent; suicide; е́сли*
55	карти́ну, то *ни за что бы* не пришёл сюда́! Мои́ не́рвы не *выно́сят* таки́х	*бы я знал; встре́чу; not*
56	сцен!»	*for anything (in the world); bear, endure*

- Before you go on, decide whether you agree with the Frenchman's conclusion about why the man was eating so much.

  12. Why did the Frenchman come up to the man?
  13. What did he say to him?

57	«*По-ви́димому,* челове́к интеллиге́нтный, молодо́й... по́лный сил...	*Evidently*
58	— ду́мал он, *гля́дя* на сосе́да. — Быть мо́жет, прино́сит по́льзу своему́	*гляде́ть = смотре́ть*
57	*оте́честву...* и *весьма́* возмо́жно, что име́ет молоду́ю жену́, дете́й... Су́дя	*fatherland; о́чень*
58	по оде́жде, он до́лжен быть бога́т, дово́лен... но что же заставля́ет его́	
59	*реша́ться* на тако́й шаг?... И неуже́ли он не мог избра́ть друго́го *спо́соба,*	*to bring himself to; means, way*
60	что́бы умере́ть? Чёрт зна́ет, как дёшево *це́нится* жизнь! И как *ни́зок,*	*value; low*
61	*бесчелове́чен* я, си́дя здесь и не идя́ к нему́ на по́мощь! Быть мо́жет, его́	*inhuman*
62	ещё мо́жно *спасти́!*	*save*
63	Пуркуа́ реши́тельно встал из-за стола́ и подошёл к сосе́ду.	
64	— Послу́шайте, monsieur, — обрати́лся он к нему́ ти́хим го́лосом. —	
65	Я не име́ю *честь* быть знако́м с ва́ми, но *тем не ме́нее,* ве́рьте, я друг	*honor; nevertheless*
66	ваш... Не могу́ ли я вам помо́чь че́м-нибудь? Вспо́мните, вы ещё	
67	мо́лоды... у вас жена́, де́ти...	
68	— Я вас не понима́ю! — *замота́л* голово́й сосе́д, *тара́ща* на францу́за	*shook; тара́щить — to open*
69	глаза́.	*wide*

  14. Did the man agree that he was eating too much?
  15. What did the Frenchman see when he looked around?

70	— Ах, заче́м *скры́тничать,* monsieur? Ведь я отли́чно ви́жу! Вы так	*hide, conceal*
71	мно́го еди́те, что... тру́дно не *подозрева́ть...*	*suspect*
72	— Я мно́го ем?! — удиви́лся сосе́д. Я?! *По́лноте... Как же мне не есть,*	*Enough; Why shouldn't I eat*
73	е́сли я с са́мого утра́ ничего́ не ел?	
74	— Но вы ужа́сно мно́го еди́те!	
75	— Да ведь *не вам плати́ть!* Что вы беспоко́итесь? И во́все я не мно́го	*you don't have to pay*
76	ем! *Погляди́те,* ем, как все! Пуркуа́ погляде́л вокру́г себя́ и ужасну́лся.	*Посмотри́те*
77	Половы́е, *толка́ясь* и *налетя́я* друг на дру́га, носи́ли це́лые го́ры	*толка́ться — push and*
78	блино́в... За стола́ми сиде́ли лю́ди и поеда́ли го́ры блино́в, сёмгу, икру́...	*shove; налетать — to*
79	с таки́м же аппети́том и *бесстра́шием,* как и благообра́зный господи́н.	*bump into; fearlessness*
80	«О, страна́ *чуде́с!* — ду́мал Пуркуа́, выходя́ из рестора́на. — Не то́лько	*чу́до (pl. чудеса́) miracle*
81	кли́мат, но да́же *желу́дки* де́лают у них чудеса́! О страна́, *чу́дная* страна́!»	*stomachs; amazing*

1886

11–39. По́сле чте́ния. Разыгра́йте ситуа́цию.

1. Пуркуа́ разгова́ривает с челове́ком в рестора́не.
2. Челове́к в рестора́не расска́зывает свое́й жене́, что произошло́.
3. Пуркуа́ расска́зывает друзья́м, что произошло́ в рестора́не.

Имя и фами́лия: ______________________ Число́: ______________________

Как вы́учить слова́

11–40. Порабо́таем над слова́ми э́той гла́вы.

Step 1. Употреби́те слова́. Build clusters around these words.

1. обе́д
2. кастрю́ля
3. день рожде́ния
4. бока́л
5. кулина́рная кни́га
6. кита́йская еда́
7. поста́вить ча́йник
8. пригласи́ть
9. вста́ть из-за стола́
10. Я сыт/сыта́

Step 2. Как сказа́ть. Be sure you know how to say in Russian:

1. It smells good (it smells of certain foods);
2. I can't eat any more;
3. Dinner is ready;
4. My favorite type of food (cuisine) is … ;
5. I need to boil water for tea;
6. I've been invited to a birthday party;
7. I need to set the table;
8. I want to give a party;
9. I am going to make soup for dinner;
10. I am going to slice the vegetables and toss the salad;
11. I don't want anything for dessert.

Step 3. Обобщи́м.

A. Give all the ingredients for several dishes and explain how to cook them.
B. Explain how to fix your favorite recipe.

Реши́те кроссво́рд

Что мы еди́м?

Across   По горизонта́ли

1. milk
3. fish
7. caviar
8. candy
10. bacon
13. cocoa, hot chocolate
15. meat
16. steak
19. potato chips
22. sour cream
23. rice
26. cooked cereal
27. chicken
28. cottage cheese
29. hamburger

Down   По вертика́ли

1. ice cream
2. cream
4. beet soup
5. corn
6. cake
9. fruit
11. vegetables
12. pancakes, crêpes
14. salami, pepperoni
15. butter
17. toast
18. bread
19. tea
20. small pie
21. salad
22. cheese
24. juice
25. pie
26. coffee

Имя и фами́лия: ______________________ Число́: ______________________

Глава́ 12

Чем мы увлека́емся? Спорт, литерату́ра, кино́ и телеви́дение, иску́сство

Те́ма 1. Спорт

Упражне́ния для слу́шания

See Web site www.prenhall.com/vputi for exercise 12–1.

Лекси́ческие упражне́ния

12–2. Глаго́лы. Supply the missing forms. Mark stresses.

ката́ться на чём? English equivalent:	Aspect: .... Conj. ....
Я........	
Ты ката́ешься........	
Они́........	
Past: Он........	
Она́........	
Imperative........	

одержа́ть (побе́ду) над кем? English equivalent:	Aspect: .... Conj. ....
Я........	
Ты........	
Они́ оде́ржат........	
Past: Он........	
Она́........	
Imperative........	

вы́играть у кого́? Aspect: ....
English equivalent: Conj. ....

Я вы́играю ....
Ты ....
Они́ ....
Past: Он ....
Она́ ....
Imperative ....

прои́грывать кому́? Aspect: ....
English equivalent: Conj. ....

Я ....
Ты прои́грываешь ....
Они́ ....
Past: Он ....
Она́ ....
Imperative ....

тренирова́ться Aspect: ....
English equivalent: Conj. ....

Я ....
Ты трениру́ешься ....
Они́ ....
Past: Он ....
Она́ ....
Imperative ....

боро́ться Aspect: ....
English equivalent: Conj. ....

Я борю́сь ....
Ты ....
Они́ ....
Past: Он ....
Она́ ....
Imperative ....

12–3. Употреби́те глаго́лы. Write six or seven sentences with the verbs in 12–2. Pay attention to the case of the noun that follows each verb.

....

....

....

....

....

....

....

....

Имя и фами́лия: ______________________ Число́: ______________________

12–4. Вы — спорти́вный журнали́ст в университе́тской газе́те. Зако́нчите статью́ о после́дних спорти́вных собы́тиях университе́тской жи́зни. Give the appropriate form of the words in parentheses.

1. Вчера́ на́ша футбо́льная (***team***) .... встреча́лась с (***team***) .... Колумби́йского университе́та. Ты́сяча (***sports fans***) .... собрали́сь на стадио́не. (***Match***) .... (***ended in a tie***) ....
2. В суббо́ту начался́ (***tennis tournament***) .... «Золото́й мяч» на ко́ртах на́шего университе́та. В э́том (***tournament***) .... при́мут уча́стия лу́чшие (***tennis players***) .... Пе́рвый день (***competition***) .... зако́нчился (***victory***) .... Ви́ктора Мале́вича, студе́нта второ́го ку́рса филологи́ческого факульте́та на́шего университе́та. Он (***won the game with the score***) .... 6:2, 4:6, 6:0.
3. (***Championship***) .... по баскетбо́лу среди́ университе́тских (***teams***) .... зако́нчился (***victory***) .... на́шей (***team***) .... В фина́ле ребя́та (***won a victory over the team***) .... Чика́гского университе́та и (***received a gold medal***) ....

12–5. Да́йте ру́сские эквивале́нты. Use a separate sheet of paper.

1. She asked me what sports I participate in. I told her I run twice a week and swim every other day.
2. "Do you like to go ice-skating in the winter?" "I go ice-skating sometimes, but I like to ski in the mountains better."
3. "Why don't you run any more?" "I got bored with it all and quit."
4. We played volleyball for two hours this afternoon.
5. I never go to football games because I'm not a football fan. Besides, our university team is not very good. It usually loses.
6. This year our football team has a new coach who says we're going to win every game.
7. "What do you like better, football or basketball?" "I love basketball. I go to every game and cheer for our university team."
8. Last night we went to a basketball game. Our team won again with a score of 91 to 86.
9. Katya really likes sports. She would love to take up swimming or play volleyball on the school team, but she has a lot of classes and can't find the time to practice every day. Instead of joining a team, she decided to do morning exercises[1] and bike every Saturday. After she biked for two hours the first time, she could see that she was not in good shape. Now she runs every morning and swims three times a week in the afternoon.

---

[1]Де́лать заря́дку

12–6. Найди́те в Интерне́те и расскажи́те в кла́ссе... Подгото́вьте расска́з о после́дних новостя́х в люби́мом ва́ми ви́де спо́рта.

Грамма́тика. Говори́те пра́вильно!

Declension of surnames (last names) ◆ Склоне́ние фами́лий

12–7. Но́вости спо́рта. A. Put the surnames in parentheses into the appropriate form.

- **Баскетбо́л.**

  Заверши́ли пе́рвый круг в суперли́ге «Б» баскетболи́сты ЛенВО. Молода́я кома́нда тре́нера

  (***Генна́дий Щети́нин***) .... расположи́лась в середи́не

  турни́рной табли́цы.

- **Те́ннис.**

  В э́том сезо́не (***Шара́пова***) .... впервы́е уча́ствовала

  в Уимблдо́нском турни́ре и вы́шла в четвёртый круг. В э́том ме́сяце в Лос-Анджелесе она́

  победи́ла (***Беризо́вская***) .... из Слове́нии и свою́

  сооте́чественницу (***Петро́ва***) .... (***Мари́я Шара́пова***)

  .... прие́хала в Аме́рику, когда́ ей бы́ло 6 лет, по сове́ту

  (***Марти́на Наврати́лова***) ....

  Наврати́лова посове́товала (***Юрий Шара́пов***) ....,

  отцу́ де́вочки, привезти́ Мари́ю в США.

- **Ша́хматы.**

  На откры́том чемпиона́те по ша́хматам г. Москвы́ в фина́ле (***Само́йлов***) ....

  одержа́л побе́ду над (***Смирно́в***) ....

B. On the Russian internet, find a news item about sports and write a short summary in English. Pay attention to the translation of proper names.

....

....

....

....

....

....

Имя и фами́лия: ________________ Число́: ________________

Те́ма 2. Литерату́ра

Упражне́ния для слу́шания

See Web site www.prenhall.com/vputi for exercise 12–8.

Лекси́ческие упражне́ния

12–9. Вы рабо́таете в ру́сском изда́тельстве (*publishing house*). Зако́нчите аннота́ции к но́вым кни́гам. Запо́лните про́пуски, испо́льзуя слова́ из ско́бок. Не забыва́йте о падежа́х и спряже́нии глаго́лов.

- **Булга́ков «Мо́рфий» ("Morphine")**

(***Short stories, novel***) ....

Аннота́ция

С (***short stories***) ...., кото́рые вы́шли под о́бщим назва́нием «Запи́ски ю́ного врача́», начала́сь я́ркая писа́тельская (***biography***) .... М.А. Булга́кова, бу́дущего (***author***) .... знамени́того (***novel***) .... «Ма́стер и Маргари́та». В настоя́щий сбо́рник вошла́ та́кже почти́ (***autobiographical novella***) .... «Мо́рфий» и (***short story***) .... о собы́тиях на Се́верном Кавка́зе в 1918–1920 года́х.

- **Орло́в «Альти́ст Дани́лов»**

(***Novel***) ....

Аннота́ция

«Альти́ст Дани́лов» — э́то (***novel***) .... о любви́. Он (***made a big impression***) .... на всех. Его́ (***read***) .... и (***reread***) .... в Росси́и, его́ (***published***) .... во Фра́нции и США, в Герма́нии и Япо́нии, в Ита́лии и Шве́ции — бо́лее чем в 20 (***countries***) .... ми́ра. Его́ фанта́зия, социа́льная сати́ра и ю́мор — всё э́то (***mixed***) .... в рома́не, скла́дываясь в поэти́чное произведе́ние.

12–10. Напиши́те, что вы чита́ли... Answer in complete sentences and provide additional information. Use a separate sheet of paper.

1. Автобиогра́фии и́ли биогра́фии каки́х изве́стных писа́телей, худо́жников, учёных, спортсме́нов, бизнесме́нов вы чита́ли?
2. Каки́е детекти́вы вы чита́ли? Кто а́втор?
3. Каку́ю нау́чную фанта́стику вы чита́ли?
4. Каки́е по́вести и рома́ны Ф.М. Достое́вского вы чита́ли?
5. Каки́е расска́зы А.П. Че́хова вы чита́ли?
6. Кто написа́л рома́ны «Анна Каре́нина» и «Война́ и мир»?
7. Что вам бо́льше нра́вится чита́ть, худо́жественную литерату́ру и́ли публици́стику? Почему́?

12–11. Фо́рум в Интерне́те.

Те́ма обсужде́ния: «Что вы чита́ете сейча́с?»

Прочита́йте ещё раз все сове́ты, кото́рые ребя́та да́ли Ире (Textbook, p. 323). Напиши́те своё сообще́ние и посове́туйте Ире почита́ть каку́ю-нибудь интере́сную кни́гу.

Автор	Сообщение
Ира	Что вы чита́ете сейча́с? Хочу́ почита́ть что́-нибудь интере́сное. Посове́туйте...
Вы	....

12–12. Да́йте ру́сские эквивале́нты. Use a separate sheet of paper.

1. When I was a child, I used to read a lot. In the summertime I would go to the town library and check out books every week. But that was a long time ago, and now I don't read much at all.
2. We Americans are always surprised at how much Russians read, and I'm sure they're always surprised at how little we Americans read. All of my Russian friends know American literature better than I do.
3. My friend Yura would love to study literature, but he's a physics major and it's hard for him to take a lot of literature classes. He loves reading Tolstoy, Chekhov, and Dostoevsky. Before going to sleep, he always reads a few pages, but he's usually too tired to read a lot. Perhaps instead of majoring in physics, he should major in literature.

12–13. Сочине́ние. Напиши́те о кни́ге, кото́рую вы неда́вно чита́ли и́ли кото́рую вы осо́бенно лю́бите. Follow the outline in 12–24 in the Textbook (p. 324). Use a separate sheet of paper.

Имя и фами́лия: ______________________ Число́: ______________________

Грамма́тика. Говори́те пра́вильно!

Using the particles -то and -нибу́дь ◆ Употребле́ние части́ц -то и -нибу́дь

12–14. Да́йте ру́сские эквивале́нты.

1. Somebody came by to see you when you were out.

   ....

   ....

2. I want to tell you something about this writer and her new novel.

   ....

   ....

3. Are you going anywhere for the weekend?

   ....

4. Have you bought any new videos?

   ....

5. They bought some Russian books and dictionaries when they were in Russia.

   ....

   ....

6. She's mad at me for some reason or other.

   ....

7. Come and see us some time!

   ....

8. Did you go anywhere this morning?

   ....

9. When I called you last night you were out somewhere.

   ....

Те́ма 3. Кино́ и телеви́дение

Упражне́ния для слу́шания

See Web site www.prenhall.com/vputi for exercise 12–15.

Лекси́ческие упражне́ния

12–16. Глаго́лы. Supply the missing forms. Mark stresses.

снима́ть (фильм) Aspect: ....
English equivalent: Conj. ....

Я ....
Ты снима́ешь ....
Они́ ....
Past: Он ....
Она́ ....
Imperative ....

убить Aspect: ....
English equivalent: Conj. ....

Я ....
Ты ....
Они́ убью́т ....
Past: Он ....
Она́ ....
Imperative ....

уважа́ть кого́? Aspect: ....
English equivalent: Conj. ....

Я ....
Ты ....
Они́ уважа́ют ....
Past: Он ....
Она́ ....
Imperative ....

произвести́ (впечатле́ние) на кого́? Aspect: ....
English equivalent: Conj. ....

Я ....
Ты ....
Они́ ....
Past: Он ....
Она́ ....
Imperative ....

12–17. Употреби́те глаго́лы. Write four or five sentences with the verbs in 12–16. Pay attention to the case of the noun that follows each verb.

Имя и фами́лия: ______________________ Число́: ______________________

12–18. Вы рабо́таете в журна́ле «Росси́йское кино́». Зако́нчите заме́тки о фи́льмах. Запо́лните про́пуски, испо́льзуя слова́ из ско́бок. Не забыва́йте о падежа́х и спряже́нии глаго́лов.

- **«Идио́т»**

Фильм «Идио́т» — это совреме́нная (***screen version***) .... **рома́на**

Фёдора Миха́йловича Достое́вского «Идио́т». Его́ (***shot***) ....

изве́стный росси́йский (***movie director***) .... **Влади́мир**

Бортко́. (***The main role***) ....

сыгра́л Евге́ний Миро́нов.

Кра́ткое содержа́ние фи́льма (*Synopsis*)

Князь Мы́шкин (***comes back***) .... в Росси́ю из Швейца́рии,

где он (***received medical treatment***) .... в

психиатри́ческой кли́нике. (***On the train***) ...., по

доро́ге в Петербу́рг, князь (***made acquaintance***) ....

С Парфёном Рого́жиным, кото́рый расска́зывает ему́ о свое́й (***love***) ....

к Наста́сье Фили́пповне. В Петербу́рге князь прихо́дит в дом к свое́й да́льней (***relative***)

.... — генера́льше Епанчино́й, знако́мится с её му́жем и их

тремя́ дочерьми́. Случа́йно уви́денный на столе́ у генера́ла портре́т Наста́сьи Фили́пповны

(***made a big impression***) .... на князя́…

- **«Ста́лкер»**

Андре́й Тарко́вский писа́л о своём (***movie***) .... «Ста́лкер» так: «Я

(***was preparing myself***) .... к этому фи́льму всю жизнь, а

(***was shooting***) .... его́ два го́да». В э́той карти́не,

(***which is based on the science fiction novel***) ....

.... бра́тьев

Струга́цких «Пикни́к на обо́чине», (***action***) .... происхо́дит в Зо́не,

где есть ко́мната, в кото́рой исполня́ются все (***wishes***) .... Писа́тель

и Профе́ссор хотя́т уви́деть э́ту ко́мнату — ка́ждый по свои́м причи́нам, о кото́рых не говоря́т.

А (***leads***) .... их туда́ Ста́лкер — проводни́к по Зо́не…

12–19. Сочине́ние. Напиши́те о фи́льме, кото́рый вы неда́вно смотре́ли. Follow the outline in 12–37 of the Textbook (p. 330). Use a separate sheet of paper.

12–20. Найди́те в Интерне́те и расскажи́те в кла́ссе…

Найди́те в Интерне́те програ́мму телепереда́ч одного́ из ру́сских кана́лов на суббо́ту и́ли воскресе́нье. Расскажи́те в кла́ссе.

Чте́ние для информа́ции

12–21. A. Прочита́йте об исто́рии спо́рта в Москве́. Напиши́те, каки́е ви́ды спо́рта бы́ли популя́рны в Москве́ в конце́ XIX ве́ка.

Исто́рия спо́рта в Москве́

Сло́во «спорт» впервы́е в Москве́ *широко́ прозвуча́ло* 24 ию́ля 1883 го́да. В э́тот день на *ипподро́ме* проходи́ло пе́рвое в Росси́и состяза́ние *велого́нщиков*. Каки́е же ви́ды спо́рта бы́ли тогда́ наибо́лее популя́рны?

В 1867 году́ был откры́т Моско́вский речно́й *яхт-клу́б* — пе́рвая спорти́вная организа́ция в го́роде. В клу́бе занима́лись то́лько *гребны́м* спо́ртом. Пе́рвая гребна́я *го́нка* состоя́лась в 1871 году́. Четы́рнадцать лет *гре́бля* была́ еди́нственным спо́ртом в Москве́. То́лько в 1881 году́ на Страстно́м бульва́ре (ны́не Пу́шкинская пло́щадь) был откры́т ча́стный зал для заня́тий гимна́стикой и фехтова́нием. На его́ ба́зе че́рез два го́да возни́кло Ру́сское гимнасти́ческое о́бщество, в организа́ции кото́рого принима́ли уча́стие писа́тели В.А. Гиляро́вский и А.П. Че́хов.

В 1895 году́ был осно́ван Моско́вский клуб *лы́жников* (МКЛ). В 1901 году́ появи́лось Общество люби́телей лы́жного спо́рта. Москва́ счита́лась *веду́щим* лы́жным го́родом страны́.

was heard widely
race track
racing cyclists
yacht club
rowing
boat race
rowing
skiers
leading

B. Translate the text into English.

Имя и фами́лия: ______________________ Число́: ______________________

12–22. А. Прочита́йте текст «Из исто́рии ру́сского кино́…». Найди́те в те́ксте отве́ты на сле́дующие вопро́сы.

1. Кто приду́мал кинока́меру?

....

2. Когда́ появи́лись пе́рвые ру́сские кинофи́льмы?

....

3. О чём снима́ли пе́рвые ру́сские фи́льмы?

....

....

4. Когда́ на́чали снима́ть в Росси́и мультфи́льмы?

....

Из исто́рии ру́сского кино́…

В 1895 году́ францу́з Жан Луи́ Люмье́р приду́мал *кинока́меру*. Вско́ре состоя́лся пе́рвый *киносеа́нс* в Пари́же.

movie camera
(cinema) show

Пе́рвые киносеа́нсы в Москве́ и Санкт-Петербу́рге состоя́лись уже́ в 1896 году́. Пе́рвые ру́сские кинофи́рмы появи́лись в 1908 году́. Пе́рвые худо́жественные фи́льмы *иллюстри́ровали* наро́дные пе́сни и произведе́ния ру́сской класси́ческой литерату́ры. В 1911–1913 года́х в Росси́и снима́лись пе́рвые объёмные мультфи́льмы. Режиссёр Влади́мир Га́рдин снял фильм «Дворя́нское гнездо́» (1915). В фи́льме «Ната́ша Росто́ва» (1915) его́ соа́втором был Яков Протаза́нов, сня́вший фи́льмы «Пи́ковая да́ма» (1916) и «Оте́ц Се́ргий» (1918), где игра́л выдаю́щийся актёр Ива́н Мозжу́хин. Огро́мный успе́х у пу́блики име́ли «*све́тские* дра́мы», где игра́ли знамени́тые краса́вицы — Ве́ра Холо́дная, Ве́ра Кора́лли.

illustrated
high-society

B. Translate the text into English.

....

....

....

....

....

....

....

....

Чте́ние для удово́льствия

12–23. Прочита́йте нача́ло пье́сы А.П. Че́хова «Три сестры́».

Гла́вные герои́ни пье́сы, сёстры Ольга, Ма́ша и Ири́на, родили́сь в Москве́, а пото́м перее́хали в ма́ленький провинциа́льный горо́д. Им ка́жется, что то́лько в Москве́ есть настоя́щая жизнь, и они́ говоря́т о том, как изме́нится их жизнь, когда́ они́ верну́тся в Москву́. Слова́, кото́рые произно́сит Ири́на в конце́ второ́го де́йствия, ста́ли знамени́тыми: «В Москву́! В Москву́! В Москву́!»

Если вы пое́дете в Росси́ю, обяза́тельно посмотри́те в теа́тре э́ту пье́су.

А.П. Че́хов

Три сестры́

Дра́ма в четырёх *де́йствиях* — *acts*

Гла́вные де́йствующие ли́ца:

Про́зоров Андре́й Серге́евич.

Ольга, Ма́ша, Ири́на — его́ сёстры.

Верши́нин Алекса́ндр Игна́тьевич, *подполко́вник, батаре́йный команди́р.* — *lieutenant colonel; battery commander*

Де́йствие происхо́дит в *губе́рнском го́роде.* — *a provincial town*

Де́йствие пе́рвое

В до́ме Про́зоровых. Гости́ная с коло́ннами, за кото́рыми ви́ден большо́й зал. По́лдень; на дворе́ со́лнечно, ве́село. В за́ле накрыва́ют стол для за́втрака.

Ольга в си́нем *фо́рменном пла́тье* учи́тельницы же́нской гимна́зии, всё вре́мя *поправля́ет* учени́ческие тетра́дки, сто́я и на ходу́; Ма́ша в чёрном пла́тье, со *шля́пкой* на коле́нях сиди́т и чита́ет кни́жку, Ири́на в бе́лом пла́тье стои́т заду́мавшись.

uniform; *is correcting*; *hat*

Ольга. Оте́ц у́мер ро́вно год наза́д, как раз в э́тот день, пя́того ма́я, в твои́ *имени́ны*, Ири́на. Бы́ло о́чень хо́лодно, тогда́ шёл снег. Мне каза́лось, я не переживу́, ты *лежа́ла в о́бмороке,* как мёртвая. Но вот прошёл год, и мы вспомина́ем об э́том легко́, ты уже́ в бе́лом пла́тье, лицо́ твоё сия́ет. (Часы́ *бьют* двена́дцать.) И тогда́ та́кже *би́ли* часы́.

name day; *you'd fainted*; *strike; were striking*

Имя и фами́лия: ______________________ Число́: ______________________

Па́уза.

По́мню, когда́ отца́ несли́, то игра́ла му́зыка, на *кла́дбище стреля́ли*. Он был генера́л, кома́ндовал брига́дой, ме́жду тем наро́ду шло ма́ло. Впро́чем, был дождь тогда́. Си́льный дождь и снег. — *cemetery; guns were fired*

Ири́на. Заче́м вспомина́ть!

Ольга. … Оте́ц получи́л брига́ду и вы́ехал с на́ми из Москвы́ оди́ннадцать лет наза́д, и, я отли́чно по́мню, в нача́ле ма́я, вот в э́ту по́ру в Москве́ уже́ всё в *цвету́*, тепло́, все *за́лито* со́лнцем. Оди́ннадцать лет прошло́, а я по́мню там всё, как бу́дто вы́ехали вчера́. Бо́же мой! Сего́дня у́тром просну́лась, уви́дела ма́ссу *све́та*, уви́дела весну́, и ра́дость заволнова́лась в моє́й душе́, захоте́лось на *ро́дину* стра́стно. — *blooming; flooded* / *light* / *place of birth*

Ма́ша, заду́мавшись над кни́жкой, ти́хо *насви́стывает* пе́сню. — *is whistling*

Ольга. Не свисти́, Ма́ша. Как э́то ты мо́жешь!

Па́уза.

….

Ири́на. Уе́хать в Москву́. Прода́ть дом, поко́нчить всё здесь и — в Москву́…

Ольга. Да! Скоре́е в Москву́.

Ири́на. Брат, вероя́тно, бу́дет профе́ссором, он всё равно́ не ста́нет жить здесь. То́лько вот *остано́вка* за бе́дной Ма́шей[1]. — *it all hinges on*

Ольга. Ма́ша бу́дет приезжа́ть в Москву́ на всё ле́то, ка́ждый год.

Ири́на. Бог даст, все *устро́ится*. (Гля́дя в окно́.) Хоро́шая пого́да сего́дня. Я не зна́ю, отчего́ у меня́ *на душе́* так светло́! Сего́дня у́тром вспо́мнила, что я *имени́нница*, и вдруг почу́вствовала ра́дость, и вспо́мнила де́тство, когда́ ещё была́ жива́ ма́ма. И каки́е чу́дные *мы́сли* волнова́ли меня́, каки́е мы́сли! — *turn out well* / *inside (lit. in my soul)* / *it's my name day* / *thoughts*

Ольга. Сего́дня ты вся сия́ешь, ка́жешься необыкнове́нно краси́вой. И Ма́ша то́же краси́ва. Андре́й был бы хоро́ш, то́лько он *располне́л* о́чень, э́то к нему́ не идёт. А я постаре́ла, похуде́ла си́льно, оттого́, должно́ быть, что сержу́сь в гимна́зии на де́вочек. Вот сего́дня я свобо́дна, я до́ма, и у меня́ не боли́т голова́, я чу́вствую себя́ моло́же, чем вчера́. Мне два́дцать во́семь лет, то́лько… Всё хорошо́, всё от Бо́га, но мне ка́жется, е́сли бы я вы́шла за́муж и це́лый день сиде́ла до́ма, то э́то бы́ло бы лу́чше. Я бы люби́ла му́жа. — *gained weight*

Ольга. Оте́ц *приучи́л* нас встава́ть в семь часо́в. Тепе́рь Ири́на просыпа́ется в семь и по кра́йней ме́ре до девяти́ лежи́т и о чём-то ду́мает. А лицо́ серьёзное! (Смеётся.) — *taught us*

Ири́на. Ты привы́кла ви́деть меня́ де́вочкой, и тебе́ стра́нно, когда́ у меня́ серьёзное лицо́. Мне два́дцать лет!

Ма́ша. У лукомо́рья дуб зелёный, злата́я цепь на ду́бе том… Злата́я цепь на ду́бе том… (Встаёт и *напева́ет* ти́хо.) — *hums*

Ольга. Ты сего́дня невесёлая, Ма́ша. Куда́ ты?

---

[1] Ма́ша за́мужем и не мо́жет уе́хать.

Ма́ша, напева́я, надева́ет шля́пу.

Маша. Домо́й.

Ири́на. Стра́нно...

Ма́ша. Всё равно́... Приду́ ве́чером. Проща́й, моя́ хоро́шая... (Целу́ет Ири́ну.) Жела́ю тебе́ ещё раз, будь здоро́ва, будь сча́стлива. В пре́жнее вре́мя, когда́ был жив оте́ц, к нам на имени́ны приходи́ло вся́кий раз по три́дцать-со́рок офице́ров, бы́ло шу́мно, а сего́дня то́лько полтора́ челове́ка и ти́хо, как в пусты́не... Я уйду́...

Ири́на (недово́льная). Ну, кака́я ты...

Ольга (со слеза́ми). Я понима́ю тебя́, Ма́ша.

Вхо́дит Верши́нин.

Верши́нин (Ма́ше и Ири́не). Честь име́ю предста́виться: Верши́нин. Очень, о́чень рад, что, наконе́ц, я у вас. Каки́е вы ста́ли! Ай! ай!

Ирина. Сади́тесь, пожа́луйста. Нам о́чень прия́тно.

Верши́нин (ве́село). Как я рад, как я рад! Но ведь вас три сестры́. Я по́мню — три де́вочки. Лиц уж не по́мню, но что у ва́шего отца́, *полко́вника* Про́зорова, бы́ли три ма́леньких де́вочки, я отли́чно по́мню и ви́дел со́бственными глаза́ми. Как идёт время! Ой, ой, как идёт вре́мя!

colonel

Ири́на.... Вы из Москвы́?

Верши́нин. Да, отту́да. Ваш *поко́йный* оте́ц был там батаре́йным команди́ром, а я в той же брига́де офице́ром. (Ма́ше.) Вот ва́ше лицо́ немно́жко по́мню, ка́жется.

late, deceased

Ма́ша. А я вас — нет!

Ири́на. Оля! Оля! (Кричи́т в за́лу.) Оля, иди́ же!

Ольга вхо́дит из за́лы в гости́ную.

Подполко́вник Верши́нин, ока́зывается, из Москвы́.

Верши́нин. Вы, ста́ло быть, Ольга Серге́евна, ста́ршая... А вы Мари́я... А вы Ири́на — мла́дшая...

Ольга. Вы из Москвы́?

Верши́нин. Да. Учи́лся в Москве́ и на́чал *слу́жбу* в Москве́, до́лго *служи́л* там, наконе́ц получи́л здесь *батаре́ю* — перешёл сюда́, как ви́дите. Я вас не по́мню со́бственно, по́мню то́лько, что вас бы́ло три сестры́. Ваш оте́ц *сохрани́лся* у меня́ *в па́мяти*, вот закро́ю глаза́ и ви́жу, как живо́го. Я у вас быва́л в Москве́...

service; served
battery division
preserved; memory

Ольга. Мне каза́лось, я всех по́мню, и вдруг...

Верши́нин. Меня́ зову́т Алекса́ндром Игна́тьевичем...

Ири́на. Алекса́ндр Игна́тьевич, вы из Москвы́... *Вот неожи́данность!*

What a surprise!

Ольга. Ведь мы туда́ переезжа́ем.

Ири́на. Ду́маем, к о́сени уже́ бу́дем там. Наш родно́й го́род, мы родили́сь там... На Ста́рой Басма́нной у́лице...

Имя и фами́лия: ______________________ Число́: ______________________

Обе смею́тся от ра́дости.

Ма́ша. Неожи́данно *земляка́* уви́дели. (Жи́во.) Тепе́рь вспо́мнила! По́мнишь, Оля, у нас говори́ли: «влюблённый майо́р». Вы бы́ли тогда́ *пору́чиком* и в кого́-то бы́ли влюблены́, и вас все *дразни́ли* почему́-то майо́ром...

fellow countryman

equiv. to lieutenant; teased

Верши́нин (смеётся). Вот, вот... Влюблённый майо́р, э́то так...

Ма́ша. У вас бы́ли тогда́ то́лько усы́... О, как вы постаре́ли! (Сквозь слёзы.) Как вы постаре́ли!

Верши́нин. Да, когда́ меня зва́ли влюблённым майо́ром, я был ещё мо́лод, был влюблён. Тепе́рь не то.

Ольга. Но у вас ещё ни одного́ седо́го во́лоса. Вы постаре́ли, но ещё не ста́ры.

Вершинин. Одна́ко уже́ со́рок тре́тий год. Вы давно́ из Москвы́?

Ири́на. Оди́ннадцать лет. Ну, что ты, Ма́ша, пла́чешь, *чуда́чка*... (Сквозь слёзы.) И я запла́чу...

strange, eccentric person

Ма́ша. Я ничего́. А на како́й вы у́лице жи́ли?

Верши́нин. На Ста́рой Басма́нной.

Ольга. И мы там то́же...

12–24. Ру́сский теа́тр. In groups of four rehearse reading the scene aloud. Perform it in class.

Как вы́учить слова́

12–25. Порабо́таем над слова́ми э́той гла́вы.

Step 1. Употреби́те слова́. Build clusters around these words.

1. игра́ть
2. вы́играть
3. проигра́ть
4. боле́ть за кома́нду
5. произвести́ впечатле́ние
6. называ́ться
7. снима́ть/снять фильм

Step 2. Как сказа́ть.

Check to see if you know how to say that:

1. The game ended in a draw;
2. He/she won the gold medal;
3. I am a fan of …;
4. The film starts with…;
5. The novel ends with…;
6. The main role is played by…;
7. The film director is…;

Step 3. Обобщи́м.

1. Can you talk about recent sports news?
2. Can you talk about a book you've read, a film or a TV program you saw recently?

Имя и фами́лия: ______________________ Число́: ______________

Реши́те кроссво́рды

Кроссво́рд. Что мы чита́ем?

Across По горизонта́ли

2. novel
8. classical literature
9. nonfiction

Down По вертика́ли

1. prose
3. autobiography
4. mystery, thriller
5. science fiction
6. poetry
7. short story

Кроссво́рд. Что мы смо́трим?

Across По горизонта́ли

4. channel
5. screen version
7. role, part
9. TV host, anchor
10. horror movie
11. western

Down По вертика́ли

1. game show
2. cartoon
3. program
6. comedy
7. film director
8. musical

To review Chapters 11 and 12 see Web site www.prenhall.com/vputi.

Реше́ние кроссво́рдов

Глава́ 1

Отве́ты:

Across: **1.** Роди́ться **4.** Мир **6.** Найти́ **7.** Восто́к **9.** За́пад **10.** Океа́н **12.** Око́нчить **13.** Аспира́нтка **15.** Юг **16.** Де́ньги.

Down: **2.** Интересова́ть **3.** Се́вер **5.** Рюкза́к **8.** Но́вость **11.** Потеря́ть **14.** Ключ.

Глава́ 2

Каки́м спо́ртом вы занима́етесь?

Отве́ты:

Across: **1.** Бейсбо́л **4.** Борьба́ **7.** Футбо́л **9.** Гимна́стика **10.** Альпини́зм.

Down: **1.** Баскетбо́л **2.** Биллиа́рд **3.** Пла́ванье **5.** Йо́га **6.** Тури́зм **8.** Бег.

Глава́ 3

Семе́йное де́рево

Отве́ты:

Across: **1.** Дя́дя **3.** Роди́тели **5.** Оте́ц **6.** Сыновья́ **7.** Дочь **8.** Сын **10.** Вну́чка **11.** Мать **12.** Ба́бушка **13.** Тётя.

Down: **1.** До́чери **2.** Де́ти **4.** Двою́родный брат **7.** Де́душка **8.** Семья́ **9.** Брат **10.** Внук.

Глава́ 4

Мой компью́тер

Отве́ты:

Across: **4.** Ко́врик **5.** Сообще́ние **6.** Распеча́тать **9.** Иска́ть **10.** Удали́ть **13.** Перегрузи́ть **14.** Напеча́тать **15.** Сеть **18.** Ссы́лка **19.** Клавиату́ра.

Down: **1.** Програ́мма **2.** Прова́йдер **3.** Поиско́вая систе́ма **5.** Скача́ть **7.** Скопи́ровать **8.** Мышь **11.** Монито́р **12.** Отпра́вить **16.** До́ступ **17.** Экра́н.

Глава́ 5

Дом, в кото́ром мы живём

Отве́ты:

Across: **3.** Сте́ны **4.** Столо́вая **5.** Окно́ **6.** Стул **9.** Ку́хня **11.** Пол **12.** Ла́мпа **14.** Крова́ть **15.** Ва́нная **16.** Плита́ **17.** Потоло́к.

Down: **1.** Кре́сло **2.** Холо́дная вода́ **3.** Стол **6.** Сту́лья **7.** Холоди́льник **8.** Спа́льня **9.** Ковёр **10.** Шкаф **13.** Гости́ная **14.** Кабине́т.

Глава́ 6

Како́й вы челове́к?

Отве́ты:

Across: **3.** Пре́данный **7.** Обща́ться **10.** Злой **11.** Дари́ть **12.** Лени́вый.

Down: **1.** Па́рень **2.** Умный **4.** Люби́ть **5.** Врать **6.** Реши́ть **8.** Свида́ние **9.** До́брый.

Глава́ 8

Как мы отдыха́ем?

Отве́ты:

Across: **1.** Посо́льство **6.** Гости́ница **8.** Отпуск **10.** Плыть **11.** Лете́ть **12.** Отдых **15.** Костёр **18.** Ко́нсульство **20.** Ехать **22.** Озеро **23.** Похо́д **24.** Но́мер **26.** Пита́ние **27.** Страна́.

Down: **2.** Сто́имость **3.** Ви́за **4.** Пала́тка **5.** Кани́кулы **6.** Го́ры **7.** Биле́т **9.** Путеше́ствовать **10.** Пусты́ня **13.** Дере́вня **14.** Столи́ца **16.** Река́ **17.** Населе́ние **19.** Самолёт **21.** Фе́рма **22.** Океа́н **25.** Мо́ре.

Куда́ е́дем отдыха́ть?

Отве́ты:

Across: **3.** Океа́н **4.** Страна́ **5.** Гости́ница **6.** Ви́за **7.** По́езд **8.** Фе́рма **9.** Но́мер **12.** Столи́ца **13.** Ехать.

Down: **1.** Озеро **2.** Маршру́т **5.** Грани́ца **6.** Валю́та **7.** Плыть **10.** Мо́ре **11.** Река́.

Глава́ 9

Мой го́род

Отве́ты:

Across: **2.** Центр **8.** Доро́га **10.** Перекрёсток **11.** Аэропо́рт **16.** Авто́бус **19.** Нале́во **20.** Тролле́йбус **21.** Штраф **22.** Трамва́й.

Down: **1.** Грузови́к **2.** Це́рковь **3.** Напра́во **4.** Рынок **5.** Час пик **6.** Ава́рия **7.** Кварта́л **9.** Метро́ **12.** Прохо́жий **13.** Магази́н **14.** Музе́й **15.** Про́бка **17.** Мост **18.** По́чта.

Имя и фами́лия: ______________________ Число́: ______________________

Глава́ 10

Что мы но́сим?

Отве́ты:

Across: **1.** Футбо́лка **7.** Сапоги́ **8.** Юбка **10.** Костю́м **12.** Ту́фли **15.** Пла́вки **16.** Плащ **18.** Наде́ть **19.** Джи́нсы **20.** Руба́шка **21.** Ку́ртка.

Down: **2.** Блу́зка **3.** Кроссо́вки **4.** Носи́ть **5.** Ша́пка **6.** Брю́ки **9.** Ко́фта **11.** Санда́лии **13.** Шо́рты **14.** Сви́тер **15.** Пла́тье **16.** Пиджа́к **17.** Шу́ба.

Глава́ 11

Что мы еди́м?

Отве́ты:

Across: **1.** Молоко́ **3.** Ры́ба **7.** Икра́ **8.** Конфе́ты **10.** Беко́н **13.** Кака́о **15.** Мя́со **16.** Бифште́кс **19.** Чи́псы **22.** Смета́на **23.** Рис **26.** Ка́ша **27.** Ку́рица **28.** Творо́г **29.** Га́мбургер.

Down: **1.** Моро́женое **2.** Сли́вки **4.** Борщ **5.** Кукуру́за **6.** Торт **9.** Фру́кты **11.** Овощи **12.** Блины́ **14.** Колбаса́ **15.** Ма́сло **17.** Тост **18.** Хлеб **19.** Чай **20.** Пирожо́к **21.** Сала́т **22.** Сыр **24.** Сок **25.** Пиро́г **26.** Ко́фе.

Глава́ 12

Что мы чита́ем?

Отве́ты:

Across: **2.** Рома́н **8.** Кла́ссика **9.** Публици́стика.

Down: **1.** Про́за **3.** Автобиогра́фия **4.** Детекти́в **5.** Фанта́стика **6.** Поэ́зия **7.** Расска́з.

Что мы смо́трим?

Отве́ты:

Across: **4.** Кана́л **5.** Экраниза́ция **7.** Роль **9.** Веду́щий **10.** Фильм у́жасов **11.** Ве́стерн.

Down: **1.** Виктори́на **2.** Мультфи́льм **3.** Переда́ча **6.** Коме́дия **7.** Режиссёр **8.** Мю́зикл.